本书为国家社会科学基金西部项目"生物语言学及其研究范式下儿童语言习得机制研究"(批准号：12XYY011)最终研究成果。本书的出版受"长江师范学院出版基金"资助。

生物语言学

吴文　唐玉凤　著

BIOLINGUISTICS

中国社会科学出版社

图书在版编目（CIP）数据

生物语言学／吴文，唐玉凤著 .—北京：中国社会科学出版社，2017.10

ISBN 978-7-5203-1118-2

Ⅰ.①生… Ⅱ.①吴…②唐… Ⅲ.①生物语言学 Ⅳ.①H0

中国版本图书馆 CIP 数据核字（2017）第 238500 号

出 版 人	赵剑英
责任编辑	赵　丽
责任校对	沈丁晨
责任印制	王　超

出　　版	中国社会科学出版社
社　　址	北京鼓楼西大街甲 158 号
邮　　编	100720
网　　址	http://www.csspw.cn
发 行 部	010-84083685
门 市 部	010-84029450
经　　销	新华书店及其他书店
印　　刷	北京君升印刷有限公司
装　　订	廊坊市广阳区广增装订厂
版　　次	2017 年 10 月第 1 版
印　　次	2017 年 10 月第 1 次印刷
开　　本	710×1000　1/16
印　　张	17.75
插　　页	2
字　　数	273 千字
定　　价	75.00 元

凡购买中国社会科学出版社图书，如有质量问题请与本社营销中心联系调换
电话：010-84083683
版权所有　侵权必究

目　　录

前　言 …………………………………………………………（1）
　　一　物种语言进化 ……………………………………………（3）
　　二　个体语言进化 ……………………………………………（6）
　　三　语言的认知及人脑机制 …………………………………（11）

第一章　生物语言学概论 ……………………………………（1）
　　第一节　生物语言学术语及考究 ……………………………（1）
　　第二节　生物语言学研究的历史与现状 ……………………（7）
　　第三节　生物语言学视野下语言研究范式转向 ……………（15）

第二章　语言及语言知识 ……………………………………（29）
　　第一节　语言及语言学 ………………………………………（29）
　　第二节　语言知识构成 ………………………………………（41）

第三章　语言及人脑机制 ……………………………………（57）
　　第一节　语言的生物机制 ……………………………………（59）
　　第二节　脑与语言认知进展 …………………………………（75）

第四章　语言的起源及进化 …………………………………（89）
　　第一节　语言的起源 …………………………………………（89）
　　第二节　语言进化研究的历史与展望 ………………………（114）
　　第三节　从动物语言到人类语言进化研究 …………………（131）
　　第四节　语言进化的本质研究 ………………………………（141）

第五章　语言习得机制 ……………………………………………（165）
　第一节　儿童语言习得 ………………………………………（165）
　第二节　生物语言学视野下的语言习得 ……………………（179）
　第三节　儿童语言习得机制 …………………………………（192）
　第四节　儿童到底怎样习得语言 ……………………………（214）

第六章　结语 ………………………………………………………（230）

参考文献 …………………………………………………………（233）

附件　标题含有"生物语言学"的论文列表 ……………………（257）

前　言

在人类语言研究的历史长河中，曾涌现过三个重要的研究范式，最早的是 20 世纪初期索绪尔的结构主义范式。索绪尔把语言视为体现在某一个时间点上的抽象符号系统，他将研究符号之间的复杂抽象关系作为语言学的中心任务。另一个是 20 世纪 50 年代以乔姆斯基为代表的生成语法范式（又称转换生成语法），生成语法逐渐把其研究对象从以前的语言符号与话语，转向个人的语言知识和语言能力；除此之外，生成语法的理论目标也逐渐从对话语集合进行成分的分类梳理与论证，转向确定句子结构底层的普遍语法规则及规律；在研究方法上，生成语法的评估程序逐渐取代了结构主义的发现程序（代天善，2007），由此开创了形式语言学的先河，从而实现了语言学研究的第一次范式转向。20 世纪 70 年代，转换生成语言学认为人类语言具有生物学属性，这一科学信念为许多遗传学家和模块生物学家所赞同和接受，在此基础上生物语言学得以催生。生物语言学的创立标志着语言学研究向生物学范式的转向。生物语言学视野下的语言学研究旨在研究人脑语言机制及其何以突现生成语言及结构。"生物语言学"研究有助于对语言本质的揭示，促进了语言学进一步发展，也将有助于促进语言学家对人类语言生物机制及儿童语言习得机制的进一步了解。

早在 14、15 世纪，达·文西就提及过"生物语言学"这一概念，当时的生物语言学仅停留在理念层面，还没有被正式命名。19 世纪，达尔文的进化论出现以后，许多语言学研究人员试图从进化论的角度来研究语言及其缘起与进化发展，期望找出语言的进化痕迹，其中包括奥古斯特·斯莱歇尔、弗洛伊德等。尽管与现代语言学家所论及的真正意义上的"生物语言学"存在一定的区别，但作为一个独立的科学术语——

"生物语言学"的诞生可以追溯到 1959 年 M. 克拉仁斯和 J. H. 穆思肯出版的《生物语言学手册》(*Handbook of Biolinguistics*)。该书首次将生物学的研究成果与语言学结合起来界定"生物语言学"。1997 年，L. 詹金斯 (1997) 为纪念转换生成语法诞生 40 周年撰写的《生物语言学：结构进化与语言进化》(*Biolinguistics: Structure Development and Evolution of Language*) 一文的发表催生了一大批生物语言学的专著、学术论文。同时，一系列关于生物语言学的国际学术研讨会也因此得以顺利召开。本书认为"生物语言学"是生物学和语言学结合兴起的一门交叉边缘学科，涉及语言学、生物学、人类学、心理学和神经科学等相关学科和领域。生物语言学把人的大脑/心智（brain/mind）作为主要研究对象，主张采用自然主义方法论，把语言看成一种自然现象，寻求解答人类语言知识的本质、来源和使用问题。然而，"biolinguistics"作为一个专门英文术语，甚至直至今日只能以一个"-"（bio-linguistics）连接才能被电脑识别，而许多中文字（词）典至今也没有收录"生物语言学"这一词条。因此，我们说"生物语言学"是一门有着"悠久历史"的新兴学科。

  生物语言学研究除了包括语言知识组成和语言知识运用等传统语言学研究领域以外，还有三个基本层面（dimension）的独有研究领域。第一个层面是从物种进化角度开展的（物种语言进化层面），从最低等的生物到最高等的生物，他们在认知过程，特别是在跟思想沟通、意见交流有关的认知过程的比较中可以推论出语言的产生、发展，更有助于人类进一步理解其语言进化及语言的本质。第二个层面是指个体的发展过程这一层面（个体语言进化层面），即从胚胎发育、成长到死亡整个过程当中来看儿童语言的产生和发展。这也是我们语言学常会谈到的语言习得（Language Acquisition）及其过程等问题，如语言习得机制和语言习得关键期等。达尔文的进化论观点认为，动物种系的进化发展历史与其个体的发育历史理论上应该是吻合的。换句话说，包括人在内的所有动物从胚胎发育为成年的历史，应该是整个动物种族系统由低级到高级的发展过程的再现或重演。我们从儿童语言的产生、发展过程也可以推导出人类语言进化发展的历程。因此，进化语言学家认为对儿童语言习得的过程的进化认识论研究有助于推导或解释人类创造语言及语言进化的过程。第三个层面是语言认知及人脑机制，即传统语言学认为属于心理语言学

（Psycholinguistics）、认知语言学（Cognitive Linguistics）以及病理语言学的研究范围。在我们的研究中，这些学科也属于生物语言学（Biolinguistics）的范围，而且在这里我们认为不应当只谈语言习得，还应该包括在成长之后、在老化的过程当中，人对于语言信息的处理，有时也是介于生理和病理之间的语言及其认知过程的人脑机制比较研究。

一　物种语言进化

作为物种的人类语言，其进化的本质是什么？它是像鳞片变成羽毛一样属于生物进化呢，还是像双翼飞机变成喷气式飞机一样属于文化进化？为了揭示语言进化的本质，L. 斯蒂尔（Steels, 2011）从文化进化视角对其进行了深入探究，也引发了人们对语言进化本质的再次热议（Gong, 2011; Cangelosi, 2002）。我们认为语言进化必须从生物学和文化学两个方面来进行考虑，即语言的生理结构和语言的社会属性。

一方面，早期类人猿的大脑容量不到我们现代人大脑容量的一半，经历了几百万年无数次的人体结构上的逐渐变化，直至进化发育到具有学习当今世界上几千种语言里的任何一种语言的能力。因此，我们把语言看作是人的一个独有的特征，语言的进化发展是随着我们大脑容量的增大而产生的一种能力。相应地，另一方面，语言本身也在社会使用中得以发展，从身体姿势、面部表情、与各种活动和情感相联系的声音，一直进化发展到人类所有语言中的各种复杂的、抽象的、精密的符号设置系统。语言作为对人类心智形成的一种认识，目前流行着另外的进化解释，这种解释更倾向把人作为社会动物而不仅仅是人体结构发展的结果，即是作为一种社会相互作用的工具而进化的结果。哥伦比亚大学神经学家拉菲·霍洛威（Ralph Holloway）是这种新观点的先驱者。他认为，语言是从一种基本上是合作的而非侵略的社会行为的认识母质中成长、发展、进化起来的，并且依赖于两性之间一种劳动行为的、具有补充性质的社会结构的分工（王士元，2008）。就语言进化的本质而言，本书认为人类语言进化应该是语言在社会交往中的使用发展过程和人体结构的进化发育过程共同作用下的不断发展进化，即语言进化是语言个体发育和语言社会交往的交互作用的最终结果。

(一) 生物进化视野下的语言进化

语言的产生无法离开适当的语言器官。首先,如果一个人要正常说话,他必须有人类独有的发音器官,其中包括口腔、咽喉、声带、鼻腔、舌头、嘴唇、牙齿、上下腭等结构。而且这些结构必须完整无损,具有正常的发音功能。生物语言学视野下语言进化研究的第一个基本点就是原始人从类人猿分离出来时直立行走使喉头声道角变小,使发音器官发生很大变化的生理特征。从某种意义上讲,语言的产生、进化过程就是语言器官进化发育的过程。

其次,语言还需要一个健全的大脑。人类的大脑是语言和思维活动的控制中枢所在,任何人的语言信号接收、语码处理等过程都需经过视觉器官或听觉器官感知后通过语言的输入程序输入到大脑的语言中枢,经语言中枢分析处理和解码后,再经神经系统传出和支配口、舌、喉等发音器官进行言语的口头表达。150万年前,原始直立人的脑容量估计在850立方厘米到1100立方厘米的范围内;类似现代人的智人,比如,出现在10万年前的尼安德特人,就有着现代人的大脑容量,平均大约为1400立方厘米。早期类人猿的大脑容量不到我们大脑容量的一半,经历了几百万年无数次的人体结构上的逐渐变化,直至进化发育到具有学习当今世界上几千种语言里的任何一种语言的能力。因此,乔治·斯特里德(Steeled,2003)认为"人类语言的进化,至少部分地,是大脑的绝对尺寸增大的一个自然适应性结果"。

语言是人的一个独有的特征,语言的进化发展是随着我们的语言器官的发育和大脑的增大而产生的一种能力。因此,语言的产生及进化和人体结构进化发育息息相关,即语言进化属于生物进化。

(二) 文化进化视野下的语言进化

语言进化始终是在一定的社会使用中发生的,语言使用者和语言结构分离对语言进化产生了深远的影响,即语言的进化和选择至少要涉及两个个体:发送者和接收者。如果一个原始人用一种灵巧的方式说出"水边的洞穴里有一只狮子",但是他的群体中没有一个能听懂他的话,那么语言的进化就不会有进展。只有当族群中有另外的同类理解这个声音以后，语言交流才能得以实现，语言才有进化的可能性。生理正常的婴儿并不是生来就在大脑之中存在任何语言，所以他就面临必须学习语言这样一个巨大的任务。这就意味着他要长时期依赖一个支持他的语言环境。如果一个儿童在习得语言的关键时期被剥夺了适当的语言环境，不管是由于偶然的事故还是患有疾病，那么他在以后的一生中都不可能完整地掌握语言，狼孩就是最好的例证。

个体语言发展离不开语言环境，物种语言进化依然无法离开文化的影响。比如，意大利语和西班牙语、加泰隆尼亚语、罗马尼亚语一样，都是罗曼语系（又称拉丁语系），源自罗曼人，从拉丁文发展而来。罗曼语系大约花了1000年的时间，才脱离了拉丁文。英语是罗曼法语和其他罗曼语系层层叠叠重新架构的产物，属于日耳曼语系。所有罗曼和日耳曼语系都被视为印欧语系，大约在6000年前由原始印欧语发展而来。印欧语系的分支，通过历史变迁的过程以及许多人与民族之间的互动，形成了种类丰富的印度语、德语、意大利语和英语等语言。语言的这些变迁无一不是人与社会、语言与文化相互作用下的终极产品。因此，语言进化在一定程度上更是人类社会文化的进化产物。

（三）语言进化是生物进化与文化进化的共同结果

语言进化的实质就是语言个体发育和语言社会交往的最终结果。语言能力依赖人的生理发育。因此，语言进化研究就涉及个体语言（个体语言进化层面的语言发育）发育，即语言进化过程就是人体结构的进化发育过程。作为人类能力的语言也是受时间影响的，不是永恒的或一成不变的。它也不是突然形成的，而是具有历史的属性，是从原始的交流阶段发展进化而来的。人类语言进化研究必须依赖语言使用过程的相互交流，即语言进化过程就是语言的使用交往过程。概言之，语言进化的本质就是语言在社会交往中的使用发展过程和人体结构的进化发育过程合力作用下的不断发展进化，即语言进化是语言个体发育和语言社会交往的交叉结果。因此，语言进化是生物进化与文化进化的共同结果。

二　个体语言进化

生物语言学研究的第二个层面是个体在发展过程当中的语言进化，个体语言进化其实质就是儿童语言习得（Child Language Acquisition）和发展，即是语言习得机制问题。为了进一步说明和解释儿童个体语言是如何习得的，我们先回顾一下乔姆斯基认知理论和儿童语言习得，然后介绍威戈·希尔的儿童语言习得过程模式。乔姆斯基认为，我们用很少几个参数就能抓住语言习得原则，进而描述所有人类语言的句法原则；普遍语法是经由基因明确地编码在所有正常人类儿童的大脑中的。在这个以原则与参数为基准的理论版本中，他还认为学习一种语言的句法，只要将一个"开关"丢进儿童脑中，并且设定符合儿童周围所使用句子结构的参数就可以了。然而，威戈·希尔（2002）建构的儿童语言习得过程模型却并不完全认同乔姆斯基的儿童语言习得观。威戈·希尔的儿童语言习得过程模型展示了听人说话的儿童如何让自己重复越来越长的话语片段，然后一遍又一遍扩大这个把单词组合在一起的构造的数量与一般性。威戈·希尔观察了2岁的克莱尔并记录了她"要牛奶"（want-milk）的语言发展过程，发现"要牛奶"这样的全句字（儿童一开始还不会把"要"和"牛奶"当成两个词使用）。过了一段时间后，会产生一个很特定的构造：要X，而X可以填入任何描述儿童想要的东西的单词。填进去的那个词，就形成了一个很特别的语意种类。但是随着儿童发展出更一般性的构造，例如，X对Y做了A，那要填进去的词就会被定义一个种类，而这个种类已经失去了和语意大部分的联系，可以被视为是一个更单纯的句法种类。然而，我们认为乔姆斯基和威戈·希尔都从某一个侧面介绍了儿童语言进化，但也都存在一定的局限性。

（一）语言习得机制

20世纪50年代，乔姆斯基在其语言的数理逻辑研究过程中发现，索绪尔的结构主义语言学及其研究范式并不能解释所有的语言现象。于是，他在批判结构主义语言学，尤其是行为主义语言流派的基础上创立了生成语法学派。乔姆斯基的生成语言学观点自20世纪50年代创立以来，在全世界的语法学界甚至整个语言学界都产生了巨大的反响,引领全世界语言学家改变了对语言学的传统看法和研究范式。自笛卡儿以来的语言学家们希望解决,并自认为业已解决的许多问题又重新被提出来加以讨论,如语言的天生遗传或后天教养等问题。转换生成语言学,这种新的解释角度正如约翰·莱昂斯所说的那样,"不论乔姆斯基的语法理论正确与否,它无疑是当前最有生命力、最有影响的语法理论"(刘润清,2002)。就语言哲学家看来,乔姆斯基以其唯心主义认识论为唯理主义的理论基础。乔姆斯基深受17世纪法国著名哲学家笛卡儿哲学思想的影响,并坚持认为"我"可以怀疑一切。笛卡儿认为来自外在的人体感觉经验往往是错乱的,并不能作为把握事物本质的起点。因此,乔姆斯基提出的笛卡儿似的语言基本观点就是回答对于人何以会说话而又是怎样学会说话的这一问题。

乔姆斯基以笛卡儿的理性主义哲学为理论武器,公开主张并坚持语言先天论,语言由基因遗传得来。乔姆斯基在其长达半个世纪的语言学研究中发现,尽管学龄前儿童智力并不十分发达,还不足以学习诸如数学、物理、化学等方面的知识,却能在入学前的五六岁时就能轻而易举地掌握自己的母语,甚至是两种、三种语言。他们学习语言时接触的语言材料是十分有限的,由于父母语言能力的欠缺,他们的语言有相当部分的表达是不标准、不合语法的。然而,儿童学会的句子是无穷无尽的,他们还创造性地说一些以前从来未听说过的句子或短语,也能毫无障碍地理解从未听说过的句子和表达。因此,乔姆斯基认为儿童语言习得是在内化其语言的规则,"用有限的手段表达无限的思想"(刘润清,2002)。乔姆斯基认为儿童在学龄前既没有接受过正规的课题语言教学和训练,也没有什么明显证据可以看作本族语者语言直觉的来源,但儿童却能自己学会自己的母语,因此他称儿童天生具有一个与生俱来的"语言习得机制(LAD)"(Chomsky, 1965)。

无论语言的规则多么抽象和复杂,作为人类,有了这样一个"语言习得机制",儿童只要稍许接触母语语言材料就能在很短的时间内掌握自己的母语(Brown, 2006)。乔姆斯基提出的"语言习得机制"在一定范围内包含了人类自然语言中的普遍现象。除此之外,乔姆斯基还提出了能够解析这种普遍现象的一套原则和规则系统,这就构成了转换生成语言学家常常提及的普遍语法（Universal Grammar）。转换生成语法认为普遍语法是人类特有的、由基因遗传赋予的、能解释语言习得的一套普遍语言规则。正像乔姆斯基所说的那样，"普遍语法可以看作是某种人类共有的、先于经验而存在于个人之中的原则系统"（Chomsky，2005）。人类说话的能力除了需要基于天赋原则和普遍语法中提供的参数以外，也离不开人类对某一特定语言接触的触发经验，即语言环境对语言的刺激作用。乔姆斯基认为基于限定了可获得语言特性的遗传因素，在限定的范围内儿童赖以选择某种语言的外部数据以及语言系统之外、非专属语言系统的认知原则这些构成成分，我们便发展起某一具体语言的语法，即该语言的核心语法。但是，我们认为乔姆斯基的"语言习得机制"过于抽象，因此有必要从生理机制、认知机制和环境机制对其进行诠释和说明。

1. 语言习得的生理机制

人类是万物中唯一发展出语言的生物，即使猩猩与人类的基因相似度高达99.4%，它们仍然无法发展出语言或者说出话语。究其原因，主要是因为生理结构上的不同，以及大脑组织与容量的不同，因此论及儿童语言习得的机制必定需要论及相关的生理机制。

(1) 听觉系统

人体听取、接收声音并赋予意义，主要是依赖听觉系统的运作。听觉系统包括外耳、中耳、内耳与听神经。声音由外耳耳廓进入外耳道，外耳道与耳膜连接，声音撞击耳膜；接着，声音传入内耳，在内耳中声音能量转换成身体波，身体波转化成电流信号，传入第八对脑神经（即听神经），再进入脑干的听觉神经核；最后到达大脑的听觉中枢，由此解释声音的意义。

(2) 言语产出结构

人类说话的生理机制是一种非常复杂的系统。说话或言语产出系统包括四个组成部分：呼吸（respiration）、发声（phonation）、发音（articulation）与共鸣（resonation）。呼吸除了维持人体的生命功能外，也提供说话的动力来源。喉头内声带连续打开与闭合的振动动作，会发出声音；而舌头、嘴唇、牙齿、硬腭以及下巴等发音器官的动作变化则会产出语言中的各种不同的声音。最后，发音器官的动作也会改变发声道（口腔、鼻腔)的大小与形状,并将这些发声道连接在一起。经由这样的过程,声音被调整和修饰为共鸣。换言之,当声音产生时,气流会由肺部穿过咽喉,在其内的声带会振动,产生的声音会在不同的发音器官部位共鸣及修正,形成我们所听到的、能被理解的话语。

(3) 中枢神经系统

人类卓越不凡的沟通以及语言能力,除了与上述的听觉、发音机制有关以外,也依赖复杂的神经系统的运作。对成年人而言,语言理解与表达的处理区域,主要位于大脑的左半球。在语言理解部分,听觉信息从耳朵接收,传至颞叶侧脑裂底的 Hesch 横颞脑回,再将语言信息传至左半脑颞叶的韦尼克区。尖形脑回(Angular Gyrus)与顶叶的缘上回(Supramarginal Gyrus)负责协助韦尼克区处理这些信息;其中,缘上回负责语法处理,而尖形脑回则负责词汇提取。在语言表达部分,韦尼克区制定信息,经由拱形神经束(arcuate fasculculus)传至额叶的布洛卡区。布洛卡区再设计相对应的言语动作程式,进而传至动作皮质区,再将神经冲动传至发音器官的肌肉,产生说话的动作。

2. 语言习得的认知机制

全世界不管任何族群的语言,都是以某种符号系统去表征或代表某些具体的人、事、物,或者抽象的概念、想法与感受。了解人类如何将符号与词语连接,或是如何熟练掌握语句结构,适当使用词汇、语句与人沟通,常常是语言习得需要解决的问题。这些过程的了解则需要我们对语言相关认知心理机制进行深入的探究。我们认为,语言的认知机制主要包括儿童对语言的感知,在儿童感知周围语言的基础上将相关语言内化为自己能存储和提取的语码,最后在语言内化的基础上突现生成儿童得以自由表达的语言。

3. 语言习得社会环境互动机制

沟通是离不开生活层面的,每个人都会借由沟通与周围世界建立关系。儿童的语言习得也是需要与生活中所接触的重要他人互动。U. 内塞尔(Neisser, 1992)指出,语言学习是在社会互动的架构中产生的,而互动类型则决定儿童所习得的语言功能与使用情景,同时儿童也从中学习语言的片段(语音、音节、词汇、短语等),之后再习得如何组合或分割这些片段。从婴儿诞生开始,照顾者与他们就已经建立了复杂的社会互动活动及关系,包括喂食、洗澡、穿衣、哄睡等活动。在进行这些活动时,照顾者会与婴幼儿对看、说话,会对婴幼儿唱歌、触摸、命名等,从而架构了一个有利于语言发展的互动方式。R. 萨弗兰(Saffran, 1996)指出,婴幼儿与照顾者之间的互动可满足社会互动需求,并从中习得发出声音或使用手势动作表达拒绝、发出声音或使用手势动作要求某个物品以及发出声音或使用动作引起他人注意某个物品等语言沟通能力。总而言之,儿童语言的习得源自其与他人的沟通而建立社会接触的互动机制,语言习得离不开特定的社会环境互动机制。

(二)语言习得关键期

H. 列雷伯格从生物学的角度提出:为什么儿童一般都在 1 岁半到 2 岁半期间开始说话?他认为,说话需要一定的生理基础,儿童开始说话的时间是生理成熟的结果。H. 列雷伯格指出,语言学习的重大事件总是与生理成熟的其他事件(如站立、行走等)联系在一起的,他们有一种同步关系。影响儿童语言习得的另一个重要因素是大脑的发育。人的大脑在出生之后迅速发育,大约到两岁时,就已经达到成熟值的 60%;青春期前后(大约 13 岁),大脑成熟值达到 100% 左右,即成人水平。大脑逐渐成熟的过程与大脑功能"侧化"密切相关。新生儿的左右脑具有同样的潜力,功能还没有分化。3 岁到 5 岁时,左右脑的功能方面已经各具优势,处理语言主要成了左脑的任务。青春期前后,大脑功能"侧化"彻底完成。不过,在此之前,大脑仍具有一定的可塑性,其功能也可以重组。比如,大脑功能已经分化并且左脑受损,这种情况如果是在青春期之前,我们仍然可以通过激活右脑的语言功能重新获得母语能力(段胜峰、吴文,2014);如果是在青春期之后,这种可能性就基本消失了。另外,右脑损伤对儿童语言能力造成的损害比对成人语言能力造成的损害要更加严重。因此年龄对语言学习有诸多限制。开始的时候因为生理不成熟,语言学习很难进行;青春期之后,大脑失去了可塑性,不能进行功能重组,语言习得也不能达到正常的水平,至少不像青春期之前那么容易(刘颂浩,2004)。因此,H. 列雷伯格就把 2 岁到 13 岁这段时期称为"儿童语言习得关键期"(Critical Period for Language Acquisition)。

三 语言的认知及人脑机制

乔姆斯基曾把 E-语言推进到 I-语言，认为"语言行为以及行为的后果转向产生行为的内在机制……这个内在机制是一个专司语言的认知模块"，并提出"I-语言是语言机能诸状态中相对稳定的成分"（吴文、郑红苹，2012）。由此我们不难推出乔姆斯基研究的语言属于"心智属性"。但是乔姆斯基在《心智与躯体》一文中说过："奎因把语言问题和心智研究看成一回事，我个人不这样看……我把语言学视为心理学的一部分，集中研究一个特定的认知领域和大脑的一种官能，即语言机能。"（Chomsky，1992；吴文、郑红苹，2012）乔姆斯基曾以《物质与心理》为题在哥伦比亚大学作过一次报告，他说："在笛卡儿看来，心理并不是生物世界的一部分，而且他似乎把心理看成统一不可分的整体。我们把人的心理看作是一个特定的生物系统，其中包括各个组成部分，各种成分，应该像研究物质世界任何其他部分一样来对它进行探索。"（Chomsky，1992）

波普尔、福尔迈以及 A. 坎贝尔等人在 20 世纪 70 年代就专门从进化的角度、立足于生物进化的基本原理对人的认识能力和结构以及心智发展问题展开过研究。进化认识论力图从进化的观点去理解和说明人类认识结构（能力）的起源及其发展。它不仅对一系列的经典认识论问题（认识的本质、客观认识的可能性、天赋观念等）做出了新的解答，而且试图对许多科学理论问题（科学理论的评价、科学的进步和客观化、归纳问题等）乃至心智发展做出自己的解答，并且为乔姆斯基语言进化理论提供了哲学支持（张伟琛、金俊歧，1999；吴文、郑红苹，2012）。另外，乔姆斯基在《语言与脑》中也强调"心理，实际上是心智，是脑的突出特性……被称作'心理'的特性是脑的有机结构和人类神经系统的产物"（Chomsky，1992；吴文、郑红苹，2012）。根据乔姆斯基的理解，"语言机能的'初始状态'完全由基因决定……在 I-语言观念下，每个人的大脑里都有一个语言机能模块，他是语言的生物基础……I-语言是大脑的属性"（Chomsky，1992）。语言机能得以形成，大脑必须为其提供生理机制的前提，生物进化而来的基因和大脑本身的进化可能会影响个体语言发生、发展和进化。因此，我们认为心理学可以还原为生物学，神经生理是心理学的基础，故心理学研究也被看作是神经生物学研究（Chomsky，2010）。另外，根据乔姆斯基自己的观点，语言问题是心理学的一部分，乔姆斯基在他给 B.F. 斯金纳（Skinner）的《言语行为》写的书评中第一次强调指出：他的语言理论是一个关于人类知识状态的心理学模式（Chomsky，1959）。徐烈炯亦认为"乔姆斯基认为转换生成语法学是研究语法知识及其理论的，而语法知识在一定程度上可以被看作人的心理状态的一部分。他还认为大脑是人的心理的物质基础，语言学是人类心智的一部分，属于心理学；心理学的研究范式却是以生物学为基础的，因此属于生物学，由此我们可以推出语言学属于生物学的研究。转换生成语法学研究也离不开人类大脑机能，并且是对大脑物质进行的一种高度的抽象理论研究。因此转换生成语法学在一定程度上属于经验科学中的自然科学"（吴文，2012）。换言之，乔姆斯基语言学理论所研究的对象不只是人类语言（E-语言或者 I-语言）本身，而是通过研究语言来研究人脑的语言机制（the Faculty of Language），研究孩童是凭借什么、又是如何获得说话能力的问题，以及人类语言的生物遗传属性是什么的问题。按照这一逻辑圈定下来，乔姆斯基的语言学研究应当归属于生物学范畴，正如美国生物学家艾伦（Allen）所说：19 世纪的后 40 年，几乎所有的生物学科，都将系统发育的研究看得高于一切……而把本门学科的研究放在次要地位，或者被溶于进化论的研究之中（牛龙菲，1988）。

  鉴于我们对现有研究及对生物语言学理论体系的基本认识，我们认为生物语言学的学科体系建构可以围绕乔姆斯基（1957，1975，1995，2007，2012）提出的 5 个基本问题展开。｛①什么组成了语言知识？（What constitutes knowledge of language?）②语言知识是如何习得的？（How is the knowledge acquired?）③这一知识是如何被使用的？（How is the knowledge put to use?）④相关的人脑机制是什么？（What are the relevant brain mechanisms?）⑤语言知识在种系中是如何进化的？[How does this knowledge evolve (in the species)?]｝本书也希望试探性地回答乔姆斯基提出的生物语言学的这 5 个核心问题，以期对生物语言学的理论体系和框架建构进行初步的探讨。除了将乔姆斯基的第三个问题（语言使用）

纳入第二章（语言知识构成）以外，作者把其余四个问题分别作为本书的四个主要章节对乔姆斯基提出的问题进行了初步的探究。故全书共分六个部分予以论述：第一部分为生物语言学概论，主要论及生物语言学术语及研究历史与现状；第二部分到第五部分分别论述生物语言学研究基本的研究领域：语言及语言知识、语言及人脑机制（语言的认知及人脑机制）、语言的起源及进化（物种语言进化）以及儿童语言习得机制（个体语言进化）；第六部分为小结。本书侧重关注了生物语言学视野下的儿童语言习得问题（第五章），并从生理机制、认知机制和环境机制具体翔实地诠释了乔姆斯基提出的儿童语言习得机制（LAD）这一抽象概念，并试图回答"儿童何以习得语言"这一问题。由于乔姆斯基关于生物语言学的五个问题内容丰富，涉及的学科较多，回答起来有一定的难度，且由于作者才疏学浅，可能存在许多不足，导致部分问题仅停留在假设和推论的阶段，而不能直接获得科学数据加以证实。本书的最终报告主要就现有研究成果进行总结和讨论，抱着一种尝试态度对这些问题进行抛砖引玉，期望得到专家、学者的批评指正！

本书是作者主持的国家社科基金项目最终成果，由课题主持人执笔撰写，但也集聚了其他学者的部分学术智慧，部分章节的内容已先后在国内外学术刊物公开发表（部分论文在发表时标注为本项目阶段性研究成果）。由于生物语言学是一门跨学科的新兴学科，本书在研究过程中，在征得国内相关跨学科学者同意的前提下，邀请他们加入项目组进行相关研究，并吸收和借鉴了他们的学术智慧，将他们发表在国内外学术刊物上的创造性研究成果借鉴到本书之中，其中包括香港中文大学的龚涛博士、华中师范大学的周统权博士、清华大学人文学院计算语言学实验室的王曼博士以及江苏师范大学的刘晓峰博士等。特别值得一提的是，本书从提纲酝酿到初稿撰写，从初稿成形到书稿定型均得到了加州大学伯克利分校王士元教授（退休后被聘为香港中文大学教授）的悉心指点和教导，书中部分章节内容还直接引用了王教授的学术观点。因此，本书凝聚了王士元教授的学术智慧。除此之外，美国加州大学伯克利分校语言研究所的克拉姆契（Claire Kramsch）教授对本书构建的生物语言学学科体系提出了宝贵意见，还给作者推荐了国外近两年的相关学术论著和文章。在听闻本书撰写过程中存在的困难和试验室相关设备欠缺的情况下,克拉姆契教授特邀请作者于 2015 年前往加州大学伯克利分校语言研究所相关实验室就本书进行进一步的深入探究。在加州大学伯克利分校进行访学时,作者经常与伯克利语言研究所的专家交流自己在进行该项目研究时的困惑与困难,很多学者给作者提出了许多建议和启示,让作者对该课题有了许多新的认识。在此基础上,对原有的研究成果进行了大幅度修订、完善,最终提交了现有的研究报告。可以说,如果没有克拉姆契及伯克利语言研究所的专家教授们的支持和帮助,本书也不可能得以修订成型。

生物语言学是一门相对年轻的学科,目前国内外生物语言学研究探讨的主要问题:一是生物语言学源起及盛行的动因,二是语言学研究人员在生物语言学背景下所面临的机遇与挑战。少有学者在生物语言学学科高度进行全面探索;更少有学者在生物语言学及其研究范式下把儿童语言习得机制及语言认知等方面纳入生物语言学的研究框架之内进行深入研究。作为一个新兴的学科,目前在全世界范围内更少有生物语言学学科构建层面的学术论著。2013 年博伊柯斯和格罗曼编撰的《剑桥生物语言学手册》围绕乔姆斯基 20 世纪 50 年代提出的生物语言学的 5 个核心问题以手册形式初步勾画出了生物语言学作为跨学科研究的理论框架和研究范围(个体语言发展、物种语言进化及语言的生理机制与心智发展),为本书的体系建构提供了很大的启示和指引。

由于作者学术积淀尚浅、科研能力有待提高;作为新兴跨学科研究,跨学科联合研究的力度也相对不够;同时,国内外可供参考、借鉴的生物语言学学术论著也较少;加之作为一个宏大的跨学科、综合研究课题的研究时间显得有些仓促,研究实验设施严重缺乏等实际困难,本书成果存在大量的不足之处在所难免,恳请各位学者、专家批评指正。

二〇一五年十二月

第一章

生物语言学概论

第一节 生物语言学术语及考究

对有意义但无指称对象的"虚构名称"的研究一直是语言哲学,乃至整个哲学的重要课题。这一课题的探讨表明,语言不仅仅是外在物理世界的图景,还是人的主观创造及其结果。但是语言哲学进行的探究却始终没能就语言本质问题达成共识。把生物学引入语言学中,或许有助于对语言本质的揭示,促进语言学进一步发展(袁晓红、刘桂玲,2008)。生物语言学正是希望在生物学视野下进行语言研究,突出人文性的语言学从生物学中获得发展动力。

生物语言学是 21 世纪刚刚兴起的一门新兴的科学,但如果向前追溯,也可发现其不短的历史。"生物语言学"这一术语的诞生并作为独立的词条出现可以追溯到 1959 年 M. 克拉仁斯和 J. H. 穆思肯出版的《生物语言学手册》(*Handbook of Biolinguistics*)这一书的书名之中。该书首次将生物学的研究成果与语言学结合起来界定"生物语言学"。但是,早在 14、15 世纪,达·文西就提及过生物语言学这一概念,只是当时还没有提出 Biolingguistics 这个术语,当然更谈不上作为一门独立研究的学科了。19 世纪,达尔文的进化论出现以后,许多语言学研究人员试图从进化论的角度来研究语言,期望找出语言的进化痕迹,其中包括奥古斯特·斯莱歇尔和西格蒙德·弗洛伊德等。奥古斯特·斯莱歇尔希望用语言学的树谱图对语言的产生、发展进行分类和研究;而弗洛伊德则从心理学等视角对病理语言学进行了探讨。1997 年,L. 詹金斯(Jenkins,1997)为纪念转换生成语法诞生 40

周年撰写的《生物语言学：结构进化与语言进化》（*Biolinguistics*: *Structure Development and Evolution of Language*）一文的发表催生了一大批生物语言学的专著、学术论文（见本书附件一：标题含有"生物语言学"的论文列表）；同时，一系列的关于生物语言学的国际学术研讨会也得以顺利召开。即便如此，"biolinguistics"的英文术语至今只能以一个"-"（bio-linguistics）连接才能被电脑识别，而许多中文字（词）典也没有收录"生物语言学"这一词条。尽管国外生物语言学研究近年来进行得如火如荼，但国内除了宁春岩（国家社科基金项目：生物语言学概论——理论、方法及课题）、司富珍（专著：《语言论题——乔姆斯基生物语言学视角下的语言与语言研究》）等少数学者在进行相关研究以外，很少有人对此倾注太多的目光。本部分将统计分析国内外相关文献，全面理解"生物语言学"这个术语的相关意义，以期帮助国内学者理解"生物语言学"及其相关研究。

一 "生物语言学"术语及语料分析

为了全面了解"生物语言学"这一术语，作者2007—2008年在加拿大西蒙菲莎大学（Simon Fraser University）访问学习期间就开始收集并分析国内外提及"生物语言学"这一术语的相关文献，最后统计了100卷有代表性的百科全书或字（词）典，语言涉及汉语、英语、德语、法语、意大利语和西班牙语；其中，41%为语言学百科全书或者词典，35%为普通百科全书，24%为单语种字（词）典。相关文献分析发现收录生物语言学的文献逐年趋升，从20世纪50年代的4部上升到2000—2010年的32部（图1-1）。作者收集的文献主要是20世纪50年代以后的，其主要原因是"生物语言学"这个术语是随着1959年《生物语言学手册》（by Clarence L. Meader and John H. Muyskens）的出版才首次出现的。

在这100卷文献语料中，"生物语言学"作为独立词条出现的仅有25种；其余的只作为阐述文中内容的评语或者标题出现。其中语言学百科全书或词典把"生物语言学"作为单独词条进行介绍的有16卷，而普通百科全书和单语种字（词）典分别有4卷和5卷（图1-2）。从词形上看，92%的文献以"biolinguistics"作为一个单独的词出现，8%的文献以一个"-"符号构成的合成词"bio-linguistics"出现。

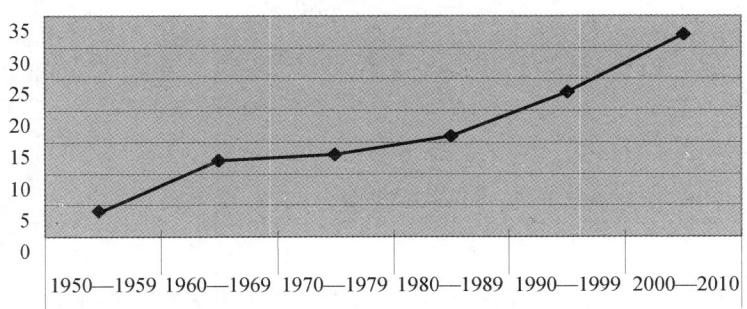

图1-1 文献的年代分布

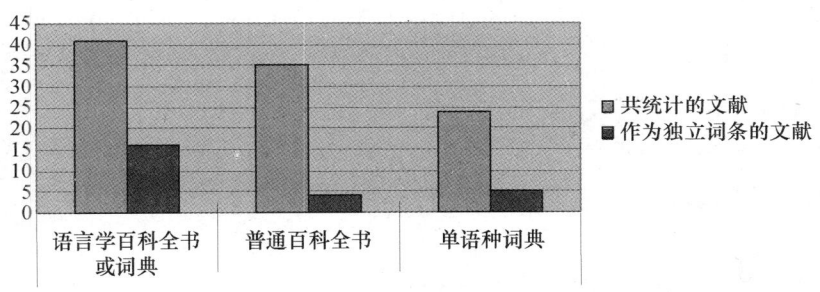

图1-2 作为独立词条的文献统计

通过图1-3，我们可看出把"生物语言学"作为单独词条的文献数量与生物语言学相关文献的数量并不成正比。20世纪90年代有23种文献提及生物语言学，其中将其作为单独词条收录的有8种；而进入21世纪，尽管有32种文献使用了"生物语言学"，但是仅有7种把它作为单独词条进行解说。

在文献整理过程中我们发现作为生物语言学研究的发起人——乔姆斯基对"biolinguistics"一词的起源在认识上有偏差。乔姆斯基（2007）声称"biolinguistics"一词是1974年皮亚蒂尼·帕尔玛里尼（Piattelli Palmarini）在麻省理工学院主持召开的生物语言学国际学术会议中首次提出的。但是，作者发现其实在意大利语和德语中，"生物语言学"这一术语早已有之。在意大利语中，"生物语言学"一词早在1973年出版的《意

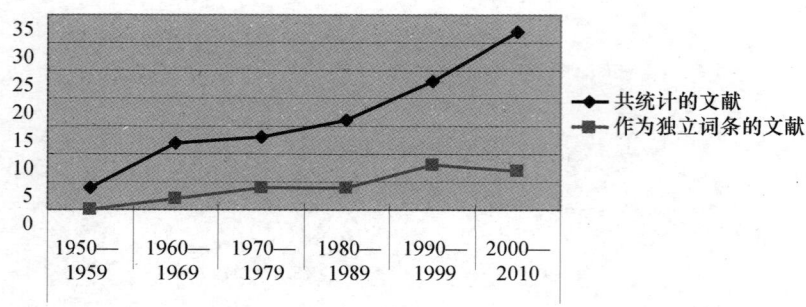

图 1-3 "生物语言学"作为独立词条的文献数量与相关文献数量的对比分析

大利语言、文学、艺术与科技通用大词典》（*Lessico Universale Italiano di Lingua，Lettere，Arti，Scienza e Tecnia*）中就被使用过，且所指的内容与现在使用的生物语言学完全相同。在德语中，Biolinguistik 一词更是在 1971 年的《语言学研究方法》（*Wege Der Sprachwissenschaft*）中就出现过。另外，虽然所指的意义有所不同，但英语"biolinguistics"一词早在 20 世纪 50 年代出版的《生物语言学手册》一书里就首次出现了。

二 "生物语言学"的意义解读

在语言学学术论著中，多数学者将生物语言学作为转换生成语法的近义词甚至同义词使用。本书希望通过收集到的词典文献对"生物语言学"的意义进行全面的解读。研究发现，一些词典或百科全书避免正面定义"生物语言学"，仅在介绍语言学时把它作为一个分支罗列出来，如《欧洲百科全书》（*Enciclopedia Europea*）和《语言与语言学百科全书》（*Encyclopedia of Language and Linguistics*）的第二版。在《欧洲百科全书》中，编者只是对"生物语言学"做了描述性解释，指出生物语言学是语言学的分支学科，犹如地理语言学、社会语言学、民族语言学、方言学或者语言类型学。在凯斯·布朗（Keith Brown，2006）主编的《语言与语言学百科全书》中，生物语言学也是作为语言学的一个分支出现的。书中把生物语言学作为转换生成语法的近义词，认为"普遍语法原则—参数"（UG Principles and Parameter）就是生物语言学的立论基础。

然而，意大利语中的部分字典或普通百科全书却认为生物语言学是研究语言生理基础的学科，如奥尔多·加布雷里斯（Aldo Gabrielliz, 1989）主编的《意大利语言大词典》（*Grande Dizionario Illustrato della Lingua Italiana*）和吉安·卢奇·贝卡里亚（Gian Luigi Beccaria）主编的《语言学词典》（*Dizionario di Linguistica*）。L. 德沃托（Devoto）和 W. 奥利（Oli）编著的《意大利语言学词典》（*Dizionario della Lingua Italiana*）认为生物语言学是研究语言及语言习得的生理基础的学科。但是，这些文献均未论及生物语言学研究的语言是仅限于人类语言，还是包括动物语言。

除此之外，也有部分文献认为生物语言学的研究领域与神经语言学相重合。裴敏（Pei，1966）认为生物语言学对语言的研究就是研究人类生物神经活动的情况，因此生物语言学是神经生理语言学、胚胎发育学以及基因学的临近学科。H. 亚伯拉罕（Abraham，1988）认为生物语言学是研究语言及人类语言交流活动中生物神经活动情况的学科。

还有部分词典或百科全书从人类语言结构和语言发展等视角对生物语言学的研究领域进行细化，把人类语言和动物语言区别对待，甚至认为语言是人与动物的分界线。这些文献认为人类语言的种特异性、限制儿童语言发展的相关因素、言语产出与语言障碍、语言的遗传转换均是生物语言学的研究范围。R. L. 特拉斯科（Trask，1997）认为生物语言学分析人类大脑语言区的结构及其进化，关注儿童语言发展的生理机制，如语言习得关键期，并对比分析语言障碍的生理基础。

在《语言辞典：学生用书》（*A Student's Dictionary of Language and Languages*）中，R. K. 哈特曼（Hartmann）和 F. C. 斯托克（Stork）认为生物语言学不应该是一门理论学科，而是运用生物学和语言学研究成果去研究人类语言机能的应用学科。哈特曼和斯托克认为生物语言学是语言学的分支，而不是生物学的分支，因此生物语言学就不是研究人类语言的生理基础或机制的，而是研究乔姆斯基等人提出的语言机能的，既包括"广义的语言机能"（FLB），更应该关注"狭义的语言机能"（FLN）（Hartmann and Stork，1973）。广义的语言机能包括感觉运动系统（sensory-motor system，SM）、概念意向系统（conceptual intentional system，CI）和狭义的语言机能。狭义的语言机能（FLN）仅指语言内在的递归性运算机制，用以说明人类特有的语言能力，即从有限的语言成分生成无限的语句表达的能力。具体说，人类特有的狭义语言机能只包括"狭义句法和接口对应中核心的运算机制"，这一核心运算机制就是递归性；而 FLB 是人类和动物共有的。在哈特曼和斯托克看来，生物语言学要特别关注人类特有的语言递归性，即是指人类语言具有离散的无限性（discrete infinity）。也就是说，语言可以将意义单位按不同的方式进行并列、叠加、内嵌等组合操作，生成无数意义不同、结构各异的表达结构（Chomsky，2007）。

通过分析，我们一致认为，哈特曼和斯托克以及凯斯·布朗所论及的是国内外生物语言学界一致认为的狭义生物语言学定义，本书也倾向于这种理解，即生物语言学主要指的是以乔姆斯基为代表的生成语法学派关于语法属性的研究。乔姆斯基把语言当作一个自然客体（natural object）进行研究，把语言官能视为人脑的一个与生俱来的生物器官。其余的大多数编撰者都是从广义的视角对生物语言学进行的理解。从广义上来说，生物语言学研究涵盖了从进化生物学、基因科学、神经科学以及心理学等角度展开的语言研究，乃至对语言的生理基础的研究。

本书认为生物语言学是生物学和语言学结合兴起的一门交叉边缘学科，涉及语言学、生物学、人类学、心理学和神经科学等相关学科和领域。生物语言学把人的大脑/心智（brain/mind）作为主要研究对象，主张采用自然主义方法论，把语言看成一种自然现象，寻求解答人类语言知识的本质、来源和使用问题。通过对国内外相关文献的查阅，本书发现国内外百科全书或词典等工具资料书对生物语言学的界定更多地倾向于广义生物语言学；而从学术论文分析来看，生物语言学研究更多的是关注狭义生物语言学内容，即学术论文更倾向于把生物语言学聚焦于以乔姆斯基为代表的生成语法学派关于语法属性的研究，把语言当作一个自然客体（natural object）进行研究，把语言官能视为人脑的一个与生俱来的生物器官来研究。我们认为这种对立现象并不难理解，百科全书或词典作为工具书，本来就应该从广义和狭义两个维度对生物语言学进行全面的界定，从相对广义的视角对生物语言学进行阐述是工具书的性质使然；然而对于学术研究而言，任何语言学研究人员不可能博雅通识到既精通生物学，又精通语言学，在狭义生物语言学框架内寻求自己的学术兴奋点才是应然之策。

第二节 生物语言学研究的历史与现状

一 生物语言学研究的历史

"生物语言学"最早作为一个单词出现于1959年M. 克拉仁斯（Clarence）和J. H. 穆思肯（Muyskens）出版的《生物语言学手册》（*Handbook of Biolinguistics*）。该书首次将生物学的研究成果与语言学结合起来作为书名创造了"Biolinguistics"这一单词。"生物语言学"这一理念早在14、15世纪就被达·文西提及过了。到了19世纪，达尔文的进化论被世人接受以后，奥古斯特·斯莱歇尔、弗洛伊德等语言学研究人员才试图从进化论的角度来研究语言。但生物语言学这门学科的发展则有赖于1974年皮亚蒂尼·帕尔玛里尼（Piattelli Palmarini）在麻省理工学院主持召开的生物语言学国际学术会议。然而生物语言学研究成为显学的真正转折点源自1997年L. 詹金斯（Jenkins，1997）的一篇纪念转换生成语法诞生40周年的论文——《生物语言学：结构进化与语言进化》（*Biolinguistics*：*Structure Development and Evolution of Language*）。

（一）生物语言学相关的交流平台

自2004年在巴塞罗那大学召开的Conferencia Inaugural Del Grup De Biolinguiistica生物语言学国际研讨会以来，世界各国生物语言学研究人员先后召开了7次大型的国际学术研讨会。其中，2007年、2008年两年连续召开了四届有影响的国际生物语言学研讨会，分别是在多明戈召开的生物语言学调查、在威尼斯召开的"生物语言学：语言演化与变异学术研讨会"、在亚利桑那大学召开的第一届国际生物语言学网络研讨会和在约克大学召开的"生物语言学：习得、语言与演化研讨会"。2010年，国际生物语言学者在魁北克大学蒙特利尔分校召开的"语言设计研讨会"上再次围绕乔姆斯基2005年发表的《语言设计的三个要素》（*Three Factors in Language Design*，TFLD）进行了"语言设计思想"的专题研讨。2011年，在格罗宁根大学召开的"生物语言学研究生工作坊"也为生物语言学研究人员提供了一个合作交流的机会（Elisa，

2011)。另外，从1996年开始每两年举办一次的语言进化国际研讨会（International Conference on the Evolution of Language, EVOLANG），也探讨了人类语言起源及其生物机制进化等问题，在一定程度上也推进了生物语言学的发展。

除此之外，博伊柯斯和格罗曼努力创办的国际语言学期刊《生物语言学》（Biolinguistics）于2007年得以问世，为生物语言学研究人员提供了一个学术交流的平台，进一步推动了生物语言学作为一门新兴学科的发展。

（二）生物语言学的研究基础

今天大家喜欢谈进化语言学，但是却很少有人感兴趣去研究达尔文（Charles Robert Darwin，1890—1882）在19世纪提出的生物进化论和他的理论对语言学的启发。当时的语言学家，有些思想激进者，还宣称他们的语言学思想影响了达尔文，他们非常热衷把进化论的思想引进到语言学当中，最著名的就是德国语言学家奥古斯特·斯莱歇尔。他把语言看作是某一种生活的有机体（living organism），独立存在于人的控制之外，认为语言生物体有他自己的发展路线，遵循生物学的发展原则。他认为，既然印欧语族是个独立的系统，它就是一个生物体，它有自己的生命史。在奥古斯特·斯莱歇尔的思想中，语言有诞生日，也有青春期，成长期，也会衰老死亡，语言甚至有家族和族谱。这就是所谓的自然主义生物语言学（the theory of biological naturalism）。

对奥古斯特·斯莱歇尔而言，语言是表达思想的声音，没有思想就没有语言，没有语言的思想是不可能的。换句话说，人的思想在某种程度上受限于他的语言。奥古斯特·斯莱歇尔把语言当作一个生命体，对语言划分了等级。从他以后，西方语言学家把世界语言区分成三大类：一是孤立的语言（isolating language），以汉语作为代表，因为汉语是用词序来代表意义和句法关系；二是黏合的语言（agglutinating language），以匈牙利语作代表，它所使用的字根是独立的，可以做组合的，而且在组合之中不改变它原来的意义；三是屈折的语言（inflectional language），以拉丁语作代表，字根可以加入词的结构当中并且产生变化。根据奥古斯特·斯莱歇尔的想象，这三种形态直接反映语言进化的阶段，也就是这三阶段在一定程度上等同于自然界的矿物、植物和动物三个进化发展阶段。这样的思想，让我们不禁想起狂飙时期的赫尔德和他的《论语言的起源》，也许是出于无知，但至少赫尔德没有批评汉语停滞在矿物阶段。而且奥古斯特·斯莱歇尔的思想并不是没有人批评。在 19 世纪末期就有一位杰出的语言学家施密特（Johannes Schmidt，1843—1901），指出语言的创新并不是像植物分支那般扩散到其他的语言地区，那是一种错误想象，正确的想象是由中心点向四周扩散的波浪。他创造了等语线的概念，对方言研究有很大的贡献。

马科斯·缪勒（Max Müller，1823—1900）同意奥古斯特·斯莱歇尔应该提升语言学作为自然科学的观点。缪勒后来到英国牛津大学发展，写出了到今天还为人津津乐道的作品《语言科学讲座》。经过他的宣扬，自然主义的生物语言学在欧洲大行其道。19 世纪的杰出语言学家，如青年语法学派等，都受到他的启发。

弗洛伊德（Sigmund Freud）是大家都熟悉的心理分析的开山始祖。但是他在 1890 年曾写了一本书（*Auffassung Zur Aphasie*）专门研究失语症（Aphasia）的问题。他从失语症的病人里面看到许多语意系统的崩解（Semantic Breakdown）；然后将这个语意的转换扩大到整个文化的层次，变成文化意像（Cultural Image）的转换；加上他自己对潜意识的分析，最后才发展成心理分析（Psychoanalysis）的理论。从这个视角去看，弗洛伊德虽不是以专业的生物语言学家出现，但他非常关心这个跨生物学和语言学界的问题。弗洛伊德的研究在一定程度上也为生物语言学的发展奠定了病理学意义上的实践基础。

除此之外，雅各布森（Roman Jakobson）在 1941 年用德文写了一本书（*Kindersprache, Aphasie, und Phonologische Universal*）探讨了儿童语言、语言历史演变、语言病理等方面的问题。雅各布森以一个传统的语言学家的背景在生物学视野下提出失语症的语言丧失与儿童语言习得的顺序相反，并引用莫斯科心理学家鲁利亚（Luria）的失语症观点认为人类高等脑皮质功能及局部脑神经损伤是失语症的根源。雅各布森提出了三大类语言功能障碍和六大类失语症（见表 1–1），并根据语言习得相关研究试探性地寻求不同失语症的治疗方法。

表 1–1　　　　　　　　　　语言功能与失语症

失语症（Aphasia）	障碍（Impaired）		现象（Present）	神经分布定位 Neurotopographical localization
	编码 Encoding（+）解码 Decoding（-）	序列 Sequence（+）共现 Concurrence（-）	分解 Disruption（+）限制 Limitation（-）	
上传（动作性）Efferent（motor）	+	+	+	前颞叶 Antero-temporal
感官性 Sensory	-	-	+	后颞叶 Postero-temporal
动态性 Dynamic	+	+	-	额叶 Frontal
语义性 Semantic				顶叶 Parietal
下传（动作性）Afferent（motor）	+	-		中央沟后 Postcentral
失忆症 Amnestic				中颞叶 entral-temporal

劳伦兹（Lorenz）认为每个物种都具有遗传性能力以学习特定事物。此外，他也发展了遗传学、生理学、进化和与物种行为适应生存价值有关的个体行为发生学等概念。劳伦兹的许多方法和概念已经被广泛地应用在人类的生物语言研究中。

（三）生物语言学主要论著简介

通过仔细阅读生物语言学相关文献，我们发现以生物语言学为题的学术论文大致可以分为三类。第一类与转换生成语法和最简方案具有高度相关性的论文最多，即认为生物语言学是转换生成语法的近义词或同义词，其中包括以下论文。

K. 符吉塔（Fujita, 2003）发表在《生命的起源》的《生物语言学进展：基于生成语法的语言发生学研究》，从转换生成语法的视角检视了生物语言学从概念提出到学科发展的历程，并提出生物语言学的研究有助于人们更好的理解语言起源与进化。

L. 贝德（Bird, 2006）刊发在《乔姆斯基研究》的论文《生物语言学：是什么，谁研究，如何发展》对生物语言学这一术语进行了定义，并回顾了自 1997 年乔姆斯基等人提出"生物语言学"这一术语以来，生物语言学 10 年的发展历史。

李仕畹（Lee，2006）发表在《乔姆斯基研究》的论文《乔姆斯基与生物语言学》，分析了乔姆斯基如何将最简方案发展为生物语言学，并分析了生物语言学的前景。

K. 爱普生坦（Epstein）与 S. 塞利（Seely，2007）合作撰写并发表在《生物语言学》杂志上的《生物语言学视野下最简方案解析》以及 M. 李博尔（Lebelle，2007）发表在《语段》的学术论文《生物语言学，最简方案与心理语言学》，主要针对最简方案与生物语言学容易混淆的部分概念进行了澄清，并界定了二者的本质区别。

第二类文献旨在探索生物语言学的核心问题，如语言的结构（structure of language）、物种语言进化（Phylogenetic Language Evolution）、个体语言发展（Ontogenetic Language Development）等，其中有代表性的文献有以下几篇。

L. 詹金斯（1997）发表在《形式学语言、计算机语言学与认识语言学在线期刊》的纪念转换生成语法诞生 40 周年的具有标志意义的生物学论文《生物语言学：结构、发展与语言演化》，以生物语言学研究的三个领域（语言、语言起源与语言进化）为起点开始追问生物语言学的核心问题。

乔姆斯基（2007）刊载在《哲学研究国际期刊》的《生物语言学探究：设计、发展与演化》，系统地重申了生物语言学的五个核心问题：①什么组成了语言知识？（What constitutes knowledge of language?）②语言知识是如何习得的？（How is the knowledge acquired?）③这一知识是如何被使用的？（How is the knowledge put to use?）④相关的人脑机制是什么？（What are the relevant brain mechanisms?）⑤语言知识在种系中是如何进化的？[How does this knowledge evolve（in the species）?]

A. M. 迪·西奥罗（Di Sciollo，A. M.）与 C. 博伊克斯（2011）合作编著的由牛津大学出版社出版的《生物语言学之大业：关于人类语言官能进化与本质的新视角》（*The Biolinguistics Enterprise，New Perspective on the Evolution and Nature of the Human Language Faculty*）从人类语言的进

化、人类语言的变异及人类语言计算系统等角度对生物语言学进行了全面的勾勒。

第三类文献是以乔姆斯基2004年发表的题为《生物语言学愿景：50年回顾与展望》为代表的论及生物语言学诞生及其历史发展的学术论文。这些论文集中探讨了生物语言学的历史、现状及其未来发展方向。

二 生物语言学研究的现状

乔姆斯基是生物语言学当之无愧的开荒者。早在20世纪50年代初期，生物语言学还远未成为学者关注的焦点之时，乔姆斯基（1957，1965，1975，2001，2007）就提出了生物语言学研究的五个核心问题，其中前三个问题都已在他自己的著作《语言理论的逻辑结构》（1975）中有过部分说明，这次只是更加明确地作为生物语言学的核心问题加以提出。而乔姆斯基提出的第四个、第五个问题则可以从他的学生H. 列雷伯格（Lenneberg）1967年出版但并未引起学者关注的著作《语言的生物基础》（*Biological Foundations of Language*）中一窥究竟。

A. I. 弗朗克（Aniela Improta Fraca，2004）、劳伦兹（Lorenz，2006）和L. 瑞兹（Luigi Rizzi，2004）的生物语言学观点和乔姆斯基如出一辙。弗朗克在她的专著 *Introduction to Neurolinguistics* 中声称语言研究的生物语言学倾向缘起于20世纪50年代乔姆斯基转换生成语法。W. 梅西瑞（Messeri）在其论著中多次提及乔姆斯基转换生成语法实质上进行的就是生物语言学的语言生物本质的研究。L. 瑞兹认为生物语言学有悠久的理论根基，但其历史却是短暂的。说其悠久的理论根基是因为笛卡儿语言哲学为其提供了深厚的理论沃土；但其短暂的历史指的是它与乔姆斯基的转换生成语法和H. 列雷伯格的《语言的生物基础》相伴而生。

迪·西奥罗（Di Sciullo，2010）认为生物语言学的兴起是20世纪五六十年代生物学与语言学学科交叉研究的必然结果；而L. 詹金斯（Jenkins，1997）认为生物语言学、转换生成语法以及内部言语并非同义语，然而生物语言学却是在20世纪60年代后期由转换生成语法学家多年研究人类语言生物机制催生的新兴学科。

C. 博伊克斯和N. 洪思坦（Norbert Hornstein，2003）沿着L. 詹金斯的研究把转换生成语法研究划分为三个阶段：语言合并机制阶段（the

Combinatoric)、语言认知制约阶段（the Cognitive）和最简方案阶段（the Minimalist）。认知制约阶段的早期阶段可以追溯到20世纪60年代末，晚期则兴起于20世纪80年代。博伊克斯和洪思坦（2003）认为，只有早期语言认知制约阶段的研究相当于生物语言学研究，而之后的生物语言学研究就完全超出了转换生成语法的研究理论框架和实践范畴。

M. 诺瓦克（Martin Nowak，2002）和查理·杨（Charles Yang，2002）认为生物语言学源起于20世纪70年代。他们认为生物语言学不是转换生成语法的旧貌换新颜，而是由转换生成语法刺激而生的语言学生物研究范式新的转向。20世纪70年代，转换生成语言学认为人类语言学研究是生物学的一部分，具有生物学属性。许多语言学家、遗传学家和进化生物学家均赞同和接受这一观点，在此基础上生物语言学得以催生。因此，生物语言学的创立也标志着语言学研究的生物学范式转向。

近年来，在乔姆斯基等人（Hauser, Chomsky and Fitch，2002）的论文《语言机能：是什么，谁拥有，是如何进化的？》（*The Faculty of Language: What is It, Who Has It, How It Evolve?*）引发的与S. 平克（Pinker）和R. 杰肯多夫（Jackendoff）的高端对决中，乔姆斯基等人认定生物语言学视野下的语言研究实质就是语言机能研究；而语言机能就向身体其他器官一样，由遗传决定，可以在适宜的环境中生长、发育和成熟。争论双方就语言学的生物学属性方面在一定程度上达成了共识（Fitch, Hauser and Chomsky，2005）。例如，双方均认可分解语言成分机制的必要性；认可通过实证研究检验语言生物属性假设的重要性；认可利用生物学研究方法从纷繁动物物种中提取对比数据的价值；强调语言学与生物学跨学科合作的趋势。经过一番论辩，生物语言学的研究热点逐渐转向了语言递归性。生物语言学视角下的语言递归性研究主要涉及三个方面的研究：实验心理学对语言递归性存在性的验证（de Vries, Christiansen and Petersson，2011；Poletiek，2011）、语言递归性在语言学理论中的权位（Zwart，2011；Roeper，2011）以及语言递归性在人脑神经区域的定位（Friederici, Bahlmann, Friedrich and Makuuchi，2011；Russo and Treves，2011）。

生物语言学是一门既有悠久历史，又相当年轻的学科，国内外的研究均处于起步阶段。通过分析相关文献，作者发现国外生物语言学目前的研究主要探讨了几个方面的问题：第一个问题主要是"生物语言学"概念及研究范围的界定；第二个问题，也是讨论最多的一个问题，即生物语言学的缘起及盛行的动因；第三个问题主要是语言学研究人员对在生物语言学背景下语言研究所面临的机遇与挑战的认识和理解。

  生物语言学的缘起可以归功于以乔姆斯基为代表的生成语言学。20世纪70年代，生成语言学家认为人类语言学研究是生物学的一部分。许多语言学家、遗传学家和进化生物学家都赞同和接受这一观点。近年来，乔姆斯基明确指出语言能力的基因变异基础终将随着科学的发展而被人类发现。一旦有生物学家或语言学家发现这些变异，人们就能用不同的方法来指导和研究语言能力及其内在属性。因此，生物语言学的主要研究对象就会转移至人的大脑/心智（brain/mind）。这种研究将沿着"生理"和"心理"两个水平上进行。这两个水平的研究可以为彼此提供支撑或引导，并相佐证。乔姆斯基第一个借用科学史上物理学和化学的统一来融合大脑科学研究和语言学研究。L. 詹金斯把硬科学的观点移入到语言学研究中来，并对此进行了平行比较，以实证证据论证了在硬科学中常用的研究方法同样适用于语言学课题的研究。因此，生物语言学可以把自然科学和心智科学的研究统一起来，为语言学研究打开新的局面（唐玉柱，2004）。因此，从内在主义的角度来看，语言研究就成为了生物学的一部分，生物语言学也得以催生。另外，生物语言学兴起的直接缘由得益于生物学、神经心理学等领域的新发现，主要表现在以下五个方面。①生物学领域的新综合与扩展。这一因素要求生物学研究走多元化、内在化、结构化的路子，而内在主义则与乔姆斯基语言学所奉行的反行为主义不谋而合。因此，乔姆斯基首先把"进化—发育"引入到生物语言学，为语言学研究打开了遥望星空的一扇天窗。②对与语言相关的交叉学科中心问题的认识。该问题在神经语言学领域尤为显著，即交叉学科相对于单一学科而言缺少一个共同的表征层面。③FOXP2基因的发现。研究表明，FOXP2并非语言所独有的基因；出于伦理道德的考虑，部分研究无法通过对人类的实验而得以完成；FOXP2基因的相关研究是通过对其他物种如老鼠、鸟类、蝙蝠等的实验来进行的。④语言学中最简方案思想的形成和发展。正是最简思想的出现才使得语言学与认知科学和生物科学的其他分支学科紧密关联。⑤比较心理学视角的转换。早期的比较认知研究采用的是自上而下的方法。但越来越多的人认识到认知的要素可能为其他物种所共享，因而要求采用自下而上的视角。这与神经科学和进化生物学的研究方法是一致的（Boeckx，2011）。

三 生物语言学研究的未来走向

在生物语言学的背景下，对语言学研究人员而言，机遇与挑战并存。所谓的机遇就是最简思想的形成和发展。然而，目前相当一部分打着最简思想旗号的研究人员仍然纠结于对个别语言的描写以及对语言间差异的解释，而并没有真正关注使得人类语言发展成为可能的那些普遍属性，因此语言学研究还有很多工作要做。语言学研究人员面临的最大挑战就是是否具有开放的思想，是否能够走多元化的路子。不同的理论假设并不互相排斥；相反，基于不同理论的语言研究有助于探索人类语言器官的复杂性（Boeckx，2011）。另外，生物语言学作为一门语言学与生物学的交叉学科，无论是语言学家还是生物学家都难以兼具两个学科的专门知识，因此今后的研究必须依赖于生物学和语言学研究人员的分工合作，否则生物语言学将难有突破。

本书通过分析和研究相关文献，认为生物语言学今后的研究将朝着三个维度发展——物种语言进化（the evolution of language）、个体语言发展（Ontogenetic Language Development）以及语言及语言习得机制（language mechanism and faculty of language）。最终，生物语言学研究的未来方向是连续合并运算在个体中的进化。我们认为，广大语言学研究人员应该更多地从狭义生物语言学选取研究的切入点，如语言递归机制及生理基础、儿童语言习得机制等，而把广义生物语言学其他领域留给生物学研究人员去研究。这样既能发挥语言学研究人员自身的优势，又有利于作为生物学和语言学的交叉学科的生物语言学和谐、健康的发展。

第三节 生物语言学视野下语言研究范式转向

在人类语言研究的两千多年历史中，语言学研究范式经历了多次的转换与更替。真正意义上的第一种语言学研究范式应该是20世纪初期索绪尔的结构主义范式。索绪尔把语言视为一个体现在某一个时间点上的抽象符号系统，将研究符号之间的复杂抽象关系作为语言学的中心任务。另一种是20世纪50年代以乔姆斯基为代表建立的生成语法范式（又称转换生成语法）。生成语法的研究对象不是所有的话语，而是个人的语言知识和语言能力；生成语法的理论目标不是对话语集合的成分进行分类整理，而是确定句子结构底层的语法规则；生成语法的研究方法不是结构主义的发现程序，而是由评估程序取而代之，由此开创了形式语言学的先河，实现了语言学研究的第一次范式转向。语言学研究范式的第二次转向则是发生在20世纪末生物语言学研究显现出来的由乔姆斯基生成语法转向以语言及语言习得突现（emergence）[①]为核心的研究范式（Cook and Kasper，2006）。语言突现范式旨在研究人脑何以突现生成语言及其结构，即生物语言学视野下的语言研究范式。

一　语言学研究的生成语法范式

人们通常把1957年乔姆斯基的第一部专著《句法结构》看作转换生成语法理论诞生的标志。经过半个世纪的发展，转换生成语法理论不仅渗透了整个语言学界，而且蜚声整个知识界。生成语法理论研究重新界定了语言学的目的和任务。其目标不再是对话语集合的成分进行分类整理，而是确定句子结构底层的语法规则（Chomsky，1963；Miller and Chomsky，1963）。转换生成语法理论把语言学明确定位为对人类认知结构的研究（Chomsky，1965，1981，1995；Chomsky and Lasnik，1993），把过去侧重研究语言自身和语言文本，转向集中研究主司语言的人脑和研究语言的生物学属性（Lenneberg，1967；O'Grady，2008）。因此，乔姆斯基语言学理论所研究的对象不只是人类语言本身，而是通过研究语言来研究人脑的语言机制（the Faculty of Language），研究孩童是凭借什么、又是如何获得说话能力的问题，以及人类语言的生物遗传属性是什么的问题，通常被称作普遍语法（宁春岩，2002）。生成语法经过半个多世纪的发展，通过对语言能力、语言行为、语言递归性、语言进化、基因遗传、语言关键期、语言模块和刺激贫乏论八个语言核心问题的研究建构了一套自己独特的话语体系，有力地推动了当代语言学研究的纵深发展。

乔姆斯基生成语法的研究对象不是所有的话语，而是个人的语言知识和语言能力，归根到底是关于儿童如何习得语言能力的语法，而不是描写成人在各种语境中华彩篇章的语法。因此，乔姆斯基认为，语言学的任务是揭示人类的语言能力；反映这种语言能力的语法，一定是生成语法；生成语法不以具体语言的描述为归宿，而是以具体语言行为为出发点，探索语言的普遍规律，最终弄清人的认识系统、思维规律和人的本质属性。

"递归性"指一些语言单位能无穷地包孕在自身里面，生成更复杂的语言单位。在乔姆斯基看来，"递归性"是人类语言的本质属性；语言是句子的无限集合，句子在语言研究中没有研究上的严格的科学意义（Jenkins, 2011；Roeper, 2011）。在语言所有的属性中，最为重要的是语言的递归性和语言运算的合并操作（Hauser, Chomky and Fitch, 2002；Fitch, Chomky and Hauser, 2005）。

关于语言进化问题，乔姆斯基接受了 S. 古德（Stephen Gould）等人的 Evo-Devo 当代革命性的进化论思想，尤其是拉旺廷（Lewontin）的"非选择主义"（non-selectionist）的语言进化主张（Fitch, 2010），认为人类语言进化不是为适应和改善交际功能所致，而是人类前身某些器官进化的副产品——"拱肩拱"（spandrel）。乔姆斯基结合对已知语言本身属性的认识，形成了他的可称作"内变异语言进化论"的思想（吴文，2012）。另外，乔姆斯基坚信语言的进化过程不是连续的，而是大跃进式的。在乔姆斯基的进化观中，一个十分重要的假说是"合并"（merge）可能是发生在生物个体上的遗传变异的结果，是人类语言的最初源头；合并应该有其遗传基因上的对应表达（Chomsky, 2005, 2010）。

人类语言是自然之物，是遗传变异的产物。以研究人类语言的自然属性和生物遗传属性为目标的语言研究是自然科学。因此，普遍语法是一种"遗传规定下来的属性"（genetically endowed property），是语言获得之前人脑呈现的先天的初始状态，也叫语言获得机制（Language Acquisition Device，简称 LAD）或内在语言（宁春岩［译］，2002）。

乔姆斯基（1965，1968，1985，1995）一再重申，普遍语法是人类大脑初始状态所具有的生物属性，是人类基因预制的蓝图；语言机制有别于其他动物的交际机制。豪斯（Hauser）、乔姆斯基 和 W. T. 菲齐（Fitch, 2002）把语言机能区分为"广义的语言机能"（FLB）和"狭义的语言机能"（FLN）。广义语言机能包括感觉运动系统（sensory-motor system，SM）、概念意向系统（conceptual-intentional system，CI）和狭义的语言机能。狭义语言机能（FLN）仅指语言内在的递归性运算机制，用以说明人类特有的语言能力，即从有限的语言成分生成无限的语句表达的能力。具体地说，狭义语言机能只包括"狭义句法和接口对应中核心的运算机制"，这一核心运算机制就是递归性。他们认为，狭义语言机能核心的递归运算机制是人类语言所独有的，因此推定语言能力是人类独一无二的属性（代天善，2007；吴会芹，2009）。

语言关键期（Critical Period）是指在人类生理发育、发展的某个特定阶段，人可以在没有任何外部干预，也不需要任何传授的条件下，轻松、快速地学习语言。最早提出这个观点的是著名神经外科医生W. 平菲尔德（Penfield）和L. 罗伯特（Roberts）。1959年，W. 平菲尔德和L. 罗伯特对失语症的研究结果为青春期前学习语言优势现象提供了科学证据和有效解释。他们认为儿童学习语言的优势归于脑神经系统的差异。青春期以前的儿童似乎有一种转换机制，如果左半脑言语中枢受损，则能在右半脑得到补偿，但过了青春期后，就难以恢复了。据此，他们得出结论：儿童的语言学习与大脑发育有关（刘振前，2003）。1967年，哈佛大学医学院H. 列雷伯格接受了W. 平菲尔德等人的观点，并加以发挥提出了著名的"关键期假说"（Critical Period Hypothesis）。在乔姆斯基看来，语法系统是若干语言模块（子系统）构成的，如语音知识、句法知识和语义知识等；每一个子系统相对独立，结构相对简单；语言表面形式的变化是各个子系统相互作用的结果（司富珍［译］，2010）。将语言模块这一概念外推到语法系统以外，我们也可以说语言系统独立于人类行为的其他符号系统，因而独立于语言运用的环境，即社会、文化和价值体系。

乔姆斯基1980年在其著作《规则与表征》（*Rules and Representations*）中首次使用了"刺激贫乏论"（the poverty of stimulus argument）这一概念，指出"'极其贫乏'（highly impoverished）的语言环境与'极其特殊和复杂'（Highly specific and intricate）的语言知识系统之间的差异，并完成了语言输入缺陷说，即语言输入是有限的，不提供同义关系、歧义及不合语法性等关键信息"（徐烈炯，1992），由此推论出人必定天生具有某种语言学习的能力，这些能力为语言学习者提供了额外的知识。

二 语言学研究的突现范式

近年来，语言学界四本国际权威期刊相继推出突现论研究特刊（*Applied Linguistics*，2006；*Bilingualism: Language and Cognition*，2007；*Lingua*，2008；*The Modern Language Journal*，2008），体现出应用语言学界对语言和语言学习突现特征的广泛关注。库克和卡司平（Cook and Kasper，2006）认为语言研究突现范式（paradigm）的时代已经到来。语言突现论认为"语言表达"（representation）是从大脑到社会各个层面相互作用而突现生成的。当人类暴露在作为社会环境一部分的语言材料中时，简单的学习机制（mechanism）就在从感知、肌肉运动（motor-action）到认知的各个系统中及各系统间运行。这就足以促使复杂的语言表达突现生成（乐眉云，2004）。语言突现范式虽然没有一个像乔姆斯基的核心统领人物，但是在世界各国认知语言学家（Langacker，1987）、功能语言学家（Givón，1979）、神经网络建模学者（Rumelhart and McClelland，1986）、统计学人员（Aslin, Saffran and Newport，1999）、基于数据分析的语料库研究人员（Bybee and Hopper，2001）、涉身认知科学研究者（Barsalou，1999）和认知神经科学家（Edelman，1987）的共同努力下，也在语言研究的八个核心问题上建构了一套语言突现论独有的话语体系，基本形成了与普遍语法研究范式相抗衡的新的语言研究范式。

在语言突现论者看来，语言变异主要是通过语言行为揭示出来的，因此语言研究应更加关注具体的语言行为；基于语言行为的研究有助于更好地理解语言进化并推进语言学习（O'Grady，2008）。

语言突现论承认语言"递归性"能促使语言生成更复杂的语言单位（Sauerland and Trotzke，2011）。但是 R. 杰肯多夫和 S. 平克（Jackendoff and Pinker，2005）则提出语言递归性依然是通过自然选择逐渐进化而来的适应性系统，并非人类独有。

与乔姆斯基的语言进化观相对而论，语言突现论认为语言是伴随思维和手势语渐进、层级进化而来的，不存在语言飞跃。波普尔曾将语言进化更加鲜明地表述为："从动物语言到人类语言的进化。"（刘小涛、何朝安，2010）

语言突现观把语言这个复杂系统归因于基因间的相互作用的结果。

进入 21 世纪以来，随着人类基因组研究的开展，一些研究人员认为称之为语言基因的 FOXP2 可以证实人类语言是基因遗传而来。但是 W. T. 菲齐（2010）指出德国柏林自由大学斯卡夫（Constance Scharff）和他的同事在鸟身上也发现了称之为语言基因的 FOXP2。伊利斯（Ellis, 1998）说："从突现论的角度看，在从基因到环境的所有层次上都发生的相互作用导致各种形式和行为的发生。这些结果……本身并不直接存在于基因的任何特定区域……人类的大脑皮质富有弹性，其结构在极大程度上反映人的经验。"

长期以来，语言学家认为只有人类才能清晰地发音，但是 K. 克拉斯·祖贝布勒（Klaus Zuberbühler, 2002）发现尼日利亚加沙卡古姆蒂国家公园的白鼻长尾猴有两种示警的声音：Pyows 是指豹子接近、hacks 是指麻鹰盘旋，将两种声音结合，就是示意同伴离开。A. 奥勃兰·雷马森（Alban Lemasson）和他的同事们发现生活在森林之中的雄性猴子可以根据当时是遇到诸如鹰、猎豹等捕食动物，或者是遇到了邻居等不同情况发出六种不同的声音：Boom, Krakow, Hok, Hok-oo, Krak-oo 和 Wak-oo。因此，语言能力并非人类的独有属性。

语言突现论强调二语习得能力随年龄增长而降低的原因是母语与二语在学习中的竞争所致，而不存在语言习得关键期。随着年龄增长，儿童母语逐渐体系化，故母语在语言学习中的竞争力将优于二语或外语学习，且母语对二语习得的负干扰（竞争）也会逐渐增强（De Bot, 2008）。

语言突现论强调模块之间的可渗透性和突现性，并强调模块间的相互作用（McClelland, Mirman and Holt, 2005）。

B. 麦克温妮（MacWhinney, 2005, 2009）指出语言输入的强化和基于语言项目的学习策略对有效习得复杂的语言结构具有不可忽视的作用。

三 语言突现研究的生物机制

普遍语法是关于人类语言机能初始状态（initial state）的心理机制及其结构的说明。语言机能可能被看作是一种与生俱来的"语言获得装置"，它通过具体语言经验的触发与交互，使人获得某一个别的语言知识，如汉语、英语、法语等（代天善，2007）。语言突现论则通过强化语言的动态、突现生成过程来突破语言天赋的限制,其中包括大家熟知的心理信息处理过程,如竞争、强化。语言突现论的语言学习竞争过程集中体现了达尔文声称的物竞天择,适者生存的原则(Edelman, 1987)。除此之外,语言突现论还强调神经心理过程,如互动激活(interactive activation)(McClellan and Rumelhart, 1981)、记忆巩固(Wittenberg, Sullivan and Tsien, 2002)和强化学习(Westermann and Miranda, 2004)。

  为了更好地理解语言突现如何促成语言习得,我们简要介绍一下语言结构机制是如何在儿童咿呀学语中突现发展的。1794年,L. 哈真斯(Huygens)发现把两个上满发条的钟摆放在同一平台上,刚开始两个钟摆的摆动频率各不相同,但是两个钟摆会自动调节耦合成一致的摆动周期。在这耦合期间,其中一个强势的钟摆会吸引另一个与之摆动周期接近并相同(MacNeilage, 1998)。这种共振耦合现象在儿童语言学习中同样存在。在研究儿童语言学习时,研究人员发现咿呀学语前儿童的口腔就会进行持续的有节奏的运动;待儿童咿呀学语时,儿童的口腔运动频率会自动调节并保持与声门张弛的周期一致。这一耦合的直接结果就是儿童发出卡农式儿语(canonical babbling),如[da],[ba],[wa],[de],[ha],[he],甚至mama, gaga, dada。通过把音节构建于上下颌有节奏地开合的生理基础上,儿童就突现生成了这种以语言为主的信息交流方式。

  这一简单语言突现过程主要关注了口腔运动与声门的自动趋同。突现还可以在更加复杂的自我调节反馈环路中起作用。比如,细胞新陈代谢三磷酸循环(Krebs cycle,又称克氏循环)得以实现就是依靠不断重复催化丙酮酸氧化脱磷反应生成三磷酸腺苷。三磷酸循环包括几次反馈过程确保三磷酸腺苷不得过量,但又必须保证生成足够的FAD和NAD^+持续反应。通过这种方式,循环的催化剂保证了正在进行的细胞再生和代谢趋于协同[②]([homeorhesis]源于希腊语,水流、流动之意)发生(Campbell, Reece and Mitchell, 1999)。语言习得也与新陈代谢趋同机制的原理一致。

  对语言来说,在生理学、神经学和社会层面都存在协同。对话本身就可以看作是一个趋同过程,即说话者的语言表征从语音到句法到语义等多个层次会协同起来,使得交谈双方懂对方的意思。在交谈的互动过程中,双方各自的情境模式自动协同,达成共识,顺利交谈便建立在此共识之上。情境模式是如何趋于协同的呢?B.麦克温妮(2008)认为,在交谈过程中,人们倾向于使输出与输入匹配,产出与理解一致,先前说过的话制约后续的话;一方的情境表征被激活后,反过来激活另一方的对应表征。

除了以上提及的趋同机制以外,语言研究的生物突现机制还包括以下几方面。

(一)竞争机制

美国心理学家 E.贝特(Bates)和 B.麦克温妮(1998)首先提出语言学习竞争模式并指出儿童学习单词和语法要经历三个阶段。第一阶段,孩子要发展表达的功能,他们将其称为"功能习得"。第二阶段,孩子要将语言功能、语言形式进行匹配,他们将这一过程称作"臆想"。在此之后就进入第三阶段竞争阶段,在该阶段,语言形式将得以缩减或扩大。竞争机制在二语习得过程中,作用更加明显;学习外语必然要经历一个两种语言相互影响的心理发展过程,而这个过程的实质可能就是母语的不断干扰(防守)和外语的不断渗入(竞争)。

(二)调控机制

语言的习得过程是大脑语言功能的发展和成熟的过程。语言理解和产生是在语言能力基础上发展起来的语言运用能力,它们是大脑神经调控功能的操作行为,这种操作受到其他许多诸如基底神经节等神经机制的调控。神经语言学研究揭示,语言的不同形式分别由不同调控机制控制。口语的理解始于听觉输入,不同频率的语言声音,产生的脑神经兴奋状态不同。一定话语的声波对一部分神经回路产生兴奋,对另一部分神经回路产生抑制,这种具有一定模式的兴奋和抑制的传导过程,使语义记忆的有关痕迹的兴奋沿着一定的方向和目标扩散,达到话语的理解。阅读的脑神经过程和语言听觉输入的脑神经过程不同。阅读通过视觉(盲文是触觉)输入材料信息,由神经网络将信息传递到一定的结点而被理解。

(三)冗余机制

通常而言,大脑拥有足够的冗余,即便右脑被破坏,依然可以通过左脑冗余功能对其右脑功能进行弥补和修缮。比如,研究表明人的语言控制主要是左脑的功能，但是在大脑功能已经分化并且左脑受损的情况下，如果是在青春期之前，仍然可以通过激活右脑冗余的语言功能重新获得母语能力（刘振前，2003）。

（四）类推机制

所谓的类推机制，就是以语言中某些词和形式为标准，使另一些词和形式向它们看齐，从而构成新的词或新的形式。在二语习得中，类推机制主要指学习者经常使用自己已有的本族语言知识去应对二语学习面临的交际问题。

四　语言研究的突现类型

劳伦兹（1958）在论及行为进化时认为行为从功能上划分，有摄食行为（ingestive behavior）、求偶行为（courtship behavior）、争斗行为（agonistic behavior）、社群行为（social behavior）、通讯（communication）行为、节律（rhythm）行为等。B. 麦克温妮（2002，2005，2008，2009）吸收了劳伦兹的行为进化分类的合理成分把语言突现界定为六类。

（一）种系突现

内发于基因的突变结构引起的种系突现是进化最缓慢的突现——经过千百年的自然物竞天择的结果。除了基因突变，性选择主导的自然选择，即基因再组合的可能性是种系突现的另一主要动力。语言种系突现论者的任务就是探寻人类语言进化的规律，即突现论者在语言种系突现中的任务就是运用动态系统理论（dynamic systems）探寻出语言、社会和认知同步进化的规律（MacWhinney，2008，2009）。

（二）外源突现

在群体的发展历史中，有着各种各样的力量在影响着群体的遗传组成，这些力量的共同作用造就了今天所观察到的遗传形态。这些力量主要有突变、遗传漂变、种群历史、自然选择、迁徙、重组等。外源突变为物种的进化提供了原材料，增加了遗传的多样性。洋泾浜和克里奥语即为语言外源突现的典型代表。

（三）发展突现

皮亚杰在《发生认识论》（*Genetic Epistemology*）中最早提及发展突现。现代语言突现论者依赖联结主义、涉身认知科学（embodied cognition)、动态系统理论等学科从两个层面丰富和发展了皮亚杰的发展突现观。第一个层面即为基本事实、形式、关系、命名和过程的学习,例如,联结主义者和基于运用模式的语言习得在处理过去时态、句法模式及词汇切分时常常关注这一层面的发展突现。发展突现关注的第二层面即为习得一种新的学习策略或者新的理论框架。

（四）社会突现

语言突现具有明显的社会性,或者说语言生成是受社会约束的,即社会突现。因此,C. E. 斯洛（Snow, 1999）认为"使语言习得成为可能的关键因素包括儿童社会能力的发展和成人为这种发展提供的社会交流的环境"。

（五）互动突现

除了受制于长期作用的社会因素,语言突现也会受到即时交流互动的影响。例如,经历过一次房屋购买交往,我们头脑中就会突现生成与房屋买卖语言场合相吻合的语言。即使此等活动从此不再发生,其突现生成的语言也将会在大脑中一直留存。

（六）历时突现

语言突现进化受到时间流逝的影响,是大家最容易理解的语言突现,即历时突现。正因为历时突现,谁也不会否认中世纪英语与现代英语的根本差别。

五　语言研究突现范式的转向缘由

20世纪后期,随着科学研究的发展,一些先进的研究方法和实证数据采集技术,尤其是生物语言学的发展使得语言突现范式成为可能。我们将从网络语料库平台的搭建、多媒体技术的发展、神经网络建模的创建、造影技术的更新和换代以及神经科学发展视角分析语言研究突现范式转向的深层缘由。

语言研究突现范式得以实现首先要归因于专业网络的语料数据库的建立和开放（O'Grady, 2008）,其中包括儿童语言数据交换系统（http://childes.psy.cmu.edu）、话语库（http://talkbank.org）以及语言学语料数据系统（http://www.ldc.upenn.edu）。儿童语言数据交换系统为查阅者提供了大量母语言进化的第一手语料,而话语库则收集了不少二语习得的基本语料数据。除了口语语料和书写语料以外，还有声频资料，甚至视频语料被上传到数据库内，以便研究人员利用，为语言学研究人员节省了大量的语料收集时间，且大大扩充了单个语言学者或者研究团队所能建构的语料库样本容量。伴随着人们对语料库研究的深入，计算机分析语料的相关技术也得到相应的升级，包括自动化词性附码（automatic part of speech tagging）、依存句法分析（dependency parsing）、词汇广度分析（lexical diversity analysis）以及其他的分析路径。

语言突现要求语言学研究人员在进行语言分析的时候，除了关注语言本身以外，还必须考虑伴随说话者的手势等身体语言以及语言生成时刻话语发出者与听话者的时空关系（proxemic）（Goldman，Pea，Barron and Derry，2007）。为了全面分析语言，多媒体技术的飞跃发展就成为语言突现范式必不可少的前提。视频录像就便于语言突现主义者把语言结构和功能与发音结合起来进行综合分析。

兴起于20世纪90年代的联结主义建模研究为语言研究提供了新的视角。建模成为一种更具效力的研究工具。对于人类进化之初语言的系统发生之类的问题，我们不可能获得直接的观察证据。处理这类难题时，电脑建模越发显示出其价值。随着人们对神经网络建模的深入研究，供选择的模型也相对多样化，包括一些重大的选择对象如反向传播、自组织特征映射图、自适应共振理论以及其他网络模型都为语言突现研究提供了技术的保障（王士元，2006）。

我们对神经语言学的传统理解主要依据来自脑损伤而导致失语症的相关数据，研究人员根据这些数据判定语言定位于Broca区跟Wernicke区。随着功能核磁共振成像（fMRI：Functional Magnetic Resonance Imaging）在语言学研究中的应用，研究人员可以更好地了解大脑后部语言各个区域内皮质神经功能环路（MacWhinney，1998）。另外，研究人员还可以运用电生理（ERP）和功能磁共振造影等先进技术研究掌管语言加工的某些神经子系统在二语学习和双语学习时显现出来的竞争机制。

神经科学的发展把人类认知功能的理解延伸至单细胞乃至局部细胞集结。这些证据主要来自科学研究人员的动物单细胞实验，也有少量证据来自癫痫病人的外科手术（Rizzolatti，Fadiga，Gallese and Fogassi，1996）。现代神经科学为语言涉身认知科学等语言突现研究提供了科学证据（MacWhinney，2008）。

生成语法范式伴随着20世纪50年代乔姆斯基的《句法结构》诞生以来，经过初期理论、标准理论、扩展的标准理论、管辖与约束理论和最简方案理论等阶段的变迁与发展，在揭示语言与认知的关系上提出了富有创见的发现与解释。生成语法研究的对象是体现在稳定状态心智—人脑中的知识系统以及普遍语法，即体现在由遗传决定的初始状态中的原则系统，每项原则都有一定的可变范围。因此，转换生成语法的研究在许多方面反映了语言研究方向和前景的重要变化。但其语言的可学性问题和普遍语法与特定语言的结构连结问题一直是其招致批评的焦点。

然而，自弗里曼（Larsen-Freeman，1997）最早在应用语言学领域提出用复杂及混沌理论来看待语言和语言学习中的突现问题以来，国际应用语言学界对语言及语言学习突现给予了高度的关注，弥补了生成语法范式的不足与缺陷。经过认知语言学、功能语言学、网络神经学、语料库语言学和认知神经科学研究人员的共同努力，语言突现范式基本形成了一套独有的话语体系，实现了语言学研究范式从普遍语法研究到语言突现研究的转向，必将为语言学研究带来新的曙光。当然，语言的突现范式研究尚处于初级阶段，无论是其理论体系还是其实证研究，更多的仍然是建立在一些大胆假设的基点之上，因此需要更多的语言学、脑科学、神经科学、心理学以及仿真模拟科学等多学科的研究人员进行不懈的努力和艰辛的摸索。

注释：

① 为了了解国内学者对emergence一词在语言学中的理解和翻译，作者对"万方数据资源系统"（网址：www.wanfangdata.com.cn）、"清华同方中国知网"（网址：www.cnki.net）、"重庆维普中文科技期刊数据库"（网址：www.cqvip.com）等主流数据库进行了全面的检索。研究发现国内语言学界最早引介emergence一词的是乐眉云教授。乐教授（2003）发表在《外语研究》上的论文《自然发生论：语言习得新理论》中把emergence翻译为"自然发生"。著名语言学家王士元（2008）在进行相关论述时借鉴了科学哲学领域的理解，把emergence翻译为"涌现"。在此之后，越来越多的学者开始使用这一表述，国内学术界先后有35篇学术论

文使用"涌现"。例如，冀小婷（2008）在对拉尔森·弗里曼（Larsen-Freeman）教授的访谈中提及的 emergence 就理解为"涌现"。沈昌洪、吕敏（2008）以及杨梅（2009）在谈及这一语言现象遇到了 emergence 一词时沿用了王士元教授的翻译。徐盛桓（2012）、廖巧云和徐盛桓（2012）等人在讨论心智哲学和语言研究问题时也沿用了"涌现"这一翻译。除此之外，也有少数学者认为 emergence 一词在《新英汉词典》中是"浮现、出现"的意思。因此，有 7 篇语言学学术论文把 emergence 直接翻译为"浮现"（朱枫，2010；李兰霞，2011）。然而，顾曰国教授（2010）在《当代语言学》发表的一系列"当代语言学的波形发展"主题论文中却在两个层面上理解 emergence。顾教授认为当话题是关于语言作为物种特征时，这个 emergence 是指物种层上的聚现（polygenetic emergence）；当话题是关于个体成员的认知禀赋与语言的关系时，这个 emergence 是指成员层上的聚现（ontogenetic emergence）。因此，顾曰国教授将其译为"聚现"。顾曰国教授认为把 emergence 作为"聚现"的译法是考虑到量聚集到一定程度后会发生质的变化。如蜂窝的形成，单个蜜蜂织窝的行为是量，聚集到一起达到一定的量后就会发生质的变化，单个行为里没有"窝"这个质，蜂窝是聚现特征。

作者认为 emergence 的确有"自然发生"的意思，但是并非简单指语言的自然成长、发育；将其理解为"涌现"主要表示"大量的出现"，也不能反映出英语"emergence"内涵的由量变到质变的动态过程；另外，"浮现"也不能突出其突变的意蕴，因此这些翻译均不够妥帖。作者认为顾曰国教授对 emergence 的理解与英语语言学界对该词的使用最为接近，但是"聚现"的翻译让人费解，也不能直观展现 emergence 一词在语言学中的意蕴。emergence 一词被引入语言学界，被赋予了时代发展的附加语义，不仅具有"涌现、浮现、出现"的意思，而且隐含了语言在适宜的生态环境中发生、发展以及量变到质变的语言"突然出现"过程，在汉语中并没有一个对应的词语。作者 2009 年发表在《山东外语教学》的《社会文化视野下的生态语言教学观》、2011 年发表在《天津外国语大学学报》的《社会文化理论与生态语言教学观》、2012 年的《语言学研究范式转向：从转换生成语法到语言突现》以及 2012 年发表在《外国语》的《论乔姆斯基的语言进化倾向》等文章尝试把 emergence 理解为"突现"。期间，王涛（2011）博士在其文章《动态系统理论视角下的复杂系统：理论、实践与方法》中接受了"突现"这一术语。因此，我们认为"突现"不仅包含了"浮现，出现"的本意，还蕴涵了"突变"之意，更能让人意会到语言发展由量变到质变的"突现"韵味。

② Homeorhesis, derived from the Greek for "similar flow", is a concept encompassing dynamical systems which return to a trajectory, as opposed to systems which return to a particular state, which is termed homeostasis. 作者理解为"趋于协同"。

第 二 章

语言及语言知识

通常而言,我们都认为语言是人类独有的行为或能力。然而,其他生物真的没有语言吗?这个观点取决于我们对语言及其定义的理解。如果我们把语言当作传递信息的方法,那么其他动物也有其特有的传递方式,这就无法说明语言是人类特有的行为。但是,如果我们认为以言语为基本的组织单位,利用发音和听觉作为传递和接受信息的方式的符号系统才算是语言的话,那么我们就可以说只有人类才有语言。我们知道很多动物虽然通过特定方式将某些信息传达给同类,如蚂蚁通过分泌某种化学物质,在它走过的路上留下踪迹,以便其他蚂蚁追随;鲸鱼会发出复杂的声音传递信息给同伴,而且这些特定频率的信号可以传到很远的地方;蜜蜂可以利用舞蹈来告诉同伴食物的方向;鸟儿也有特殊的鸣叫信号以示求偶、示警等信息。然而,这些传递信息的方式和能力始终未能上升为完整的语言符号系统。因此,我们认为其信息交流、情感表达无论在复杂度还是灵活度上均无法与人类语言相比。在生物进化的历程中,人类的语言交流方式确实是现阶段生物中最高级和最有效的。

第一节 语言及语言学

一 语言的定义

何谓语言?或是语言的意义为何?在讨论此问题的时候,我们会顿然产生一种莫名其妙的感觉:每天使用语言不下千百回,从不感觉有任何特殊之处;一旦需要给其下定义时,却感觉很困难,其原因何在?是否应验了嘉达美(Hans-Georg Gadamer)所强调的语言有种自我遗忘性

(self-forgetfulness)，只有在使用时才显现意义呢？

有关"语言"的定义相当多。在众多定义中，乔姆斯基（1957）的定义最为独特。他认为"语言是一组（有限或无限的）句子的集合，其中每个句子的长度是有限的，而且每一个句子都是由有限的一组成分所组成的"［From now on I will consider a *Language* to be a set (finite or infinite) of sentences, each finite in length and constructed out of a finite set of elements. Chomsky, 1957］。

柯林斯英文辞典对语言字义的定义为"由声音与书写组成而被特定族群或国家使用的一组沟通系统"；布洛奇（Bloch）和特拉格（Trager）则界定"语言是社会群体互动合作的一套口语符号系统（system of vocal symbols）"；霍尔主张"语言乃是人与人沟通、互动的一套习惯性使用的听说（oral-auditory）符号系统与制度"；罗宾斯强调"语言是一套奠基于传统常规之上所建构而成的符号系统，主要具有弹性（flexibility）与适应性（adaptability），是具有自我修正与变更之习惯系统（system of habit）"（Lyons, 1981）。

当然，语言学家们根据自己的语言观对语言进行了不同维度的定义。萨丕尔（Sapir, 1921）在他的《论语言》一书中说："语言是人类表达及沟通其意念、感情及欲望的一种方法，这种方法本身的形式是一套符号系统，而这些符号规则是人在自生而有意识的情形下由发音器官所发出的听觉上的信号。"（Language is a purely human and noninstinctive method of communicating ideas, emotions and desires by means of a system of voluntarily produced symbols. These symbols are...auditory and they are produced by so-called organ of speech.）

美国结构主义语言学家 L. 特拉格和 W. 史密斯（Trager and Smith, 1951）说："语言是一群人互相合作而使用的一种任意声音符号的系统。"（A language is a system of articulatory vocal symbols by means of which a social group cooperates.）

弗朗西斯（Francis, 1995）提出："语言是一群人在处理社会事务时所使用的任意的声音系统。"（A Language is an arbitrary system of articulated sounds made use by a group of humans as a means of carrying on the affairs of their society.）

索绪尔（Saussure，1959）说："语言是人类说话功能的社会产品，同时他也是促使人类能使用这种说话功能的一切必须的规则的集合。"（Language is both a social product of the faculty of speech and a collection of necessary conventions that have been adopted by social body to permit individuals to exercise that faculty.）

赵元任（1968）说："语言是人跟人互通信息，用发音器官发出来的成系统的行为方式。"

K. 库克（Cook，1969：2）说："语言是任意的声音符号以及语法信号的系统，是一个语言社区中的成员沟通信息，相处以及传播其文化所使用的方法。"（A language is a system of arbitrary vocal symbols and grammatical signals by means of which the members of a speech community communicate, interact, and transmit their culture.）

类似这样的关于"语言"的定义举不胜举，当然，我们也不能全部罗列出来。从这些定义（乔姆斯基的除外）中，我们发现语言学家普遍认为"语言是有系统的，以声音为传递信息的符号，是任意（约定俗成）的，是人的自主而有意识的行为，是与文化的社会有关的社会行为"。

二 语言的特征

我们之所以说在生物进化的历程中，人类的语言交流方式确实是现阶段生物中最高级和最有效的，其主要原因在于人类语言独有的特征。有关语言的特征，不同的学者有不同的见解，但综合起来主要有以下一些观点。

（1）声音—听觉的传讯通道（Vocal-auditory Channel）。发出信号的人（说话者）以发音器官发出声音信号，而接收信号的人（听者）则以他的听觉器官的功能来接收这些声音的信号。

（2）可替换性（interchangeability）。每个人均可以既是说话者，也是听话者。因此，听话者与说话者的可替换性也是语言重要的特征之一。

（3）任意性（Arbitration）。符号单位，特别是单字与语言表达的事物并没有必然的联系。比如，汉语中称为"书"的东西与英语 book，我们叫作"房子"的物体，英语叫 house，西班牙语叫 casa，日语叫 Uchi，法语叫 maison。语言与表达的事物关系大部分都是约定俗成的，语言本身是没有意义的。但在另一个层面上,即在语意解释系统中,不同形式语言符号的组合都是有意义的。比如,在英语中,[t],[p],[æ]这三个声音本身没有意思,但组合成[tæp],[æpt]及[pæt]三种形式时,每种形式都具有语意了。因此,在语言系统中符号本身没有意义,但组合的形式则具有意义了。

（4）可学习性（learnability）。我们都有可能学会母语,甚至多种语言的能力。这个特征与学习者无关而是语言系统本身的特征,灵长类动物及蜜蜂通常只能学会自己种类的语言交流系统,而人则可以学会别的种族的语言。

（5）时空迁移性（displacement）。语音信号所指的事物不一定在说话即时情景出现,如我们可以谈论一些不在我们眼前的人、事、物。我们可以谈论孔子的教学,我们可以讨论柏拉图的思想,我们也可以交流我们到旧金山、洛杉矶、西雅图、纽约等地旅游的不同经历,等等。

（6）文化传承性（cultural transmission）。语言是传承文化的载体,人类之所以能推动社会向前发展,主要就是因为语言的文化传承性把前人的经验一代一代传承下来。

（7）二元性（duality）。语言系统的二元性主要指我们可以从两个层面对语言进行描述。其中之一为物理层次,即语言符号是声音,声音是物理的现象,本身是没有意义的;但是在另一个层面上,即在语意解释系统中,不同语言符号组合在一起就有意义了。因此,语言由形式和意义二元构成。

（8）创造性（creativity）。语言系统的规律虽然有限（主要指语法规则的有限性）,但我们可以利用这些有限的规则创造出无限的句子,也可以传递无数的新的信息。

三　语言的本质

对语言本质的探究有很多的入手处,较为常见的是从语言学观点进行讨论,大致包含语义学（semantics）、句法学（syntax）及音位学（phonetics）等。也有人从社会学、生理学、哲学、心理学等不同层面讨论语言的缘起与意涵。本书主要从哲学观点对语言的本质做粗浅的文献综述似的论述,其目的在于阐述并厘清语言本质及其与主体、生活世界的关系，并对语言习得所产生的影响做系统性的探索，希望为生物语言学视野下的语言及语言习得研究提供理论基础。

（1）语言本质的工具论及符号观：将语言视为一种沟通工具或符号，而为避免意义的分歧，最好建构一套放诸四海皆准的形式化语言。

首先，"语言是种工具，作为沟通之用"，这就是我们一般人对于语言较通俗的观点，因此多学习一种语言则有助于现代社会生存，少学习一种语言就少了一种适应社会的工具。当今中国"国际化"口号震天价响，流风余荫所及，学习强势语言（英语）便成为时代趋势及武装自我的利器。这种观点就是以语言工具论及符号论为其基本假设的。当代对于语言概念的研究，无论是从句法学，还是从语义学或是语用学等维度进行探究，其所持立场，多视语言为沟通工具或思想转化表达的符号，主要对于语言采取工具论或符号观。其次，卡西勒认为人既非智慧人，亦非工匠人，而是符号动物，一切人类经验皆可以用符号形式象征表示。再者，经验主义者视语言为完成研究及举证的工具，因此放弃有歧义性、隐喻性的自然语言，代之以单义性、定义性的形式语言，诸如物理语言、人工逻辑语言及数学象征符号等，甚至宣称可借由系统符号语言建构世界整体，并将符号语言的功能推至极致。逻辑实证论者强调运用自然科学方法及逻辑，寻求科学统一语言，试图将一切自然与社会事实用数学符号表示，寻求语言与世界的对应关系。

（2）语言的本质是一种生活方式：将语言视为一种生活方式，强调语言规则必须在特有的社会历史语境下运作才能彰显此时此刻的意义。

日常生活语言理论者强调语言应用情境对于语言意义的影响，即是在生活世界中探究语言，在深入言说双方的文化、时代历史背景中理解语言所显现的意义。相同的语言文字在不同情境下有不同的语言意义产生，语言乃是一种生活方式。语言不仅是说话，也是行动，语言具备做事的能力，透过语言可以命令、可以做事。维根斯坦认为我们无法对于语言做出界定性的意义陈述，只需注意一点，语言使用乃遵循特定用途，即特定社会情境中起作用的规则与实践，正如许多游戏一样，规则不是盲目被遵守，而总是在特定情境下被诠释应用着。这就是语言游戏的概念，只有在游戏中游戏规则方才发生作用，才能真正规定行为的意义。维根斯坦虽在其后期思想中提出"一种语言即是一种生活方式"的论点，强调语言不是一种信息承载工具而是生活整体，乃是建构个人世界观的根源。但其尚未知觉存在的有限性及语言性的内在关联，故尚无法深邃地论述语言与生活世界的关系。

嘉达美、哈贝马斯（J. Habermas）、阿佩尔（K. O. Apel）等强调语言的应用情境与应用条件对于意义有着决定性的影响。例如，嘉达美认为语言有种自我遗忘性，是人理性最深层的遗忘活动，仅在对话过程中语言方能如实展现而产生理解，若时时处处意识到语法、句法或文章结构者，是无法进入对话语言中的。故"一切有关语言的思考终究仍需回到语言中（drawn back）。人只能在语言中思考，而思考只能寓于语言恰是语言对于思考所提出的深奥谜题（profound enigma）"（Gadamer，1976）。意即任何对于语言的思考或分析，均已落入语言概念化的传统语言窠臼中。相对地，语言乃如实存在于对话过程，所言构成生活世界，与他人对话或倾听言说时业已进入语言之中。此外，任何语言或语词（word）并非由使用者决定其意义内涵，而是在进入对话中后才成为一种具有自我规范性的、有意义的语言及语词。

哈贝马斯则提出普遍语用学（universal pragmatics）观点，其目的在于识别（identify）与重建（reconstruct）使理解成为可能的普遍条件——一般性规则及预设、一套衍生规则体系或语言使用的特征，主要在于说明人皆有语言能力以沟通理解。所谓语言能力即掌握语言规则的能力，规则并非一套固定僵化的语法，而是在应用过程中形成：在某一语言情境中，某句话是否适当，且能被他人所接受或理解。哈贝马斯认为沟通活动必须具备四项普遍有效性主张（universal validity claims）：其一是语言可理解性（comprehensibility），也可以被理解的方式说出某些事物；其二是内容真实性（truth），能够提供真实事物给听者理解；其三是表现真诚性（truthfulness），意即透过语言表现能使自己（himself）成为可理解的对象；其四是互动适当性（rightness），彼此能经由语言规则的规范，相互对话沟通而共同达到理解。哈贝马斯最大的期望即在于透过普遍语用学而建构理想沟通情境，使语言不再具有意识形态，沟通系统不再扭曲，沟通者能基于平等地位进行论辩（discourse），就双方的意见进行检讨批判，使双方达到相互理解。语言在此才有可能成为沟通的媒介。

（3）语言是种世界观：将语言视为一种展现存在的媒介，不仅是思想的表达，更是开展个体世界观的重要媒介。

对于语言与世界关系的阐明，可溯及 18 世纪的 J. G. 汉曼（Hamann, 1730—1788）。他认为语言乃是人类相互理解最根本的媒介，亦是形成历史与文化的媒介，是存在与实在（reality）发生关联的最基本因素。这种观点与多年后洪堡特（K. W. von Humboldt, 1765—1835）名言"每一种语言都是一种特殊的世界观"意义相同。汉曼认为"若无字词，即无理性，亦无世界，字词是创造与规则之源（without word, no reason-no world, in the word is the source of creation and of rule）"。不仅无声的思想运作依赖语言，理性的彰显亦需在文化及语言的环境中呈现（Ferraris, 1996）。

赫尔德（J. G. Herder, 1744—1803）发扬了汉曼的观点，将焦点关注于语言、理性与人性关系的联结上。他强调语言是人类的能力，而非上帝所赐予，主要基于意向或反省之上运作，并由此形成人性（humanity consists of linguisticity）。简而言之，人性发展内在于语言之中（Ferraris, 1996）。

对洪堡特而言，语言并非理智及意向（intellectual and voluntary）行动的结果，而是思想自然而然的行动（spontaneous production of thought），是奠基在人性的历史形式上的，因此语言有一种内在言说形式（innere sprachform），表现出个人特殊世界观的内在形式。此外，洪堡特亦强调语言非仅表达呈现已知真理的工具（means），且是发现前所未知的真理、是人性共同精神的反响（echo）、是存在与世界在深层关联的中介，更是一切知识可能性的基础（Ferraris, 1996）。根据上述观点，他提出每一种语言都是一种世界观，有多少种语言即有多少种世界观的看法。

萨丕尔及沃尔夫两人提出萨丕尔—沃夫假定（Sapir-Whorf hypothesis），认为某人使用语言的种类决定了他对世界的看法（Lyons, 1981）。此观点恰恰附应了汉曼、赫尔德及洪堡特等人的论点。

海德格尔对于一般语言通俗定义认为必须从一既定概念加以掌握语言，并从此概念中撷取一种普遍有用及满足一切表象活动的语言观点。海德格尔对于将语言视为表达思想或心灵运动的传达，是由人运用一种语言工具进行表情达义的观点也有诸多批判。他强调此种语言概念化、工具化及符号观，不能称为探究语言本质，语言非表达，也不是一种活动，而是语言本身在言说中而呈现存在的意义（Heidegger，1975）。如果将语言视为一种内在心灵活动及世界观的表达或活动，则人与语言仅仅是使用者与工具关系的联结。然而，他从语言本质性研究中发现，人无法脱离语言世界而存在，且并不存在另一个非语言世界。因而借用诗人Stefan George 的《语词》（*das Wort*）一诗中之"语词所缺，无物能是"（where word breaks off no thing may be）（Heidegger，1982），海德格尔详细地阐释了语言与存在的关联，并导引出"语言是存在之安宅"的观点。他认为，"在思考中，存在来到语言之间。语言是存在之安宅，人安居其中。而在此语言中思考及运用语词创造者守护着此宅，并完成存在的显现。经由言说将存在的呈现带往语言，并在语言中保存此存在的呈现"（Heidegger，1993）。意即任何存在均居住在语言之中，无语言即无存在。此处所彰显的意义，在于唯有语言才能使事物为其所是而呈现。语言并非一种固定事物或概念。海德格尔在《一次语言的对话》（*A Dialogue on Language*）一文中特别澄清语言是存在的安宅等理念不可视为一种语言概念的说明，亦非意指语言为一固定的建筑物，存在可以任意游走各种建筑间（Heidegger，1982）。海德格尔将语言视为"存在之安宅"，一方面要使语言脱离形上学的控制（语言要符合人的性质，以逻辑形式出现；语言在主体主义形而上学的控制下，丧失其本性而沦为意志控制存在者的工具）；另一方面，将言说视为语言存在的存在论做一转型。语言的基础由此从存在结构中的言说转向存在自身。

嘉达美则利用当前社会发展现状反省以语言为媒介所形成的经验是否有所偏颇，并从语言与世界的关联反省世界的走向。首先，他澄清语言不仅是一种认识世界的概念符号或是传递心灵精神的工具，语言也是一种与世界遭遇的方式，且语言经验系为一切经验的基本条件，故世界体现在语言之中，在语言之外并不存在另一个世界。因此，他赞同洪堡特的"每一种语言都是一种特殊的世界观"的语言理念，但仍认为尚有部分观点有待商榷。依嘉达美的见解，洪堡特仍存在着一个基本预设，即暗示人的世界原初并无语言，而在出现语言后，人才进入语言世界。因此嘉达美将"每一种语言都是一种世界观"修正为"拥有一种语言便是处于一个世界之中"。其次，洪堡特将语言视为一种精神内在形式，强调语言的形式力量足以使语言超越一切内容而独立存在。嘉达美批判语言的内容、形式二分法概念，主张语言恰恰存在于语言内容中而流传。拥有一个世界便是拥有一种语言，世界恰如其分地进入语言之中；语言亦仅有如实地描述世界才可能存在。离开语言，世界无以彰显；脱离世界，语言无以自存。再次，嘉达美对于语言与世界关系的陈述，有着一种更积极的意蕴存在。他强调个人能摆脱、突破个别世界观的桎梏，而与其他世界观沟通交流，从而达成开展理解的目的。最后，嘉达美也赞同海德格尔从存在论立场所开展的语言观点，认为人不可能在语言背后寻求并理解任何事物，因此除强调"语言是存在之安宅"外，又提出"能被理解之存在是语言"（Being that can be understood is language），进一步说明了语言与存在的关系。他表示"能被理解的存在是语言"主要在于阐释凡存在皆有着不可能完全理解的特性，意即人理解的有限性。语言内涵永远超越现实所呈现者，且能被理解者都要进入语言而被揭露，此即存在"彰显自身"的语言性表现。在理解中对于理解对象及进程系完全依循语言所体现的意义所引导，此种意义经验乃是语言所设的界限（Gadamer, 1989）。

（4）语言本质即文化传承：强调语言对于文化、传统传承具有不可替代的地位，同时也是族群凝聚认同的重要媒介。

语言与文化的关联性早已为人认同，语言的有无即是一种文化兴衰的具体表征。同时语言使用往往也显示出一种次文化，例如，男女性别次文化、工人阶级次文化、客家次文化，等等。教育社会学家伯恩斯坦（B. Bernstein）于《语言、阶层与社会化》一文中强调，个人语言发展与其家庭背景、社会阶层及社会文化有相当大的关联，因此特别凸显社会阶层在语言学习过程中的影响性，从而提出在教育历程中，影响教育机会均等潜在因素之一：语言的重要性。学校教育一般多采用中产阶级的语言系统，其对于不同阶层儿童的学习可能造成很大程度的影响，但往往不受重视。从社会学方面探讨语言的目的，在于唤起论者对相关问题的关注。

拉波夫（W. Labov）则从社会文化分层角度研究语言变异问题。其曾于 1966 年分析了五种不同社会阶层（middle middle class, lower middle class, upper working class, middle working class, lower working class）对于"ing"的发音存在着差异性。他于 1972 年研究了纽约市三个高、中、低

档大百货商店营业员的发音差异，将工作地点与社会经济地位等方面因素加以联结，发现确实存在着规律性差异（Coates, 1998; Yule, 1996）。

此外，萨丕尔（Sapir, 1923）、克顿（Kirton, 1987）等人早在20世纪初便展开相关研究。至20世纪80年代"语言与性别"（language and gender）更成为语言学论者讨论的课题之一。依据克顿对于Yanyuwa语言的研究发现，男女不同性别竟然存在着两种不同的对话语言系统，而非仅仅是细微的差异（Coates, 1998）。依据Q. 耶勒（Yule, 1996）的研究，因说话者的性别而产生的语言变异，成为目前人们竞相研究的课题。方言调查得出一共同结论：在同一社会背景下，女性比男性更倾向于使用较有权威的语言形式，诸如，男性较常使用"I done it"，而女性多使用"I did it""he isn't"等。在某些文化中男女语言存在着更显著差异，例如，在Gros Ventre及Koasoti等北美印地安语中，男女语言对于某些自发音有很大差异。

语言存在于团体生活之间，并非与某一团体无关的自我存在，同时也是一种历史文化最有利的代表，更是激励群体间认同的最有力武器。

（5）语言的本质是一种意识形态表现：将语言视为意识形态的表现，传统及权力结构透过语言而获得合法化地位，同时各种意识形态借此得以绵延不断。

哈贝马斯认为语言的文化传承论者，如嘉达美等人，解释了语言的文化传承性格，即由语言可以看见传统、历史的传递，而发挥其社会化功能。但他更强调探讨语言时，不能仅视之为历史承载者，必须更深层地剖析语言所潜藏的后设因素。他从社会功能性维度阐述语言的内涵，并在语言、劳动及权力控制关系（图2-1）的分析中发现，生活世界不能单独从语言层面陈述，因为语言的深层结构甚为复杂，其间潜藏的意识形态与权力结构，无论在语言符号上如何调整，皆未能如实彰显。语言仅能彰显部分世界实在，我们须从更多维度分析既存的社会世界。他批评将语言视为一切存在根本的观点，认为这种语言理念毫无反省能力以得见既有的扭曲系统，故应另立管道在语言系统之外，借由理性能力对语言做反省，使语言真正成为理想的沟通媒介。

```
           语言（文化）
              △
             ↙ ↘
            ↙   ↘
           ↙  ↔  ↘
       权力（控制）  劳动（经济）
```

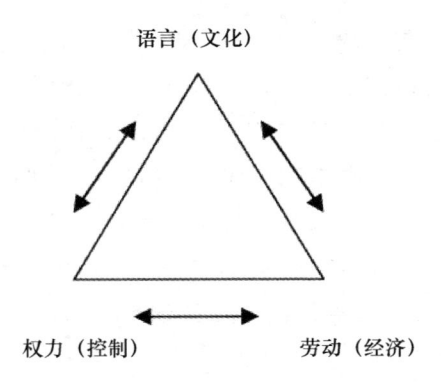

图 2-1 社会深层结构图

资料来源：Habermas，1988。

哈贝马斯认为语言具有下列三个特征（Habermas，1988）。

第一，语言为一种社会后设制度。社会行动是在日常生活沟通中建构的，因此语言是所有社会制度的后设制度。这种论点，实质上与嘉达美等人所强调的语言乃是一切存在的根本的立意相近，但哈贝马斯却是从社会结构角度加以说明，有别于嘉达美等人的存在立场。

第二，语言是一种控制及社会权力的媒介。权力控制与合法性原初并无关联，但在社会制度进化过程中，为使权力的制度化成为可能，且使权力控制获得合法化，哈贝马斯认为唯有透过语言得以进行这种联结关系。因此，语言乃是将权力关系导向合法化或合理化的媒介，故语言实际上就是一种意识形态的表现。

第三，语言与劳动的内在联结性。"非规范性力量进入语言中作为一种后设体制，不仅源自控制体系，同时也来自于社会劳动（social laber）"（Habermas，1988）。哈贝马斯表示不仅权力控制与语言有关联，劳动也是影响语言发展的重要因素，即在劳动过程中所获得的经验，能形成特定的语言诠释规则，以供日常生活使用，故生产方式及工具的转变，同时也会伴随着语言生活世界观的改变。

四 语言学

在近代学术研究的发展中，各学科都强调"科学"，所以现代的医学称为"科学的医学"以别于传统的"经验医学",现代心理学称为"科学的心理学"以别于传统的"哲学的心理学"。语言研究也不例外,因此近代语言学家喜欢把语言学界定为"对于语言的科学研究"或是"语言的科学"。当然,这种定义并不能使人对语言学增加多少理解,因为这种定义太笼统,而且其中"科学"一词不容易界定。然而在语言学文献中,这种定义却反复出现,使人感觉语言学家好像对于语言学本身的科学地位信心不足。毕竟我们很少听到化学家、物理学家或是生物学家需要大声呼吁他们的研究是科学的研究,或是化学、物理学及生物学是科学。因此,不少人也自然会问,语言学真的是科学吗?

一般说来,如果采取严格的经验论及实证的立场的话,很多现代的行为科学都很难称为科学,因为行为科学中研究的主体很多是无法直接观察到的。例如,心理学家研究人的智力时,智力本身是无法直接观察到的,他们只能从人的外在行为来推导其内在智力。但是,心理学是一门科学,已经是毫无疑问的了。事实上,每一门研究之所以能或不能称为科学,并不在于其研究主体是否能直接观察,而在于其研究的方法。现代语言学在研究资料的收集及研究结果的验证方面,接受说话者母语的语感(intuition)并采用这种语感判断作为证据,因此,语言学也毫无疑问是一门科学。尤其是现代语言学研究已经跳出纯粹哲学视野下的语言研究,开始借鉴社会学、心理学、考古学,尤其是生物学的研究结果进行科学研究,更是彰显了语言学作为一门科学学科的本色。

语言是一个复杂的系统,如果能了解这个系统的运作,也等于了解了我们的心智。这个复杂的系统主要的功用是作为意念与表述这些意念的声音的联系。因此在具体的层次上,语言知识的构成即为声音;在抽象的层次上,语言知识的构成即为句法构词及语意。

语音学是研究人类语言的学科,语音是语言最能直接观察、记录和测量的成分。语言学研究语音的种类、语音的性质以及发音的方法。

语音要组合成词才能表意,但语音的组合并非"随意"的,在每一种语言中,语音的组合都有一定的规定。在大的范围内,有些语音组合的形态是大部分语言都具有的。如汉语声调系统中,不允许两个上声一起出现,遇到这种情况,前面一个要变调,念成阳平(所谓变了调的上声其实在调值上就等同于阳平调)。像这种组合形式上的限制,并没有非如此不可的理由。又如没有任何语言的单音节字中可以有一连七八个字音的串联出现，这种形式上的限制，是一般性的，而大多数会有一些发音上的理由（一连七八个不同的字音在发音的动作上是不可能做到的）。语音组合的形态以及有关的问题是音韵学研究的范围。

语音本身通常不具语意，语音组合成词（或字）才有意义，因此词（字）是表意的基本单位，构成词的法则及其有关问题是词汇学研究的范围。

我们以语言表达意义时，并非随意把词语凑合在一起就可产生适当的语意，语词的排列也有一定的规则，我们有时候甚至发现句子的语意并不一定是单个字语意的总和，语词的排列本身也是有意义的。构句的法则及有关的问题是句法学研究的范围，也是本书通常意义上的语法学。

语言行为的目的是要表达语意，因此，语意本身也是语言知识组成的重要部分，语义学就是对语意及其有关问题的探讨。

第二节　语言知识构成

一　语音知识

正常人在婴儿时期，就能分辨和发出这世界上各种语言中的大部分语音。一些控制实验告诉我们（Fromkin and Rodman, 1998），婴儿可以分辨成人所无法区辨的某些音素的同位音。例如，日本成人无法分辨 [r] 及 [l]，学生无法分辨送气与不送气的子音，等等，但是婴儿却能分辨出来。另外，在印度语中，卷舌音/ʈ/与齿龈音 [t] 存在对立的关系。对他们的婴儿来说，两者是不一样的音，但是对于以英语为母语的人来说，它们是相同的。而且像介于 [pa] 及 [ba] 之间的声音对婴儿来说是不同的，他们听了却没有反应。例如，部分中国儿童刚开始说话时 g 和 d 也无法分清，gou（狗）经常会读作 dou（上声）。再者，婴儿并不会听到由男子所发出的母音 [i]、[u] 或 [a]，但对女子所发出的母音 [i]、[u] 或 [a] 却有所反应，会加快他们的吸吮速度。他们似乎天生就具有此种分辨音位层次敏感度的能力。大约出生后 6 个月，婴儿开始失去分辨其语言中非音位之语音的能力。

在小孩了解字母原则前，他们需知道声音是以字母串起的。对我们已会读、会写的人来说，这样的认知是基本的。然而，研究显示，言语是由音串起来的，这对人类而言并非自然赋予的本能，这样的认知也并不容易。

语言的最小单位且与拼音系统中的字母相连的是音素（位）（phonemes）。因此，对这些小的声音的语言的认知联系，称为音位认知（phonemic awareness）。根据研究指出，若无直接的指导辅助，25%的中产阶级小孩会对音位认知感到困惑，其中大多来自基本不识字的家庭。此外，这些小孩在学习读和写时会较困难（Adams，1990）。

为什么会对音素或音位学习感到困难？这是由于当人们在说话或听话时，没有注意到音素；相反的，他们会自动处理音素，直接注意语意及句子整体。因此，我们面临的挑战，是找一些方法使小孩注意到音素，发现音素的存在可分性。幸运的是，有很多活动与押韵、听力及声音有关，且受学龄前儿童喜欢。这些活动正好符合这一目的，能更有效地用来帮助小孩发展音位认知（Adams，1998）。

音素（phonemes）可以含有一个以上的变体音（variants），亦可称作同位音（allophones）。因为同一个音由多个人来发，可能有多种不同的发音，所以有时音位又被称为一种音类（a class of sounds）。音位学所要讨论的就是如上所述的语音系统等语音知识，从整个系统中再来判定每个个别的音位，寻找音位，判定同位音。音位学的兴起应归之于结构派的理论，因为该派认为任何语言都含有结构，含有系统，在语言的各种层次里又各含有不同的结构与系统，所以音位学便致力于探寻各语音所存在的语音系统，确定各语音在整个系统里的地位。

音位学从某种意义上讲就是研究语音知识，即研究语音的主要功能，使不同声音的不同语音符号，指涉不同东西以及儿童如何能轻易发出并听懂这些音素。一种语言中的音素（phonemes）是其语言中区别语意的语音最小不同单位。例如，英语中的"p"是一个音素，下列字"bill""till""dill"的字首音若换成了"p"，字意就不同了。字中的母音"i"也是一个音素，如果换成了"a"，此字的意义也不同（成为另一个字"pall"）。这两个不同的音，反映了不同的发音活动。此语言内的两个音素，在别的语言内也许属于同一个音素，例如，/r/和/l/在英语中属两个音素，在日文中［r］和［l］属于同一音素。音素不是字母，它们指的是说话的音,例如,"flocks"和"phlox",虽然意义都不相同,却有同样的五个音素,任何语言都有自己的语音系统并用其中的音素来区分意义。

二 词汇知识

词法(morphology)是语言学历史中最悠久的研究领域之一。古希腊语、拉丁语和梵文都是富于曲折变化的语言。语词形态变化的问题向来是研究的焦点。在19世纪历史语言学飞速发展的时期,词法也占有相当重要的地位。20世纪初叶,历时语言学为共时的结构语言学所取代,音系学(phonemics)成为研究的重点,词法虽不如过去的辉煌但仍然占有一席之地。但是20世纪60年代末期变形语法的兴起使句法研究成为热门的研究课题,词法相对无人问津。一直到80年代中期词法的研究才逐渐复苏,其间稳定成长,到90年代词法的研究已经蔚成风气,茁壮成长为一门独立自主的学科。

布龙菲尔德认为词法研究词的内部结构,而句法(syntax)研究词和词的组合关系。因此词(word)和词组(phrase)的不同反映词法和句法的分野。词法研究的对象涵盖曲折变化(inflection)、派生(derivation)、复合(compounding)、重叠(reduplication)的词汇知识。换言之,曲折变化是词位为了表示句法、语义范畴的聚合关系而产生的形态(morphological)变化,反映词法和音韵、句法、语义的互动;派生是词根加缀的一种形态;复合是实词(lexeme)相加的一种形态组合;重叠是依词根的基模复制形态的方式,形式随基模而变。复合而成的复合词(compound)也是一种词,有词内部的组合关系,常不容易跟反映词外部组合关系的词组分开来。复合词和词组的区别向来是词汇学知识中相当令人瞩目的研究焦点,研究者提出了各种准则加以区辨,以下简明扼要地加以论述。

(一)语义准则

也许有人会说构件的语义如果是非组合性(non-compositional),即由构件的语义无法组合成整个语串的语义,该语串就是复合词,比如,"黑板"的语义不是"黑"和"板"两个个别意义相加而成的,因此是复合词;而"黑的板"的语义,可以由其中的成分语义推断而来,因此是词组。但是很多词组都是固定语,如"翘辫子"(死),成语的定义是其语义为非组合性的。显然用这个准则来辨别词和词组不全然靠得住。

（二）音韵准则

在复合词的内部音韵变化中轻重音（stress）、连音（sandhi）、声韵变化（phonetic modification）和词组的变化有所区别，但是唯有音韵现象出现于词内而不出现于词组，这个准则才有效，如闽南语寒侬 $koa^{n5} lang^5$（冬天）；寒侬 $koa^{n5} lang^5$（令人觉得冷）（王士元，2008）。

（三）词汇完整准则

根据词汇完整（lexical integrity）准则，词组规律无法干预词内部的结构。比如，在词组层次上可以进行对等结构的变换。词组"黑的板"的修饰语"黑的"可以容许对等式的变换，如"又脏又黑的板"。但复合词"黑板"不行，如"又脏又黑板"。同理，偏正词组"黑的板"中形容词可以用副词修饰，如"相当黑的板"，但是复合词"黑板"中的成分"黑"不可以，如"相当黑板"。词汇完整准则认为异心（exocentric）结构是辨识复合词的标志，如闽南语中"牵手"（太太）的内部结构是动宾式谓语，其中心语（hand）为动词，而其外部功能却是名词性的复合词，因此"牵手"是复合词而非词组。

复合词有词内的组合关系（word-internal syntax），不同于词组的超越词的外部组合关系（word-external syntax）。一个语串中成分的语序跟一般句子中的语序相左就可以判定该语串是复合词，如闽南语"米粉炒"的语序是宾动格式，跟"炒米粉"是一般的动宾词序刚好相反，因此是复合词。语串的内部结构关系与一般词组的结构关系表现方法不同，也可以用以鉴定复合词，如"雪白"中"雪"可以直接修饰白，但是在词组的层次上，"雪"不能直接充当副词，必须改成像雪一样的白才行，所以"雪白"算复合词。

霍克特（Hockett，1954）提出两种形态的词位分析方式：项目和配列［Item and Arrangement（IA）］；项目和过程［Item and Process（IP）］。他论断项目和配列优于项目和过程，至于另一种传统的分析法，即语词和聚合［Word and Paradigm（WP）］，他只是一笔带过，未加深究。

古希腊语、拉丁语都是富于曲折变化（inflectional）的语言。学者描述变化系列（paradigm）与语法范畴的关系，只有词（word）而没有词素（morpheme）的概念。最先提出词素概念的是波兰斯拉夫语言学者博杜恩·德·库尔德内（Baudouin de Courtenay）。词素最常见的定义是最小的有意义的单位，但是并不是一切词素都有意义，因此比较稳当的定义应该是能够起构词作用的最小单位。在这个定义下不论是词根（root）还是词缀（affix），只要合乎这个准则都可以化约为词素。这种化约的优点是达到精简的目的，但是却把词根和词缀或扩大言之实词和虚词之间的界线取消。因此就有语言学家（如Beard，1995）提出分立说（separation hypothesis），即区分实词和虚词。分立说实际上跟 WP 的分析模式不谋而合。IA 和 IP 都是以词素为基本单位的，而 WP 则以词位为基本单位，前者可定名为词素本位分析法（Morpheme-based approach），后者可定名为词位本位分析法（Lexeme-based approach）。在未判定两种分析法孰优孰劣之前，我们先来看看词素和词位有何区别。词素已如上述。如果把词位（lexeme）界定为可独用的词素（free morpheme），这个定义就失之过窄，把句尾助词、冠词、介词等都排除在外了，势必要有适当的定义才较妥当。弄清词素和词位的不同属性就可以分出两种分析法之高下。词位和词组（phrase）的不同在于词位内部的黏合力比词组之间的黏合力强。词位内部成分的顺序固定，词组中的词语序灵活。

词位有内部的统一性。词位一般都具备明确的语法特性，而词素通常语法特性不明确，会有形义不对称的关系。以词位为单位可以避免这种困境。词位通常是以聚合的变化系列来处理形义复杂的关系。即使分析像汉语这种没有屈折变化的语言，词位本位分析法仍然优于词素本位分析法。现在汉语存在数目相当多的粘着（bound）联义词素，这些词素虽不能独用，但是孳生力相当强。联义词素析离出来，其语义晦而不明，必须与其他词素连接成词位，语义才能明朗起来，这是为何以词位为单位的分析法更为优越的缘故。

三 语法知识

目前，中国大部分学生在学习英语的时候，对语法结构（grammatical structure）的理解显然有极大的不足。语言的学习有许多层面，从个别单音的正确发音开始，到单字的记忆，词序的排列，以至于在适当场合选用适当的词句等，都是语言学习者必须理解并熟悉的。国内英语的学习材料，以及中学、大学英语课程的教法教材，在不同层面上都有所强调。

然而很遗憾的一点是，一般的英语教材和英语训练，往往都忽略了语言中非常重要的一个层面，就是语言的结构性。谈到语言的结构，我们首先就会想到语法。语法书里面所记载的内容，当然也能说是语言的结构。例如，语法书告诉我们，英语语句里，主语如果是第三人称单数，而动词是现在式的话，动词要加"s"；被动语态时，宾语要移到主语的位置，主语要移到句尾加上介词"by"，动词前加上系词"be"，动词本身改成过去分词的形式；英语的关系从句必须出现在被修饰名词之后，如果被修饰词对应于从句主语的话，关系代词绝不可省；等等。这些当然都是正确的英语语法知识，英语能力强的人对这些语法规定应该也不陌生。然而我们有理由相信，这一类的语法规律，至多只能描绘出语言非常表面的现象。在每一个个别语言的语法结构中，还有更深、更丰富的规律系统在规范语言表层的语句呈现。因此，对英语的学习和理解，如果只局限在这种表层的语法规律上，当然是有极大的不足了。

20世纪50年代起始的生成语法理论（generative grammatical theory），经过数十年来对语法结构的探讨，已经使我们对人类语言的语句结构，进入更深层次的理解。生成语法理论的基础假设有以下几点：人类语言的语法，是一个能用有限手段（finite means）衍生出无限语句（an infinite set of sentences）的机制；语言学家的工作，在于以明晰（explicit）的方法，将这种语言生成的机制与生成步骤描绘出来。第一个基础假设，我们可以视为语言的创造性（creativity）的体现；第二个基础假设，则需要我们采用可明确定义的后设语言（如逻辑性高的数理语言），对语法结构的运作加以剖析。生成语法理论在过去几十年中的发展，已证明这几项基础假设不但有效，并且能带领研究者发现到语言结构中许多深层的规律。以下我们举几个例子，来看生成语法理论的分析如何帮助我们发现英语中的深层规律。英语中有两种句型结构，表面上看起来非常相似，但深究之下却展现出不同的性质。

例1：a. John seems to be a rich man.

b. John appears be a rich man.

例2：a. John wants to be a rich man.

例1和例2这两组句子，表面上看起来非常相似。这两组句子的主语都相同（John），主要动词都带一个相同的不定词从句做补语（to be a rich man)。若以传统英语语法的角度来说,我们或许可以直接规定"seem""appear""want""hope"等动词可接一个不定从句(infinitival clause)做补语(complement)。可是如果我们详细比较这两组句子,我们会发现这两组句子在许多方面都有不一样的表现。

(A)"seem""hope"可容许形式主语(expletive subject)"it"出现,但"want""hope"不容许[星号 * 代表该句不合语法(ungrammatical)或不能被接受(unacceptable)]。

例 3:a. It seems that John is a rich man.

b. It appears that John is a rich man.

c. * It wants that John is a rich man.

d. * It hopes that John is a rich man

(B)"want""hope"所带的不定从句补语可带独立的主语(由"for"引介),但"seem""appear"不容许。

例 4:a. * John seems for Bill to be a rich man.

b. * John appears for Bill to be a rich man.

c. John wants (very much) for Bill to be a rich man.

d. John hopes (very much) for Bill to be a rich man.

(C)"want""hope"所带的不定从句补语可改换成限定从句(finite clause),但"seem""appear"不容许其不定从句补语改换成限定从句。

例 5:a. * John seems that he is a rich man.

b. * John appears that he is a rich man.

c. * John wants that he is a rich man.

d. John hopes that he is a rich man.

由以上例子可知,"seem""appear"之类的动词,的确和"want""hope"之类的动词有着相当根本的差异,因此单纯认为这些动词都能带不定从句补语,并不能算是提供了很深入的解释。或许有人会提出:那么我们就把语法书的规则描述扩展到这些细节,不就可以了?但是,即使这么做,也无非是做了更进一步的描述,无助于我们理解这两类动词之间差异的根本所在。拜现代语法理论所赐,我们对"seem""appear"这一组动词和"want""hope"这一组动词的差异,已能够有相当深入地了解了。尤有甚者,这两组动词之间的差异,事实上让我们对语法理论中的一些重要原则有了更多的掌握。

一方面我们观察"seem""appear"以及"want""hope"这两组动词的语意。我们发现"want""hope"这两个动词与其主语之间具有强烈的语意选择（semantic selection）关系，也就是说，这两个动词都表达主语所指设对象的某种心理状态。另一方面，"seem""appear"这两个动词与其主语之间完全没有任何语意选择的关系，也就是说，这两个动词，完全没有表明任何与主语名词组所指设的对象有关的性质。用较逻辑的方式来说明，我们可以认为"seem""appear"这两个动词，虽然出现的位置是主语之后，其范围（scope）却涵盖全句；而"want""hope"这两个动词的范围，则只涵盖谓语本身。用形式的方法来表明的话，例1a和例2a这两个句子可以用下面的式子来表达。

例6：a. seem（John is a rich man）

b. John want（John is a rich man）

或者，如果我们采用逻辑学者使用的事态（case）的观念的话，例1a和例2a可分别表达如下。

例7：a. It seems to be the case that [John is a rich man].

b. John wants it to be the case that [John is a rich man].

从以上的描述来看，"want""hope"的主语是真正的主语，因为"want""hope"表达主语名词组指涉对象的某种性质，因此"want""hope"与其主语具有直接的语意述谓关系（predication relation）。"seem""appear"与其主语之间完全没有语意上的主谓关系，因为"seem""appear"这两个动词完全无涉于其主语的任何性质。

再加上一点结构观念以及移动律（movement rules）的帮助，我们就能完全解释以上所指出的"seem""appear"以及"want""hope"这两组动词的差异了。假设例6a、例6b不只是某种逻辑陈述，并且是例1a、例1b这两个句子的深层结构（deep structure）。更精确地说，例1a、例1b的深层结构分别为例8a、例8b。

例8：a. [_ _ seems [John to be rich]]

b. [John wants [_ _ to be rich]]

在例1a的深层结构中，"seem"的主语位置其实是个空的位置，正如例8a一般。这一点不需要特别去假设，因为"seem"这个动词在词汇意义上本来就不选择一个具有特定语意的主语，故语句结构在建构的过程中，只需要有一个空的位置就行了，不需要（也不能够）在该空位上填入一个具体的名词组。之后，移动律展开运作，将不定从句的主语"John"往上移到"seem"的主语位置。因此我们得到了表层结构（surface structure）。

例9：[John seems [＿ ＿ to be a rich man]]

这种分析能够完整解释为何"seem""appear"会有上述（A）—（C）的现象。首先，如果例8a的不定从句"John"不移到"seem"的主语位置的话，由于英语语句必须要有一个词汇主语（lexical subject），形式主语"it"便填充了"seem"的主语位置，形成了例3a、例3b之类的句子。这解释了（A）的现象。

其次，既然"seem"的主语是由其附属从句补语的主语移动上来的，因此"seem"的主语和其附属从句补语的主语必然呈现互补分配（complementary distribution）的情形。这解释了（B）的现象，即"seem"的不定从句补语不能有独立的主语。

最后，我们已经知道"seem""appear"等动词与其主语其实没有任何语意选择关系，即"seem""appear"这一类的动词在语意上没有选择（select）任何主语。在例5a、例5b的句子里，"seem""appear"的附属从句是完整的限定从句，可是由于"seem""appear"不选择主语，其主语（即John）因而没有任何语意支撑，成为不可解而突兀的名词组。这解释了（C）的现象，同时也解释了在这一类的句子里，主语必须是不带任何语意内涵的形式主语"it"，如"It seems/appears that John is a rich man"。

综上所述，如果我们假设例1a、例1b之类的句子中，主要主语乃是由不定从句的主语提升上移而成的，我们就能顺利解释（A）—（C）中有关"seem""appear"等动词的特殊行为。因为这个缘故，我们称"seem""appear"之类的动词为提升动词（raising verbs），而它们所出现的句型为提升结构（raising construction）。

接下来我们看"want"和"hope"这一类动词。我们之前已经提过"want""hope"这一类的动词与其主语名词组有明确的语意选择关系。也就是说，这两个动词在词汇性质上就需要一个主语。因此例2a、例2b

这两个句子中的主要主语"John"必定在深层结构上就已经出现为"want"和"hope"的主语。说得更明确一点，例2a、例2b中的"John"不可能是在深层结构上由附属不定从句的主语位置往上移到主要从句的主语位置。这么一来，不定从句主语位置的空缺到底是什么呢？在提升结构的情形里，附属不定从句主语的空缺乃是原来出现的名词组往上移动所留下的空缺，如例9所示。"want""hope"这两个动词之附属不定从句的主语，根据一般语法理论学者的看法，这是一个空代词（empty pronoun），符号为PRO。

例10：[John wants [PRO to be a rich man]]

空代词是一个不折不扣的代名词，只是它没有外显的语音形式。空代词受到主要从句主语的控制（control），因此与主要从句主语同指设（o-referential，即指涉同一个对象）。因这个原因"want""hope"这一类的动词又称为控制动词（control verbs），而它们所出现的句型结构称为控制结构（control structure）。

从这个角度来看，"want""hope"这两个动词在上述（A）—（C）中的现象，同样也可以获得完整的解释。首先，"want"和"hope"在语意上都选择主语，好附加给主语名词组特定的性质。但是形式主语"it"并不指设任何特定个体，不符合"want"和"hope"在语意上的要求。这解释了（A）的现象。其次，"want"和"hope"的附属不定从句的主语为空代词。在环境条件允许之下（介词"for"的出现），空代词可以用其他具体的名词组来替换。这解释了（B）的现象。最后，因"want"和"hope"本来就能独立地选择其主语，故虽然其附属从句为一完整的限定从句，这两个动词仍然能够独立地带主语。这解释了（C）的现象。综上所述，提升结构和控制结构虽然表面上看起来非常相似，但内部的结构分析和规律运作方式完全不一样。

以上针对提升结构和控制结构的讨论，其目的并非是要显示现代语法理论的分析有多么深刻。我们的讨论意在指出：第一，对特定语法知识做深入的分析是可能的，并且语法结构的分析事实上是能做到定义明确、步骤清晰的地步的；第二，当我们在做语法结构的分析时，我们必须认可某些基本观念的存在，如语意的述谓关系（predication）、移动律以及论元结构（argument structure，即个别动词是否选择带有特定语意的主语或宾语）。必须注意的是，如果我们把语法理论所描绘、刻画的对象视为说话者心智中活生生的语言知识的话，那么这些基本的观念与成分也必然活生生地存在于我们的心智结构中。这些都是我们的语言知识的一部分。不管是为了单纯地研究或学习语言，要对一种语言进行深入的了解，倘若对上述基本观念和成分缺乏理解，研究或学习的过程都不会很有效率。

四　语用知识

一谈到语言学习，我们首先会想到语音的问题，因为学习一种语言，第一步就得接触它的语音系统，而判断一个人学某一种语言学得好不好，人们也常常要看他的发音是不是标准，能不能做到字正腔圆。其次是词汇问题，词是造句的单位，任何一句话都是以词作为基本单位构成的。所以有的语言学家把词比喻为语言的建筑材料，并指出学习任何一种语言，都必须了解它的建筑材料的情况，只有当我们掌握了足够的材料，熟悉它们、会使用它们，这种语言才能学习得到位。最后，语法问题当然也很重要，有了材料而建筑不得其法，房子可能永远盖不起来，就算盖起来了，也可能出现结构上的偏差。词和词之间因为组合方式不同，就会建立起不同的关系，因而形成意义上的差别。比如，"他吃完饭"不同于"饭被他吃完"；"来了客人"不同于"客人来了"。所以用语言来传情达意，不可能不注意语音，不可能没有词汇，也不可能没有语法。语音、词汇、语法，是构成任何一种语言的必要成分，因而也是我们学习一种语言时必须要掌握的。但是，发音准确、词汇量充足、所造的句子合乎语法，是不是就表示一个人的语言水平高，表示他能熟练地使用这种语言跟人交际呢？

一个语言能力高的人，必须首先要储备大量的语言材料，才可以供他应付不同的交际场合。上文有关建筑材料的比喻，我们总觉得还不是很恰当。从语言必须有一定的结构来说，使用语言固然像建筑房子；但是从现实生活里语言运用得千变万化来说，使用语言也许更像执掌庖厨。有时候要烹调的是山珍海味，以应付高雅隆重的宴飨盛会；有时候则准备一两碟家常小菜，满足一下家庭老小的口味；有时候，简单的一个方便面已经足够了。但不管是哪一种情况，烹调的材料必须首先具备，厨师的手艺更是重要的因素。所以，掌握好语音、词汇、语法等项目，肯定是学习语言、运用语言的重要环节。但是，用什么材料，用多少分量，加什么调味品，火候怎样，不同的菜式有不同的要求。怎样才能煮出一道色、香、味俱全的好菜，要厨师灵活应变。

　　语言学习和运用，情况是相同的。形式语言学的代表人物乔姆斯基（N. Chomsky）在瑞士语言学家索绪尔（de Saussure）的理论基础上，提出语言能力可以分为两个层面，一个是人类天赋的语言能力，表现为心灵里内化的语法规则，使我们有能力去生成和辨别无数新的合乎语法的句子，这种能力属于心理范畴，他称为"语言能力"（competence）；另一个是实际运用语言的能力，有可能会受到外界各种因素的影响，如交际时的心理状态、记忆、动机等，所以情况会很参差，这种能力属于社会范畴，他称为"语言运用"（performance）。正由于后者有太多其他因素干扰，所以他认为语言研究只应该注意前者。他的研究对象，是抽象的、理想化的说话人和听话人，在纯净单一的语言环境底下，具有完美的语言内在知识，在运用语言时，又不会受到个人的记忆力、注意力、兴趣、动机等的限制，不会犯任何语法错误。但是事实上，这样的一个人在现实世界里是不存在的。在实际的语言交际当中，即使属于同一个言语社团的人，他们的语言能力还是有差异的；甚至同一个人，在不同的场合、面对不同的人，所表现出来的语言面貌也可能不同。

　　社会语言学家 W. 拉波夫（Labov, 1966）就通过社会调查，发现语言并不是整齐划一的。在同一个语言共同体里，我们有共同的语言材料和语言规则，但是在实际交际的时候，每个人的语言都不完全一样。不规则性（irregularity）和变异性（heterogeneity）是每个语言都有的。我们之所以还可以沟通，是因为其中有可以预测的模式。所以语言虽然并不均匀，但有结构，可以研究。不过研究的目标不能只局限于抽象的语法体系，而是要同时结合社会因素，研究活生生的、真正出现在现实生活里的语言。

　　社会语言学家海姆斯（D. Hymes），在 1967 年和 1972 年发表的两篇文章中首先提出了交际能力（communicative competence）的概念，包括了两方面内容，一是语法性（grammaticality），二是可接受性（acceptability）。前者指我们说话必须合乎语法，后者指我们所说的话，必须在特定的环境底下，为人们所接受。换言之，我们所说的话，必须得体，必须符合特定的情景。否则，不管多么合乎语法的话，说了都等于白说，都无法实现特定的交际功能。海姆斯的提法，一方面肯定了乔姆斯基对语言能力和语言运用的区分；另一方面，也对他重能力轻运用的偏差作出了修正。按照海姆斯的观点，乔姆斯基所谓的语言能力应该称为"语法能力"（grammatical competence）。要掌握一种语言，不能没有语法能力。可是一个人只知道如何造出合乎语法的句子是不足够的，他还必须知道怎样跟人沟通、交际，懂得在什么情况下（where）为了什么目的（why）对什么人（to whom）应该说什么话（what），并会产生什么结果（effect）。这也包括什么时候要详细，什么时候要简略。这种能力，海姆斯就称为"交际能力"（communicative competence）。

由此看来，教授一种语言，除了使学生具备语法能力以外，还必须使他们具备交际能力。因而在所有教授语言的课程里，除了要有语音、词汇、语法等项目以外，也必须包括语言运用方面的训练。"你几岁了？"跟"您高寿？"，"承蒙您光临，蓬荜生辉，荣幸荣幸！"跟"什么风把你吹来了？快进来，坐！坐！"同样通顺，同样合乎语法，但是什么时候、对什么人，应该用哪一句，却不是光掌握了语音、词汇、语法规律就能解决了的。

要懂得在什么情况下对什么人应该说什么话，难免会牵涉社会文化因素。不同的社会对所谓得体的话会有不同的要求和诠释。例如，很多社会都会要求人们说话起码要清晰、通顺，但是非洲布隆迪有些部落的农民在跟贵族交谈的时候，要故意说一些不合乎语法的话，以显示自己的笨拙，从而突出对方的尊贵和才华。这是谈话方式要适应场合的好例子，也是交际能力受社会文化制约的好例子。

我们这里所说的场合，不但是指对话开展的具体环境，还包括历史文化等比较抽象、但是对说话人的语言使用有一定影响的背景因素。就拿称谓来说，中国人重视亲属之间的内外亲疏，所以对于母系和父系、对于长辈和晚辈，都有明确的称呼，西方很多社会就不做这样详细的划分，晚辈对于长辈甚至可以直呼其名，这在中国社会是不允许的。中国自20世纪40年代以后开始流行称配偶为"爱人"，以及曾经用得相当广泛的社交称谓"同志"，都无法在海外其他华人社会得到普及，这是由于大家的社会背景和意识形态不同使然。而在国内，代"同志"而起的"师傅"则从另一个角度，说明这些社交称谓与社会环境和价值观念的改变有相当密切的关系。这几个称呼之间的选择，同时也跟说话者的身份、年龄、性别、职业以及他们的语言态度有关（陈建民，1989）。又比如，香港人喜欢把人"年轻化"，称呼一位40多岁的女士为"小姐"，在香港还是挺普遍的事情；而只要是父亲的朋友，不管年长年幼，一概可以称为"叔叔"。但是在中国大陆，把本来应该称为"伯伯"的人唤作"叔叔"，却显得有点儿不礼貌了。这是场合和参与者对语言使用产生影响的一个例子。

至于话题，就更能决定语言的选择了。就算是在同一个场合对着同一个人，谈严肃的话题跟闲话家常就会用不同的语言。可见这三个因素都可能影响说话人对语言的选择。如果一个老师在课堂上用俚俗甚或粗鄙的语言来讲课，肯定会招致人们严厉的批评；如果一名总统候选人用嬉笑怒骂或者带有污辱成分的语言向选民拉票，他一定不能当选。可见所谓说话"得体"，就是能够应场合（setting）、话题（topic）和对象（participant），选取最恰当的语言。

因此，我们可以说，要学懂一种语言，起码要发展两种能力，一是语法能力，包括对该种语言的语音、词汇、语法的掌握，也有人把这种能力叫作语言学能力；二是交际能力，包括对这种语言的社会功能、使用场合、说话人的身份、地位、性别等与语言应用的关系，有充分了解，并能恰当运用，也有人把它叫作社会语言学能力。其实除了这两方面能力以外，所谓交际能力，还可以包括说话连贯和充分掌握一定的交际策略。这正是近年兴起的语用学（pragmatics）所研究的内容。

顾名思义，语用学就是研究与语言运用有关的种种问题的学科。它的研究对象包括口语和书面语。研究内容包括会话结构；会话含义；交谈双方所共同遵守的一些原则，如合作原则、礼貌原则等；语篇的衔接和连贯等一系列问题。其中第二点和第三点跟交际能力的关系尤其密切。这方面的研究也有人称之为话语分析（discourse analysis）或篇章语言学（text linguistics）。无论是语用学还是话语分析，尽管名目不一，研究的重点有异，但是它们都着眼于研究大于句子的语言单位，并且都着重于对语言做动态的分析，把语言放在活生生的环境中来研究，强调语境和参与者等的作用因素对语言运用的影响。这几项研究内容之间，又有相互的联系。

P. 格拉斯（Grice, 1975）指出，在多数社会里，谈话双方都会遵守合作原则，谈话才能顺利开展。合作原则包括说话的质和量要恰当，语言要清晰，以免产生误解，如果任何一方违反了这一原则，而对方又察觉得到的话，那么对话就会被理解成另有含义。比如，针对对方提出的问题，我们一般都会尽我们所知提供具体的答案，但是如果我们违反了量的原则，说话语焉不详，根本回答不了对方的问题，那么背后的含义就是我们对有关的问题所知不多，或者不便多谈。这就是格拉斯所说的会话含义，也就是所谓言外之意了。一个语言能力高的人，除了能够根据一般话语的表面意思去理解话意之外，应该还可以掌握话语背后的深层意义，听出某些话的弦外之音。

不过，格拉斯的理论所没有解决的一个问题是人们为什么不把话直接说清楚，而要制造那么多弦外之音？J. 利奇（Leech, 1983）认为那是因为人们说话时要遵守一定的礼貌原则，才能使会话的气氛融洽，有利于会话顺利进行。他在礼貌原则之下列了五条次则，并按照它们在西方社会的语言交际习惯中所显示的重要性排列，居首的是得体次则（tact maxim）。但是根据顾曰国（2010）的研究，在旅美华人当中（他的调查对象绝大部分来自中国），最影响他们谈话方式的，却是利奇排在第四的谦虚次则（modesty maxim）。面对赞美或嘉许，外国人会大方地接受，然后感谢对方的赞美，但是中国人却总要谦让一番，认为接受别人的赞美，显得有点自大。这又再一次说明文化差异对我们运用语言有一定的制约能力。比起中国内地，香港人比较受西方的生活习惯和价值观念的影响，所以在礼貌原则的应用方面，常有与中国内地不同的地方。比如，香港理工大学有一位学生曾经就香港大专学生面对赞美如何反应，做过一些粗略的调查，发觉结果跟顾曰国的调查有出入。谦虚次则的制约能力，对香港学生来说不如对中国内地的学生那么重要。香港学生对于别人的赞美，一般都会首先接受，然后才有其他进一步的言语行为，跟西方的习惯比较接近。由此看来，香港学生学习普通话，只是掌握了普通话的语音、词汇、语法是不足够的。很多反映内地生活习惯和价值观念的表达方式，都使香港学生颇为陌生，但是不得不学的，否则他们的普通话就不够地道，水平就得不到提高。

　　正因为交际能力跟社会文化因素密切相关，所以在一般情况下，交际能力必须通过人的社会化过程（socialization）才能获得。一方面，对于习得第一语言的儿童来说，这种交际能力从幼儿阶段开始，就跟语法能力同时习得。也就是说，儿童在学习语法的时候，也同时学习解释语言和运用语言的规则。另一方面，社会化的过程也使儿童在成长过程中，逐渐确立自己在社会中的各种角色：有时候他是儿子，有时候他是学生，有时候他是班长——明白自己在什么时候扮演什么角色，才能根据这些角色调整自己的语言，做到恰如其分，做到言语得体。但是，对于学习外语的人来说，如果他不能在这种语言通行的环境里面生活，这种第二语言必须在课室里面通过一定的教学程序才能获得，那么有关语言运用方面的知识，就可能像语法知识那样，要通过阅读或者教师的讲解才能得到了。

第三章

语言及人脑机制

从 19 世纪开始，我们对人类大脑各区域的理解，很多都是通过对中风、肿瘤或者神经手术对脑部造成的损伤进行神经学研究而获得的。随着医学技术的发展，人类对自己的大脑认识也更加深刻。人类的脑皮质厚度大约为 3 厘米（是 50—100 个神经元），但面积大约有 2400 平方厘米。皮质上的沟槽称为"沟"（fissure 或 sulcus），而两道沟中间隆起的组织称为"回"（gyrus）。大脑被分成四个叶：额叶（frontal lobe）在额头区域；颞叶（temporal lobe）在太阳穴旁边；顶叶（parietal lobe）在头顶，头骨形成颅顶骨的部分；而枕叶（occipital）在后脑方。连接左右脑各区域的通道称为联合（commissure），最大的联合称为胼胝体（corpus callosum）。脑部皮质的某些区域可以称为感官区，它们主要处理来自一个形式的信息。感官区负责接收来自四肢、关节与肌肉透过脊髓所传递的身体感觉的信息，还包括接收来自远距离的头部受器，如眼、耳和鼻传递的信息。

19 世纪人脑及语言研究的经典成果就包括研究区域化功能与失语症关系的几本书。布洛卡（Paul Broca）描述了一位病人，他的脑部前方区域受伤，在图 3-1 中以（b）所标识，这个区域被命名为"布洛卡区"。布洛卡所研究的失语症本质上似乎是运动型的。因为他可以理解语言，但需要努力才能说话，而且只是以"电报式"的方法说出短短的话语，省略了大部分的语法词汇。相反，韦尼克描述的一名病人是脑部后方区域受伤，如图 3-1 标识（a）的部分，现在这里被称为"韦尼克区"。韦尼克所研究的失语症则基本上是感官式的，患者无法理解语言，可以流畅地说话，但通常都只是无意义的一串音节。

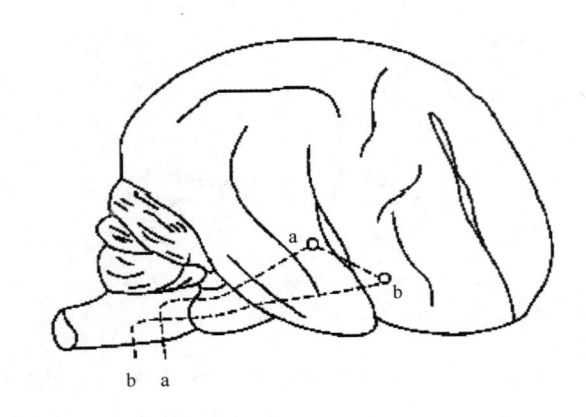

图 3-1 语言主要通道图

资料来源：Lenneberg，1967。

J. 哈古特（Hagoot，2005）根据布罗德曼人脑分区图（图 3-2），进一步细化了语言处理的具体区域，认为 47 区和 45 区都涉及语意处理过程，45 区和 44 区都和句法处理有关，而 44 区和 46 区的部分区域则与语音有关。处理这三种不同类型信息时活化作用的重叠（根据进行不同任务时的脑部造影显示）是很重要的发现，暗示了互动性处理的可能性。哈古特把语言处理分为三个功能性要素：记忆、统一和控制。记忆的部分在左额叶皮质，将各种语言信息组成一个规格，存储在长期记忆里，也负责取用这些规格。统一的部分在左下额叶回区，是取出词汇信息，整合到一多重单词组成的话语表现的过程。控制部分在背外侧前额叶皮质里，但也包括前扣带皮质。这个部分负责将语言和动作连接。举例来说，在选择到正确的目标语言，或是在处理轮流对话时，这一区域就会发挥作用。

布洛卡、韦尼克以及哈古特分别就语言所在大脑的分区等生理机制进行了科学探究，但这些区域的大脑神经是如何协调而使得人类具有了独特的语言呢？回答这个问题有待于我们对人脑的语言机制进行进一步的探究。因此本部分将对人类语言的生物机制和大脑的认知机制进行简要的初步探讨，而儿童语言习得的具体生理机制等相关问题将在第五章进行具体分析。

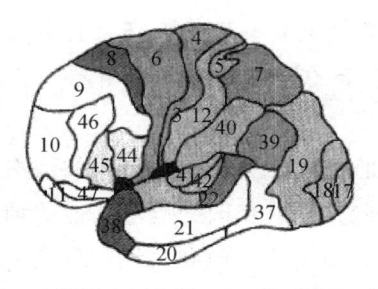

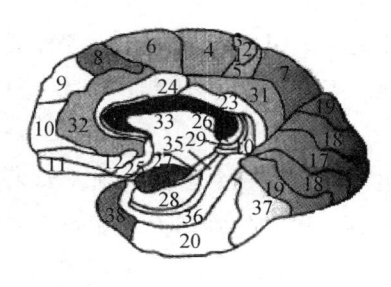

布洛卡区：44、45　　体感觉区：1、2、3、5、40　　听觉区：41、42
韦尼克区：22　　　　视觉颞叶区：20、21、37　　　认知区：9、10、11、46、47
嗅觉区：34　　　　　额叶眼动区：8、43　　　　　视觉区：17、18、19
情绪区：38　　　　　运动区：4、6

图 3-2　布罗德曼的人脑分区图

资料来源：Hagoot，2005。

第一节　语言的生物机制[*]

一　语言本体论

语言是心智的功能和组成部分，研究语言就是研究心智。在乔姆斯基看来，"应该把'心智的'这种概念的理解与对'化学的''光学的''电子的'等概念的理解等同起来"。如同复杂分子、电子场和人类视觉等系统一样，语言作为生物客体也是大千世界的组成部分。"从内在论（internalist perspective）的观点看，语言研究是生物学的一部分"，这可谓一语中的。

客观地讲，把语言学视为生物学的一部分不只是一种理论假想。从语言的内部构成和语言研究的方法上我们很容易发现语言本体和生物有机体之间确有很多共同性。这种共同性归纳起来大致包括以下几个方面。

（一）语言层次性与生物层次性

生物有机体是一个层级系统，按从低到高的顺序可以表示为细胞→组织→器官→系统。在这个层级中，细胞是生物结构和功能的最基本单位，执行相同功能的细胞结合在一起构成生物体的组织，如动物的五种

---

[*] 本部分内容周统权于 2010 年以"语言的生物机制"为题发表在《中国外语》第 2 期。

基本组织：肌肉组织，上皮组织，结缔组织，血液组织和神经组织。各种分化的组织组成生物体内的各种器官，器官一般都充任某种独立的生理机能。但执行生物功能的不只是单个的器官，还涉及由器官组成的系统。

　　语言同样是一个层级系统。如果把生物的层次性和语言的层次性做一个大致的比较，"词大约相当于细胞，具有相同的语法功能的词的聚合——词类（word class）大概相当于组织。从细胞到组织在数量上是一次大收缩，类似地，从词到词类在数量上也是一次大收缩。词组或短语结构（phrase structure）大约相当于器官，句式或句型（sentence pattern）大概相当于系统"（王曼等，2010）。

　　从信息编码的原则看，语言信息遵循双重分节的原理（double articulation）。语言是一个"音+义"层级系统。意义跟某种语音形式结合在一起，就形成了"语素"这种语言符号的最小单位。语素本身虽然数量有限，却具有很大的能产性，可以相互组合成高一级的语言符号——"词"，词与词可以组合起来形成更高一级的单位——"句子"。有了句子就可以表达一个相对完整的意思，可以说人们的言语活动就是不同句子的组合。

　　生物有机体的形成同样遵循双重分节的原理。原子是物质发生化学变化的最小单位，而且自然界的原子种类即元素的种类极其有限（已发现的化学元素仅109种），相比之下，自然界的物种性状（如构成人体的黑头发、黄皮肤、高鼻梁等）却是无限的。用一定量的原子的不同层次的排列组合可以表达不同性状的化合物，比如，人体的10万种生物性状就是由10万种蛋白质决定的。而人体的10万种蛋白质仅由20种氨基酸通过不同的排列组成，每一种氨基酸又是由氢、氧、碳、氮4种元素通过不同层级的组合实现的。

　　如果把生物有机体的性状看作是一种信息或意义，把生物性状赖以实现或表达出来的生化物质基础看作一种信号或符号，就会发现，生物信息和语言信息遵循类似的编码方式："形式"和"意义"分别按从小到大、从有限到无限的层次顺序进行不同的排列组合。

（二）语言形态与生物形态

　　种系的形态特征和行为特征存在关联性。正如S. 阿奇森（Aitchison,

1989)所说,"如果一种动物先天就会某种行为,那很可能就存在生物线索(clues)"。鱼的躯体光滑且呈流线型,还带有好多鳍和一条有力的尾巴,这种形态构建不是偶然的,而是为了在水中快速移动所做的结构选择。鲸和海豚的情况与此类似。虽然生物线索不一定是本质的东西——我们不能总是依靠形态特征去准确地推断出动物的行为特征,但是已有的研究证实二者之间在很大程度上确有事实关联存在。

如果把语言视为生物有机体,我们这里所关心的是,语言的形态特征是否与其行为特征具有关联性?关联的程度有多大?下面我们从发现的形态蕴涵规律(implicational law)(王雪等,1997)予以证明。

在生物学界,达尔文曾提出"生长相关律":凡有偶蹄的哺乳动物,通常必有反刍的复杂的胃囊;凡有无细胞核的红细胞,并以两个骨结联结后脑骨和第一节脊椎骨的动物,无例外的都有乳腺哺养幼子。受此启发,美国语言学家雅可布逊(Roman Jakobson)发现了自然语言中的语音分布规律:如果一种语言中有塞音和塞擦音的对立,就必然有擦音,如英语中有塞音[t]和塞擦音[ts],就必然有擦音[s];如果一种语言中有圆唇化的前元音,就必然有圆唇化的后元音,如汉语中有前元音[r],也必然有后元音[u]。

生物学研究表明,相同的生活环境可以使不同种类的生物有类似的器官。比如,鲸和其他鱼类虽不同类,但都有流线型的身体和鱼鳍那样的运动器官。语言方面也发现了类似的现象:各种具有少量音位组合和大量单音节词的分析型语言,如汉语、越南语、印第安语和非洲的斑图语,尽管不属于同一语系,却都具有声调。

(三)语言全息与生物全息

生物全息律是指,"生物机体的任一部分都包括整体的全部信息"(钱冠连,2002),即所谓的部分与整体全息。当今的生物克隆算得上是这一规律的最有力证明:运用无性繁殖术,一个羊细胞、牛细胞可以培育出一只羊、一头牛,原因是这个细胞包含了整只羊或整头牛的全部遗传信息。

在语言内部同样存在一种类似的全息规律,即语言全息律。"在语言的实体词素—词—词组—(子句—)句子—语篇各层次中,部分与整体全息。部分与部分包含着相同的信息。语言体系中的每一个全息元,都分别在整体上和其他全息元有对应的部位和相似的信息,即是说,体系的每一个全息元在不同程度上成为整体的缩影"(钱冠连,2002)。钱冠连还说,"词组与句子的对应全息是语言层次里全息度最高最显的两部分"(钱冠连,2002)。比如,主谓词组与句子里的"主语+谓语"对应:"身体健康"→"我们研究语言学";动宾词组与句子里的"述语+宾语"对应:"打造品牌"→"我们研究语言学";偏正词组与句子里的定中结构对应:"激光打印机"→"英语系的学生要学语言学"。

A. 吉旺(Givón)曾说,"今天的词法就是昨天的句法"。意思是,语言中现实的构词规则承袭了历史的句法规律。词法和句法本是语言中两类不同层次的组合法,但在语言全息的大背景下得以相通相连。词和句子的差别在语用中逐步淡化,功能上的疆界不再泾渭分明,统一于信息交流的共性之中。比较典型的例子如,单个词可以升格为一个命题结构,即所谓话语中的"独词句";与此相反,一个完整的小句有时可以降格为一个单个词(英语中的例子,as fortune would have it = unfortunately)。

在洪堡特眼里,所有语言都是"有机体",构成人类生物能力的一部分。"语言是[人这一]有机生命体在感性和精神活动中的直接表现,所以语言也就很自然地具有一切生命有机体的本性"(姚小平,1998)。客观地讲,语言并不是一种具有独立生命的物体,但它承载着类似于一切生物有机体的能力和功能。这一点无论在语言与生物的形态构成(如层次性),还是在它们的外在功能进化(如全息论)方面都有充分的证据。根据类比的结果,我们把语言看作一种特殊的生物体(或准生物体)绝不为过。因此,就研究方法论而言,"语言学的方法与自然科学的方法不应有别,语言学应列入自然科学的行列"(姚小平,1998;钱冠连,2002)。

二 语言进化论

把语言视为一种有机体更多的是出自对语言发生、发展历史的关注。受《物种起源》的启示,奥古斯特·斯莱歇尔1861年发表了《达尔文理论与语言学》,第一次阐明生物进化论可以解释语言现象。在他看来,"语言有机体"与自然有机体有很多相似点(姚小平,1997)。

（一）语言产生的物质基础

1. 声道系统的形成

声道系统在语音学中主要是指由口腔、咽腔和鼻腔构成的语言器官。口腔是最重要的发音器官。解剖显示，人的口腔的长、宽、高比例与大猩猩等这些进化最相近的动物截然不同，同时引起舌部的相对位置、悬着状态（suspension）和粘连情况（attachment）的变化。与多数雄性灵长类动物相比，现代人没有了明显突出的犬齿。人牙在高度和宽度上具有极大的平整性，全部牙齿沿口腔形成了没有间隔的绝壁（unbroken palisade）。这种结构上的特殊性是发出擦音（如［f］，［v］，［s］，［sh］，［th］等）的根本条件（Lenneberg，1967）。

已有研究证实，四足哺乳动物的呼吸系统不可能让它们在跑步的同时又说话。而20万年前（也有人说10万年前）人类因为行为方式的改变，即由四足动物的四肢着地到二足动物的直立行走，导致口腔和咽腔在结构上分离，最终成为语言产生的直接动因。这印证了恩格斯的观点，"由于劳动，引起了手脚的分化，使得人类的祖先直立起来，直到解放了肺部和喉头"（桂诗春，2000）。解剖发现，人的会厌部比其他多数灵长类动物的会厌部在咽腔中的位置低很多，这表明口腔和咽腔的分离的确为各种语音的发出创造了便利。

人和其他人科动物（Hominoidea）的喉部形状有很多不同之处。人的发音装置比类人猿（包括猩猩、黑猩猩和大猩猩）的发音装置要简单：气流室和固定共鸣腔的几何构形呈流线型（这使得气流可以自由地在口、鼻腔中运动）；只有一套功能性声带；声带置于气流通道之上，内收时便只（或主要）通过呼气发音，而不是同时发出吸气音和呼气音（这在一定程度上制约着能发出的语音种类）；会厌部远远地移到了下喉部，使得来自喉部的气流能够自如地穿越鼻腔和口腔。

人的嘴巴相对较小却高度灵活，有力的双唇能够控制嘴的迅速开闭从而发出双唇爆破音［p］和［b］；如果嘴唇松开得不急迫且发音时持续闭嘴，发出的音就是鼻音［m］。与猴子的舌头相比，人的舌头厚重有力且十分灵活，这为众多元音和唇齿音（如［f］，［v］，［w］和［wh］）的发音创造了得天独厚的条件。

众所周知，我们说话所需的气流来自肺部，肺部的结构控制着呼气和吸气。与其他哺乳动物相比,"虽然我们的肺部结构没有什么明显的特别之处,我们的呼吸却好像特别适应言语"(Aitchison,1989)。许多动物的呼吸系统都是一套相当平衡的装置,而人类的呼气和吸气频率不同:吸气快,呼气慢。这就形成了一个有趣的现象:未经专门训练的人沉入水中如超过两分钟会淹死,人若长时间气喘肯定昏厥乃至死亡,而正常人连续讲话几个小时也不会出现任何不良反应。

从以上分析可以看到,人类的发音系统是种系进化、生物适应的结果。和其他灵长类动物比较,人类的声道(vocal tract)结构曾经历过几何变形(geometric transformation),从而对人类语音的普遍声学特征产生了直接影响(Lenneberg,1967)。

2. 语言神经系统的发育

在解剖学上,人的大脑与其他动物的大脑有很多不同之处。其中最重要的一点就是人脑功能侧化现象(lateralization)。此外,与其他动物脑比较,人脑的发展主要是大脑新皮层的发展。"与旧皮层相比,新皮层细胞的分层多达六层,皮层内存在着柱状结构,这有利于皮层的定位"(董奇、陶沙等,2000)。人的语言机能主要集中于大脑新皮层,也就是说,与语言功能相关的脑区比大脑其他部分成熟得晚一些(桂诗春,2000)。这表明语言的发展是神经系统进一步发育的结果,至少是结果之一。

人左脑功能的极化(polarization)是可以佐证语言现象神经系统发展的另一证据。主司语言的左脑分为两块:前部负责控制运动,后部负责控制感觉。失语症研究表明,左脑前部损伤招致运动机能的破坏,言语表达因此出现不同程度的障碍,左脑后部损伤会引起感觉受阻,言语理解能力往往会有不同程度的缺失。这说明人脑中确实存在着专司语言的不同区域,即语言中枢。

(二)语言的种系特征

美国语言学家 F. 霍克特等人把人类语言和动物交际系统的差异归因为一系列的识别特征,如任意性、传义性、文化传递性、话轮、双重性、移位性、结构依存性、创造性等。后来的研究(Aitchison,1989)证实,虽然这些不全是人类语言的限定特征,但其中有些部分绝对是人类语言所独有的。比如,文化传递性,是指语言是人类代代相传、推陈出新的结果。虽然有些鸟(如歌鸫和云雀)的鸣叫也似乎反映出有后天学习的成分在里面，但从总体而言，动物交际系统的绝大部分是遗传决定的而非后天学习所致。所以，脱离人类环境长大的孩子不能获得语言而远离同类的鸟儿还能唱出可被同类识别的歌声。我们人类能够借助语言谈论超越时空的人和事（移位性），而动物的交际系统在此方面十分受限，往往只能传递与此情此景紧密相关的信息。结构依存性指人类理解和表达语言时不只考虑到单位成分之间的线性关系，还考虑到成分间的不同层级关系，把一个大的语言单位（如句子）分成不同的结构块。而截至目前，我们尚未发现动物在交流时也采用这种策略。

基因研究的最新成果证明，人类和黑猩猩的同源性超过了95%。在基因数、基因结构与功能、染色体与基因组构造上，人类和黑猩猩几乎相同。但在漫长的进化过程中，这不到5%的差别，决定了人类和黑猩猩的根本区别，语言是这种差别的重中之重。可见，"不能从基因组一致的程度得出相同表现型的任何结论"（Pinker and Bloom，1990）是完全合乎实际的。语言的发生与否取决于细微的基因差别，人类因此与自己的"至亲"黑猩猩分离为不同的物种。

（三）语言进化的证据

2002年，由医学研究人员和人类学家组成的国际合作研究小组运用多种分子生物学技术在研究中发现，基因突变导致人与猿在200多万年前出现分离，这个时间恰好介于我们人类祖先直立行走和大脑容量开始增大之间。从这一发现可以推知，人类的历史的确早于语言发生的历史，语言的形成寓于人类的充分进化。新近的生物考古研究证实，作为语言中枢之一的布洛卡区在200万年的人科动物化石的颅腔模型上可以见到（Pinker and Bloom，1990），而在黑猩猩等动物上是绝不会有的。

关于语言的起源，学界曾提出不同的假说，如"劳动号子说""手势语起源说""自然声音模仿说""社会契约说"等。迄今为止，没有一种假说可以完整地解释语言中的种种现象。不过，来自人类化石研究的证据表明，有声语言的确经历过两个阶段：先出现无分节语，后出现有分节语。真正意义上的人类语言应该是距今约3.5万年之遥的现代智人开始使用的语言。有声语言从无分节语到有分节语的演变既反映了语言的生物进化历程，也折射出人类进化的历史递变，这与分子生物学的研究结果一致。既然我们人类在200万年前与灵长类动物分离，那么现代的人类身上必定还存留着这类动物的部分痕迹。研究（Givón，2002）发现，语言加工机制的主要特征是灵长类动物视觉信息加工系统的进化延伸（evolutionary extension）。Givón（2002）认为与语言相关的许多神经机制不是新生的，也不一定具有语言专属性（language specific），而是从先语言领域（pre-linguistic domains）吸收了新的语言运用功能所致。比如，主管运动的额叶又主管动词，分管感觉的颞叶也主管名词。简而言之，语言的发生是人类（大脑）进化的附带产品，是非语言的神经机制被赋予语言功能的结果。这与 S. 平克和布鲁姆（Pinker and Bloom，1990）的"语言的自然选择观"相吻合。

按一般的生物规律，语言的发生如同生物有机体的进化，务必经历由简至繁、由粗到精的过程。研究（Aitchison，2000）表明，人类最早的语言是一种简单化的语言——原始语言。这种简单化主要表现在原始语言有表示具体概念的词（主要是动词和名词），但缺乏表示没有实际所指的语法词（如 if, that, the, in, not 等）；有基本的词序，但缺乏层次句法。很自然，原始语言无法表达抽象的概念，性、数、格等信息仍需由名词和动词承担，最终形成大量类似专有名词和专有动词的词汇。可以想象，经过漫长的演变，名词和动词的词形变化必定导致构词的复杂化和规则化。到后来，复杂的词形变化由于不能满足大量信息交流的需要（各种变化相互混杂，不利于功能切分）而开始衰退，取而代之的是词类的逐步增多，句法因此有了进一步发展的基础。词类的完备使得词形变化完全消失，因为词形变化的功能全部被词类代替了。"词类完备+词形变化完全消失"型的语言就是现代语言的标志。难怪有人说，"词类由贫乏到齐全乃是语言进化的基本模式，而词形变化复杂则是语言落后的主要特征"。这一点从现代语言的某些遗迹和许多现代土著部落的语言中都可以得到印证。

就语言的进化方式而言，学界流行两种不同的观点：语言渐变论和语言突变论。表面看来，两种观点互相对立，但从生物体发生发展的一般规律看两种观点是互补的，即语言发生的过程是渐变的，语言发生的结果是突变的。只有把渐变论和突变论结合起来，才能更加理性地思考语言的发生发展。

（四）语言进化的文化驱动

阿奇森认为（桂诗春，2004），语言进化遵循语言篝火论（language bonfire）：简单的语言在25万年前开始出现，10万年至7.5万年前达到精细的临界期，形成篝火点，然后像篝火一样燎原开来，势不可挡。但到了5万年前，语言的发展又变得缓慢起来，呈现稳定向前发展的态势。从篝火论出发，似乎可以做出这样的论断：语言的进化既有纯生物的因素，也有社会文化的因素。如果把早期的进化主要划归为生物的进化，那么晚期的进化则主要是社会文化的驱动所致。下面是支持"文化驱动论"的证据。

后进化论者J.布拉克莫（Blackmore）提出的模因（meme）论可以看作是文化驱动论，它可以解释晚期的语言变化。早期进化的语言，其主要功能是传递信息。但从传播论的角度看，语言并不特别擅长于此，它在传递空间、情感信息方面的无为就是明显的证据。然而在现代社会，语言却"特别擅长执行社会任务，维护社会联系和影响"（桂诗春，2004）。

美籍华裔科学家蓝田领导的研究小组最近发现，人类大脑中有一组"人性基因"正在以超乎寻常的速度进化，这组基因的进化与人所处的社会的文明活动有关。科学家推测，这组"新基因"的出现可能与农耕、语言、文字等人类文明活动的出现有关。这表明人类基因正随着社会文明的不断发展而进化，两者之间存在一种因果关系。按人类学家的说法，20万年前人类进化已经"定型"。现在看来，所谓的定型只是一种基本的生物定型，现代社会的文化文明活动正在不断改变着原有的生物定型。语言活动是人类最重要的社会活动，"人类基因"的发现进一步证实了社会文化对语言进化的巨大驱动作用。

三　语言习得论

（一）语言习得重演语言发生

生物进化论认为，生物个体的发育可以重演种系发生的历史。同理可推，儿童语言习得应该重演人类语言的进化史。自20世纪70年代开始，利伯曼（Lieberman）从其所做的系列实验中发现，幼儿的发音和非人的灵长类动物的发音相近，而与成人的不同。比如，他们的舌头似乎都不太灵活，都发不出［i］、［u］、［a］这几个音。原因是幼儿和这些灵长类动物有相似的发音器官，如声带的位置比较高，咽腔的体积因而减少（桂诗春，2000）。只是随着时间的变化，幼儿的发音器官开始逐步向成人的靠近，发音方式才发生重大转变。这与其他学者的研究一致，"为适应吸奶和呼吸并举的需要，婴儿和哺乳动物一样，但在18个月以后开始下移，14周岁时达到成年人的位置"（李葆嘉，2000）。可见，言语的发生伴随着幼儿的生理成熟。

儿童习得语言的进程与其他人类行为一样，言语行为的出现带有偶然性。"语言早在儿童萌发生存的交际需求之前就开始发展。"（Aitchison，1989）并没有什么特殊的外部活动或事件来触发言语行为的产生。就像人走路不需要关注腿部的动作、眼睛的开闭节奏不需要人为的控制一样，幼儿学说话完全是一种无意识的、自发的行为。简而言之，因为出现了人，所以产生了语言行为。这里蕴含的意思是儿童到达一定年龄阶段开始说话好比人类进化到一定历史阶段发展了语言。儿童对语言的敏感性和习得语言的快捷性似乎表明：儿童天生就有一套生物性的"语言习得装置"。动物的语言教学实验可以为此作证。国外不少语言学家多年来一直在尝试教授黑猩猩人类语言，但收到的效果甚微。由于语言的发生离不开特定的生理、心理基础，黑猩猩不能学会人类语言理所当然，"黑猩猩的发声器官和人不同，没有像人一样的对声音的定向反射能力，因此造成发音的困难，没有发声行为，或发声行为缺乏"（肖世敏，2004）。虽然教授黑猩猩手势语取得的效果要理想一些，但依然无法与人类的手势语系统相提并论。

当然，也有人不认同语言习得可以重演语言发生的过程。比如，S. 平克和布拉姆（Pinker and Bloom，1990）就认为"不仅可能不同而且必须不同"，其理由是语言的发生和进化是自然选择的结果，是生物性适应所致。进化有许多等价的交际标准可供选择，而小孩出生时他/她日后所属的社团已经为之做出了选择，他/她不可能任意地选择学习一门自然语言。掩盖在历史长河中的抉择逻辑（rationale）不可能在发展中重演（recapitulate）。所以，平克等赞成语言进化的功能观，而反对语言习得的功能观——"即使语法手段的各种功能在进化中扮演了重要角色，但在儿童的习得中却可能无所作为"。

尽管如此，按种系发生和个体发育的普遍规律，我们认为从儿童语言习得的过程应该可以查寻到语言种系发生的某些踪迹。正如阿奇森（2000）所说，语言的个体发育至少可部分地重复语言种系的发生。

（二）语言习得的认知基础

语言是一个复杂的认知系统。在语言如何习得这个问题上有三种不同的声音：环境决定论、先天论和相互作用论。环境决定论认为，语言机能是后天的，是环境影响的结果。这种观点解释不了为什么只有人类才能获得语言，为什么其他动物虽然与人类共享自然世界却不能学会人类语言，为什么其他动物自身没有发展出类似人类语言的交际系统。"人天生会说话，就如同鸟儿天生会飞翔。"（Fromkin et al., 1998）这是语言先天论的观点。先天论主张语言机能是人类秉性的一部分，是由生物遗传决定的，乔姆斯基的心智主义语言观和福多的模块论是这一主张的重要代表。先天论的缺陷是，它解释不了为什么离开人类环境的儿童学不会语言。相互作用论将环境决定论和先天论合二为一，认为小孩生下来就具有组织某种经验的潜能，这种潜能只有通过和后天环境的互动作用才能得到发挥，即"语言机能是客观因素和人类潜在能力相互作用的结果"（桂诗春，2000）。

如果把语言习得的过程与人类的普遍认知机制结合起来考虑，就会发现上述三种不同的观点实际上代表了三种不同的认知观：语言习得是一个领域一般性的过程；语言习得是一个领域特殊性的过程；语言习得既是一个领域特殊性的过程，又是一个领域一般性的过程。皮亚杰是领域一般性观点的重要代表。在他看来，"新生儿没有领域特殊的知识，只有感觉发射和同化、顺应及平衡三个领域一般的过程"（Karmiloff-Smith，1992）。就语言习得而言，皮亚杰及其追随者们的思想大致可以归纳如下：儿童出生时的大脑完全是白板一块，语言习得完全是后天环境输入的结果，语言习得"白板说"即由此而来；语言不是独立发展的能力，句法和语义只是感知运动智慧的一般结构的产物；儿童的语言机能是其一般认知能力的一个组成部分，反对语言在人的认知系统中享有特殊地位，语言普遍性即一般的认知普遍性。从这些论点可以看到，其实皮亚杰等并非否认人类语言具有先天性的生物机制，而是认为这种先天机制为语言加工和其他认知加工所共有，没有特殊和一般之分。坚持语言习得是一个领域特殊性过程的学者（如 Aitchison, 1996; Bates, 1997）认为，语言独立于认知，儿童学习母语是一个受先天支配的过程，而不是一般感知运动发展的产物。所谓的"语言关键期"是支持这一观点的重要证据。此外，还有两方面的证据：一是有些智商水平较高的人，其语言机能却低下；二是失语症研究发现，语言缺损通常不伴随智力损伤，部分脑损伤者表现出智力低下却没有引起任何的语言障碍，有的甚至还表现出语言机能超常的现象，如所谓"白痴的语言天才"。近年来语言基因的发现似乎进一步证实：语言机能有其特定的作用范围，语言习得的过程是一个领域特殊性过程。第三种观点基于对前两种观点的批判和整合。这一派的学者认为，大脑最初的功能构造要比皮亚杰理论认为的复杂得多，单独的领域一般性的感知运动智慧不能完全解释婴儿和幼儿的语言习得（如婴儿和幼儿对语义制约、句法制约的敏感性），忽视了语言习得需要一定的生理成熟和认知的发展；而以乔姆斯基和福多为代表的先天论者专注于生物学上规定的模块，过分低估后天语言环境的作用，把儿童学习语言的过程看得太简单（Karmiloff-Smith, 1992；李宇明，1995）。因此，最为理想的办法就是将二者整合，既坚持语言习得在初期受领域特殊性的制约（所以先天的生物规定性使婴儿特别注意语言输入），又主张语言机能在后期的充分发展是一个领域一般性的过程，"绝大部分的卡路里在语言学习完成后，这个机制就被收回，改作他用……它（语言）就和生物界其他的机制一样……"这一派的代表人物有心理学家布鲁纳（J. Brunner）、E. 贝特（Bates）和卡米洛夫（Karmiloff-Smith）等人。

虽然具体主张各异，但以上三种认知观在解释语言习得的问题上都认可一点：语言机能作为一个最高级别的认知能力，其发生、发展都离不开特定的生物基础。语言知识是通过神经元实现的，这是神经认知科学已经证明的事实。

（三）语言习得的性别差异

男女的语言机能有别。一般说来，女性的言语能力优于男性的言语能力。来自社会生物学的研究表明，这种差异既与人类的进化差异有关，又可以从生理差别上找出理由。前文提到，语言是自然选择、环境适应的结果。但是，语言机能作为认知能力（或者说智力）的一部分在人类的进化史上不是男女均衡分配的,这首先与人类早期的社会分工有关。人类远祖的社会分工非常明确。男性负责打猎、保卫本群体的安全、抗击入侵者、制造和使用武器等。女性则负责在营地附近照料小孩、采集食物、准备衣服和食物等。这种不同分工引起的长期行为差异可能引起神经、生理方面的男女不同,从而影响男女的言语能力。

董奇和淘沙(2000)指出,能够更直接解释语言性别差异的主要是来自解剖学和生理学的证据。语言的产生与解剖学上的人脑侧化相关,但是科学家发现,男性的一侧化水平更高,两半球的分工更明确,而女性的一侧化水平较低,分工没有男性明确。这种侧化差异可能与两性在成熟程度上的不同有关,因为公认的事实是女性比男性成熟得更早。比如,怀孕五个月后,女性的胚胎发育比男性快了两周;出生时,女婴比男婴在发展上快四周;女孩先学会说话、走路,并比男孩提前2年至3年进入青春期,达到成长高峰。大量的研究证实,早熟者的言语能力占优,晚熟者的空间识别能力占优。

此外,语言性别差异与人脑中的胼胝体成熟时间相关。脑科学研究发现,人脑的胼胝体成熟较晚。如果语言发展在胼胝体成熟前开始,左右半球因为没有机会交流都可能发展语言功能;如果语言发展迟于胼胝体的发展,因为左半球在语言发展上的遗传优势,语言功能就局限于左半球发展。由于女性的语言发展较早,此时的胼胝体还未开始工作,结果两半球皮质都发展了语言功能,从而使得女性的语言机能强于男性。同时,由于女性的右半球参与了一部分语言功能,就会牺牲该半球发展其他功能(如空间能力)的潜力。这一观点可以部分佐证为什么女性的空间认知等能力不如男性。

语言的性别差异还归因于胼胝体的大小和脑神经细胞的数量。研究发现,女性的胼胝体比男性的大。因为胼胝体负责两半球之间的信息沟通,体积大可能意味着传递信息的速度和质量更高,因此,女性在这方面占优就不难理解。有人计算过,女性的脑神经细胞要比男性多11%。这些多出的细胞主要集中在大脑的外侧部皮层,眼睛后面靠近太阳穴的地方。这个部位主要负责语言的理解、音调和语调的再认等,这也可能是女性的言语能力强于男性的原因之一。

四 语言系统的生物个案研究

（一）碱基序列与言语美

DNA 碱基或称脱氧核甘酸有四种：腺嘌呤（Adenine，缩写 A）、胞嘧啶（Cytosine，缩写 C）、鸟嘌呤（Guanine，缩写 G）、胸腺嘧（Thymine，缩写 T）。它们可以任意组合，构成至少几千万个不同的碱基序列。不同的碱基序列决定着 DNA 的不同信息内容。研究发现，人们的言语活动与自身体内的 DNA 碱基排序有关，一个具体的证据是言语具有音乐化倾向。

在交际中，人们往往尽力把要说的话与音乐的节奏和频率保持一致，让人听起来心情舒畅。典型的例子很多，比如，诗歌总是可以被拿来当歌唱，每天播放的电视广告词大都是美妙的歌，大街小巷中商贩的叫卖（吆喝）声大多抑扬顿挫，悦耳动听。这种一致性取决于人体内部要求和谐平衡的物质——碱基序列："人总是要把有声的语言序列千方百计地'谱成音乐'，即使谱不成音乐，也要将声音编排得尽量悦耳一点，将其节奏编排得尽量和谐一点。……其内在动力在于体内的碱基序列'乐谱'要求语音与其和谐共振。"（钱冠连，1993）动物的交际系统没有这方面的审美需求，因此缺乏相应的 DNA 碱基序列。

（二）论元结构的神经基础

人类拥有语言是为了传递意义、交流思想，但思想（或意义）的表征未必借助语言。神经科学的研究证实，思想首先体现为一种先语言（prelinguistic）的心理结构。人类语言能够用来表征心理结构，不过正如赫德弗德（Hurdford，2003）声称的：并非全部的语言结构都能够直接映射先于语言而存在的各种心理结构，唯有一阶谓词逻辑结构 PREDICATE (x) 能与自然语言结构形成系统关联。

谓词逻辑借用到语言学里称为论元结构，其本质主要是一种语义结构。既然意义能够先于语言存在，能够用来表达语义的一阶论元结构 PREDICATE (x) 也能表征非语言的意义。这有来自哺乳动物的研究为证："……意义表征的基本成分先于语言而存在，而且能从猿、猴，可能还有其他动物身上找到这些成分……"（Hurdford，2003）若果真如此，就有理由把 PREDICATE (x) 看作一种心理表征，其中的 PREDICATE 看作心理谓词（mental predicate），相当于动物（creature）就某一客体做出的判断。从心理学的角度看，PREDICATE（x）的各种具体表征形式［如 CAME（John）］就可以视为人和动物感知客体时所形成的心理事件（mental events）。人和其他哺乳动物都有两条独立的神经通路：视觉神经通路和听觉神经通路。一条通路将物体定位于以身体为中心的空间之中，另一条将颜色、形状之类的特征赋予物体。在视觉上，这两条通路叫背侧通路（或叫背侧流，dorsal stream）和腹侧通路（或叫腹侧流，ventral stream）。在听觉上，有类似的"位置"（"where"）通路和"目标"（"what"）通路存在。PREDICATE（x）象征着大脑对两个传导过程的整合，一个是对所指物体处所（投射到顶骨皮层）的感知，另一个是对所指物体的特征进行分析（周统权，2004）。

谓词论元结构作为客观场景的心理描述确实具有先语言的至少是非语言的性质。心理变量（论元结构中分别由常量 PREDICATE 和变量 x 充当）在人和动物的行为中表现出很大的相似性。否则，那些不能"言语"的动物不可能在行为中表现出与人类相似的行为——神经关联性，因为它们也需要辨别客体和客体特征，弄清楚客体的空间位置等。这充分说明，语言中的论元结构具有可靠的神经基础。

（三）语言基因

20世纪60年代，科学家们猜测人类拥有与语言机能有关的独特基因，否则，普通的儿童不可能在智力低下的幼年期就轻而易举地学会说话。最新科研成果揭示：语言与基因之间的确存在着千丝万缕的联系，很多语言障碍都是基因遗传的结果。

20世纪90年代，牛津大学威康信托人类遗传学中心及伦敦儿童健康研究所的科学家，对一个患有语言障碍的"KE家族"中的三代成员进行了研究：这些患者不能自如地控制嘴唇和舌头的动作，难以组织词汇、理解和运用语法。2001年，研究人员发现了一个被叫作"CS"的英国男孩，他虽然和"KE家族"没有任何的亲缘关系，却患有类似的疾病。通过对比两者之间的基因，研究人员最终发现，一个被称为"FOXP2"的基因在这个男孩和"KE家族"的身上都遭到了破坏。

研究证实，"FOXP2"基因属于一组基因当中的一个，该组基因可通过制造出一种可以粘贴到DNA其他区域的蛋白质来控制其他基因的活动。

而"CS儿童"和"KE家族"的"FOXP2"基因突变,破坏了DNA的蛋白质黏合区。具体说,是构成"FOXP2"基因的2500个DNA单位中的一个产生了变异,致使它无法形成大脑发育早期所需的正常基因顺序。

类似"FOXP2"这样与人类语言机能相关的基因,可能还有10个到1000个之多。失语症研究发现,天生的失语法症(agrammatism)和诵读困难症(dyslexia)就是基因缺陷的直接表现。S.平克与布拉姆(1990)认为,部分语法能力的变异具有基因遗传性。比如,比福(Bever)等人所做的大量实验证明,具有左利(left-handedness)家族史的右利者(right-handers)较少依赖句法分析而较多依赖词汇联想,而没有这一基因背景的人则不具有这一倾向。有证可查的还有许多由基因传递引起的语法缺陷综合征,典型的如歌普尼克(Gopnik, 1990)发现的控制形态特征(如性、数、时态等)的专门基因。据统计,全世界约有4%的人有不同程度的语言机能障碍,不同语言基因的发现必将更好地造福于人类,通过基因治疗达到语言康复的目的。

五 余论

语言把人类和动物分为不同的世界,似乎无可争议地成为人类的种属特征。但是"我们不应该只从人类的范畴中研究语言,因为对某'种'(species)生物来说独特的能力,对整个动物界(kingdom)来说或许没有那么突出"(Pinker, 1994)。从生物学的角度看,语言机能是人的一种本能,而不是文化的产物,儿童语言习得的过程似乎证明了这一点。从进化论角度看,S.平克(1994)认为不必把语言"看成人类特有、独一无二的能力",而应该视为生物适应的结果,因为思想的形成可以不借助语言的中介。有人把平克的这一观点视为"极端的达尔文进化论",理由是S.平克忽视了社会文化在语言演变中的驱动作用。

我们认为,生物性是语言的基本属性,但语言的生物性不排斥语言的社会性。不过,传统的语言研究一直囿于社会人文科学的研究范畴,忽视了语言学所具有的自然科学属性。当前,语言学正成为神经认知科学的热门学科,强调语言生物机制研究的目的之一即为此正名。

第二节 脑与语言认知进展

近些年来,随着认知神经科学的兴起与发展,研究者对脑与语言认知关系研究的兴趣越来越浓厚,语言加工的脑基础研究也随之成为当代心理学界、语言学界、医学界的热点研究问题。对语言加工的脑基础研究不但可以使科学家认识到在大脑皮层中有很大的区域都与语言有关,这些区域的任何一个地方受到损伤(如脑中风后)就会造成失语;更有助于人们认识人类语言认知的发展历程,以更好地理解语言习得。

一 大脑的语言处理*

(一)人类语言的组织规则和特点

语言是人类沟通交流的一种方式,是人类行为的重要部分和定义我们社会身份的文化对象。人类智慧的结晶可用语言描述和记载,使我们只用几年或十几年的时间就可掌握人类几千年文明智慧所积累的知识,使我们的知识、经验和财富得以积累,使我们逐步走向繁荣、富强和发达的人类社会。

P. 伊莉萨等人认为人类语言服从形式分析(Elissa, 2004):所有的语言,无论是书面还是口语,都是由小的元素分层递归地组合建构成较大的单元,这些小的元素具有声学特征或人工特征,可以依次用来组成音节、词语、短语和句子,再由此组成段落和篇章,这样的组合规则不是任意的,每种语言都有具体的规则(Nowak et al., 2002)。句子中词的组合方式是由该语法规则系统中的层次结构决定的,因此人类的语言具有处理层次构造序列的能力和处理递归结构的能力(Friederici, 2006)。为了研究这样一个组合系统,人类需要从语流中截取一些基本元素,然后得到一些在语言体系中特许的组合模式(Elissa, 2004)。人类语言不仅为人们说一些新东西而且为人们用一些新方式说一些旧东西提供了无限的可能性,其中有许多切实可行、有效的策略可以对单词进行预测,

---

* 本部分内容王曼等人于 2010 年以 "脑与语言认知发展" 为题发表在《前沿科学》第 2 期。

除非上下文的约束太大以致不能对其预测。数学和计算机科学中的形式语言理论为处理这种现象（规则）提供了一种数学机制。人类的自然语言是由包含有限数目的符号集的一个字母表构成的，字母表可能是所有音素的集合或该语言所有词汇的集合。对于这两种集合我们可在不同的水平层次上获得形式语言，但是数学原则是同样的。一种语法规定一种语言的有限规则列表，按照"重写规则"表达，使我们总能说出新的语句（Nowak et al., 2002）。

（二）脑与语言的存储、记忆和处理机制

人脑是一个非常复杂的结构，它控制着人类复杂的认知行为。在解剖学上，人类大脑皮层分为额叶、颞叶、顶叶和枕叶（occipital lobe）四个区，这些区域控制着思考、语言、行动、感觉、视觉和其他功能。在脑皮层发育过程中，这些不同功能区域的形成称为区域化（Sun and Walsh, 2006）。大脑皮层可分为左右两个半球，右侧大脑皮层调节身体左侧的运动（左侧大脑皮层调节右侧的运动），人类很可能是唯一有偏手性的哺乳动物。乌尔曼（Ullman）认为语言由词汇（存储在大脑中颞顶/内侧颞叶"陈述性记忆"系统的一部分，如：英文中的不规则词是被记住的，并且每一个记忆都可和对应的声音成对）和可以产生符合语法规则（如：英文中的规则词是通过规则生成的，由额叶基低神经节系统所处理，它把词语结合起来生成无限多较大的词语、词组和语句）的体系构成。这两种能力给了人类语言巨大的表达力量（Ullman et al., 1997）。因此正常的语言理解过程至少包括两条相竞争的神经处理脉络：以记忆系统为基础的语义处理机制和以词汇符号组合的处理机制，后者在处理句子结构时基本上以各种形态的句法规则为基础，同时兼顾特定语义词干的限制问题。当语言实时展开时，单独词汇的意义需结合语句的句法结构，以表达出整体意义（Kuperberg, 2007）。大脑通过接收的语义信息与存储在记忆中的语义信息相联系，将人、物体、行动之间的联系结合起来并建构出新的意义，而它们之间的平衡协作则使理解过程既合理又有效率（Kuperberg, 2007）。以前的证据已暗示语法的处理和左额叶皮层间的联系，包括布洛卡区，以及词汇记忆和左侧颞叶、顶叶皮层之间的联系。乌尔曼（Ullman et al., 1997）等认为，人类语言处理的神经脉络，一类是以存储有关事实与事件信息和学习为基础的陈述性记忆系统，受到一个内侧颞电路的促进，它在很大程度上与在颞叶和顶叶中间的新皮层区连接，而内侧颞组织会巩固记忆并将其最终存储在大脑皮层；另一类是学习和处理运动、知觉和认知技巧的程序性记忆系统，它很大程度上受到与额叶皮层连接的基底神经节电路的促进。

神经科学家通过研究功能性磁共振成像活动显示出大脑的不同空间模式与观察包括工具、建筑和动物在内的某一确定的语义类别的图像相互联系。语言学家已描述了与单独的动词以及能够充当语义角色的名词类型相关的不同语义角色的特征。计算语言学家通过分析庞大的文本资料数据库证明了一个词的意义在一定程度上是由词汇以及同现的短语分布所决定。心理学家通过特征规范化的研究来探索词汇的意义。在这些研究中，受试者被要求列出与各种各样词汇相关联的特征，揭示出个体间具有一致性的一套核心特征，同时通过感觉运动特征暗示了一种可能的特征归类（Mitchell et al., 2008）。早期的语言处理模式常常包括一些记忆缓冲器，一些句子元素为以后把一些短语、从句、句子结合起来被暂时存储，每一单词只有被放在一定的场合下才能被处理，然后再快速融入句子中。F. 波特拉（Boutla, 2004）等人的研究结果证明，大脑的语法分析能对在句子理解过程中语言处理的各个方面进行可能的预测。因为对一个词做语法分析要利用大量的约束因素，一个句子要根据每个词去估计语言所指和上下文的关系并进行分析，可预测类别中的意义特征，或预测目前的各种句法特征。句法结构是构成语言基本特性的心理表象，它允许词汇的含义与另一词汇相联系以传达谁在完成或接受一种行为（Tyler et al., 2003）。

（三）脑与名词和行为动词的处理

R. 泰勒（Tyler）等人提出一颇具影响力的概念知识模型：事物对象在脑皮层诸多分布网络区域中均有刺激反应，这些区域存储着诸如形状、颜色和行为等属性信息。该模型的两个观点是只要对象概念被唤起，与该对象相关的运动和行为（及相关属性）就会被自动激活；大脑不同的神经区域分别负责着工具和动物两种不同类别对象的运动或行为的属性（Tranel et al., 2005）。他们的研究发现，对象名词和与之相关的行为会刺激相同的神经区［如左梭状回（left fusiform gyri）、颞上和中回（superior and middle-temporal gyri）皮层］。因此他们认为，对象知识是在包含多个神经区域的分布式系统中显示的,这些神经区域存储着对象名词与感官和运动系统对应的表面形状,以及关于对象形状和运动属性的信息。与对象视觉形象相关的特征属性在脑内梭状回处显示有刺激反应,他们表面组织起来相当于不同类属的对象相关的属性集体表现出来的形式。动物图片和名称对梭状回会形成刺激,而有关工具的图片与词汇则在梭状回的中间部位产生大得多的双边刺激反应。

  与不同种类的对象相关的不同运动在颞叶皮质的不同区域有刺激反应。生物本能运动专门刺激左颞上回间沟(left superior temporal sulcus),与人造对象有关的行为则专门刺激左颞中脑回(left medial temporal gyrus)和腹前运动皮层(ventral premotor cortex)。动物和工具的名字稳健地激活海马沟回(parahippocampal gyri)、梭状回(fusiform gyri)和颞上和中回(superior and middle-temporal gyri)皮层的区域。泰勒等人的研究结果表明(Tranel et al., 2005),工具和动物及其所关联的行为本质上激活相同的神经区域。概念知识是由一个基于语义特征(或一些更抽象的表现层次)的分布式系统来表达的。概念随其所关联的特征数量和类型以及这些特征间的关系的不同而变化。这些不同在分类结构在没有显式表现的情况下增加了分类效应。这套理论预测动物和工具应该在本质上激活位于枕叶、颞叶和额叶的相同神经网络。基于这一事实,动物相比于工具更倾向于拥有更多的关联性质,由单个动物名字所呈现的激活在许多其他的拥有相同特征的动物中也应表现出来。

  J. 特拉尼尔(Tranel)等人(Tranel et al., 2005)的研究表明,工具(名词)和行为(动词)的名称所关联的脑神经区在一定程度上是有显著区别的:前者(具体物质的名称)与左下颞(inferior temporal)区相关,而后者(行为的名称)与左侧额盖(left frontal opercular)区和左侧颞中后(left posterior middle temporal)区相关。动词、名词的歧义产生了有趣的结果:无歧义的名词(如"照相机")使左下颞区产生兴奋,而有歧义的名词(如"梳")则使左侧额叶盖区和颞中区产生兴奋;无歧义行为动词(如"耍弄")和有歧义行为动词(如"梳")刺激左下颞区和颞中区,但是有歧义的动词在左额盖和颞中区产生神经兴奋的传播并不广泛。另外,相比于指代工具,重复同一单词(如"梳")在左中颞(left middle temporal)区产生不同的反应,单词在指代动作时在颞中区产生的兴奋更加强烈。以上结果表明，兼有名词性、动词性歧义的词在很大程度上影响着神经系统对于这种词的工作模式。假定无歧义的名词和动词一般情况下分别由不同的神经系统来处理，那么带有词性歧义的词可能会由不同的神经系统来处理。

F. 普夫米勒（Pulvermüller）的研究发现（Pulvermüller，2005），负责语言和行动的脑皮层系统彼此互连，关键是语义上与身体（如"舔""捡"和"踢"）的不同部位有关的行动词汇：理解这些词汇时会以一种躯体特定方式以明确、迅速和自动地激活与运动系统相关的脑皮层区域。汤姆等人的功能性磁共振成像标记实验发现，通过模型预测，代表名词的神经活动会在味觉脑皮层区显现和"吃"同现的程度，在与动作相关联的脑皮层区显示和"推"同现的程度，与身体运动相关的脑皮层区显现和"跑"同现的程度。给受试者附加特征"触摸"的记号，则预测了与躯体感觉相关的脑皮层区（右脑中央后回 postcentral gyrus）的强烈激活，附加特征"听"的记号，则预测了与语言处理相关的脑皮层区沿右脑颞上回后部（posterior portion of the right superior temporal lobe along the sulcus）的激活。

我们周围的两类物体：动物与人造物（工具）能够很轻易地通过其声音或图像的特征来辨别。尽管这些特征在形式上有所区别，但它们却在大脑中被整合成为一致的知觉。米歇尔等人（Michael et al.，2004）在三次独立的 fMRI 实验中发现，大脑后颞上沟与颞中回（posterior superior temporal sulcus and middle temporal gyrus）满足了合成位置的客观标准。精确信写侦察目标瞄准系统显示了在受到听觉或视觉刺激后响应信号增强，与复杂而无意义的控制刺激相比，听觉或视觉的物体产生了更强的反应。与单一的听觉或视觉特征形式相比，当听觉与视觉的物体特征同时展现时，精确信写侦察目标瞄准系统显示有增强的反应。最终，精确信写侦察目标瞄准系统会对物体识别做出比行为任务的其他组成部分更强的反应。迈克等人认为精确信写侦察目标瞄准系统专门用于整合单一特征形式（如视觉形式、视觉运动）与同现特征形式（听觉和视觉）不同类别的信息（Michael et al.，2004）。

F. 普夫米勒的调查显示了在对应于人类语言系统的猴脑运动皮层系统内部和之间存在神经元连接，在背部和腹部的运动前区，已显示在左下额叶（left inferior frontal，Broca 区）和颞上回（superior temporal，Wernicke 区）语言区域之间存在连接（Pulvermüller，2005）。重要的是，在下额叶皮质中，很多在皮质运动前区和相邻的语言区域之间也显示出连接，且通过长距离的皮质与皮质之间进行连接。背部和腹部的前额和前运动皮层（dorsal and ventral prefrontal and premotor cortex）与听觉区域相联系，因此提供了语言区域和运动前区（premotor and language areas）之间的多重连接。这些连接表明语言和动作皮层之间的信息流是可能的。理解语言的意义将语言和自身的动作相关联，可能是因为脑中感觉和运动信息自动极速地连接有益于理解和习得的过程。

（四）大脑的音、义处理

理解大脑如何处理句法结构将能清楚说明人类语言认识的能力。库伯贝格（Kuperberg）等人通过在句子中引入不同类型的错误情况，从而了解大脑的语言处理系统如何识别语法和概念语义信息（Kuperberg et al.，2003）。研究发现在语义记忆中含带信息的单词及语义解释发生在大脑左前颞区（anterior temporal regions），更长的反应时间和更强的激活与语用错句有关，最短反应时间和最弱的激活与语法错句有关。语用错误与大脑左前颞区域活跃性增长有关，而语法错误与顶叶的活跃性增长有关。

与语言处理密切联系在一起的是大部分事件相关电位（ERP）之后的负面波约达到 400 毫秒的 N400 刺激作用，其效应是指在事件相关电位中，词汇以大脑顶叶达到的最大振幅为起点，在 400 毫秒左右发生的一种负偏转。句中与上下文无关的词语将引起 N400 效应。可斯丁（Kerstin）等人对有关语义的 N400 效应的研究表明（Kerstin et al.，2004）：振幅的大小取决于基于启动背景的目标词汇的"语义距离"。顾一铎（Guido）等人的研究发现（Guido et al.，2006），N400 不仅对于语言的刺激是敏感的，而且对环境声音的概念处理可能与对词语的概念处理是相似的，即使词语是以视觉形式出现的。当有语义或概念相关的词语设置在某个词前面时，大脑对该词的反应要比在其前设置的无关词语要快。因果相关度高的"词语——声音"对组的反应速度要快于因果相关度低的对组。环境声音要比图画或者词语更难处理，因为它们更加含糊。比如，狗咆哮或吠叫这两种声音涉及的是同样的概念"狗"，与口语词汇相比会引发一个反应潜伏期。根据此观点可以预想声音处理比词语要慢，用词汇来启动声音有可能减小这种含糊性。与此对照，用声音启动词语有可能因为适合的词语不止一个而引起预想冲突。

（五）脑对句子的理解

人类认识世界是通过把外界各种独立的刺激联系起来构成一个整体，以获得全面的信息和含义。理解一个独立事件取决于它的主要动作以及动作实施的主体和对象。斯尼卡娃（Sitnikova）等人把人类理解事物的过程分成两个独立的神经认知系统（Sitnikova et al., 2008），一个是依赖于理解者积累在大脑中的对整个环境的语义理解，另一个则依赖于对理解实际动作所必需独立的、类似于规则的知识。在语言理解方面，分层次的语义表达起到很重要的作用。在语言领域里，在熟悉背景知识的情况下，理解者试图使用他们已有的认知来填充一段对话中所缺少的信息。在大脑语义记忆中的概念有层次间的联系，根据语义记忆的单一编码理论，任何刺激都会引发一个普通的表达。与此相反，复杂编码理论则会产生几种形式的语义认知，分别贮存在大脑的不同区域。与上下文相一致的模型表明了理解者在刺激发生后大约400毫秒内在分层次的语义表达中显示出了可视的事件相关电位信号图像。语义启动研究表明当看到与之前的图片无关的物体时产生的 N400 信号比看到相关物体时要小。对于携带故事情节的一系列连续出现的可视场景能够引起的 N400 效应，符合正常情况的最终场景比起不协调的最终场景引起的 N400 信号更小。在理解者决定现实世界事件的主题结构时，客观事物的语义性质看起来也许与空间信息、时间信息均有所联系。理解可视世界和语言可能优先通过由独立的认知系统支持的分层次的语义表达来实现。

为理解一个语句，我们必须集成多种不同类型的关系，包括其动词和对应成分间的形态句法和语义—论题的关系，由此产生的命题表达的含义与前文的语境关系，以及词汇和以前遇到的或结合记忆在脑中的与之相关的语义事件关系。库伯贝格等人的研究结果部分地与此理论一致（Kuperberg et al., 2008）：与非异常语句相比，句法异常的句子确实引起前扣带皮层（anterior cingulate cortex）的反应，但与非异常和现实世界知识异常的语句相比，生命性词干异常的句子则没有引起该区域的反应，形态句法和生命性词干异常都引起后（而非前）部左额下脑回（inferior frontal gyrus)的激活。当我们阅读文章或听别人讲话时，我们总是先获取若干单词的意思，接着在句法结构的指导下完成对单词的整合以达到对命题意思的理解、整合并最终弄清整个话题的意思。但是我们阅读或聆听的大部分内容并没有被明确地陈述出来，而我们之所以能把话题完整而连贯地复述，并不是陈述一些无关的命题，则是取决于我们具有推理的能力，这种能力使得我们能把若干单个的事件联结得完整而一致（Kuperberg et al.，2008）。这里的因果推理是指那些没有明确陈述出来，隐含在句与句之间所呈现的具有因果关系的信息。因果关系和推理是对记叙性文章内容进行结构化和记忆的必备因素。令人有趣的发现是，在中度相关语句中，虽然在阅读上所花费的时间在高相关和零相关之间，但其线索回忆能力却比高相关语句要强（Kuperberg et al.，2008）。梅尔斯等（Myers et al.，2008）认为，读者在阅读相关语句时产生了非常精细的推理，在事件记忆上此推理加强了它们，同时促进了线索记忆。反之在阅读高相关语句时，并不需要产生精细的推理，在阅读零相关语句时读者试图建立句间连结信息，但并非能如愿以偿。在中相关的情境下，左外侧颞、下顶叶和前额叶（left lateral temporal/inferior parietal/prefrontal cortices）皮层以及右下前额脑回、两侧上中前额皮层（the right inferior prefrontal gyrus and bilateral superior medial prefrontal cortices）有更强的激活。相对于高相关和零相关情境，右下额叶也在中相关情境下表现出了更强的激活。对比高相关和零相关的情况下，在阅读相关情境句时，会在其与上文联系的过程中用更多的反应时间。语义上不相关的词汇很容易给读者明显的提示——这些情境是无关的，由此而导致相继而来的对这些情境的短暂反应（Kuperberg et al.，2008）。

库伯贝格等人的研究发现（Kuperberg et al.，2008），与控制句相比，非论题角色的语用异常引出了强烈而广泛的N400效果，而论题角色的生命性异常则引出了较弱的、分散的P600效果。库伯贝格的发现并非取决于关键动词是放在句中还是句尾。在简单英文句子中名词和动词这两种不同类型的概念异常引起定量的不同波形。当动词指定给它前面名词的特定论题角色与整个句子的语境不一致时，N400被引发。P600是被生命性异常引发的，而不是被语用异常引发的。因为，在前者中，动词指定给名词短语的论题角色与名词短语自身无生命性的词汇语义属性所指定的论题角色不一致,在后者中则没有这样的现象。

　　F. 安吉拉（Angela）等人（Angela et al.，2006）的研究结论表明,在布洛卡区的核心部分产生的血液动力学反应是 BA44 区,它的功能是处理不同程度的语言复杂性,但不是不合句法的情形;而额盖的深处后部处理非语法词序的句子。这说明在 BA44 区的深处部分的脑活动的确仅仅与语言学层次上的处理有关。

　　语言序列并不是以基本元素随机排列而建立的,而是由句法规则限制的,句法可定义为一套把不相关联的元素结合成序列的原则。语言是具有层次性的,是在多重层面上按照词法、句法、语义和语用原则运行的,例如,语言中词汇、短语和句子的构成。语句理解预示着大脑控制从形式到内容映射的一套规则的顺序执行。通过一种线性序列元素传达有组织的意义形式的分层树状句法关系来被大脑感知。巴迪乐（Patel）（Patel et al.，2003）理论将语言感知分成两部分完成,一部分是结构存储:当一个语句（例如,当遇到名词时,动词会形成一个完全的从句）被感知时,及时追踪预测句法范畴;另一部分是结构整合:把每一个引入的词连接到它在语句结构中所依赖的一个事先词的位置。这一理论的基本前提是整合的代价要受位置的影响:代价随新元素和整合位置之间的距离而增加。大脑区域为句法整合提供资源的是"加工区域",其过程是迅速并有选择性地使低激活项目的"表现区域"达到整合进行所需的激活值,则整合自身就可发生在"表现区域"。

二　脑对汉语与其他语言认知的区别

（一）汉语与英文的差别

　　汉字与英文字母截然不同,汉字拥有成千上万的不同字形且与字母文字在拼写上差别显著。汉字里每个字都有与众不同的方形轮廓且与字母发音没有明显的关联。与字母文字的线状排列不同,39%以上的汉字是由音旁和综合表示某范围可能读音与某类意义的形旁各自构成的复合字组成。音旁和形旁可以被进一步划分成可以构成各种各样汉字部件的笔画或笔画类型。语言学家王仕元指出:汉语沿用至今已有 3500 年的历史,是世界上最古老,也是使用人口最多的语言,其特点是书写复杂,而基本结构却异常简单,汉语字形和字意的直接关系比英文更多（William S-Y. Wang，1998）。晁柳等人（Chao et al.，2008）的研究结果证实，阅读中文比阅读字母文字需要更为复杂的拼写处理。人类对汉字的掌握，来源于对形、音和义处理的相互作用。汉字的逻辑性可以体现出汉字字形固有的信息与意之间更为紧密的联系，即汉字字符能表达意义。在汉字处理的过程中，被较早识别处理的是汉字中包含的结构信息。

在阅读汉字的功能性磁共振成像实验中可观察到，枕颞连接区（occipito temporal junction）不仅优先对汉字而非其他无意义字符有反应，而且体现了细微的语言性质。这一性质为，对不经常遇见的汉字，读者的反应要比对经常遇见的汉字反应要大。字母文字的英文，在词根中蕴含着语义知识，而在意义始终被代表的范围内语义词根会不同。当两种不同的共享同一语义词根的字符同时出现时，有着更高出现频率的字符比这些很少会遇到的字符会更快地被识别。唐一媛等人（Yiyuan Tang et al.，2006）利用核磁共振成像发现，中国本土人和英国人的大脑皮层对数字做出的反应是不同的。使用英语的人群，主要在使用语言加工，他们在进行比如简单加法这样的心算时依靠大脑皮层的左半部分，而汉语使用者在处理相同问题时会将大脑全部联系运用起来。唐一媛等人的脑影像研究发现，在阅读两种语言过程中脑区有不同的激活模式，如英语使用者左塞尔维氏裂周围皮层被激活，但中文使用者却是运动前区视觉相关的网络（visuo-premotor association network）。产生这些差异是由于文化背景特征的不同，而非种族或遗传因素。首先，对于英文和汉语使用者，大脑皮层对加法和比较处理的分区是有所区分的。算术任务似乎更加依赖于语言处理的任务，不同的神经元分析基本词汇和进行数值处理。其次，中文使用者和英文使用者的大脑语言区域不同，这两种不同语言系统可以形成处理非语言相关内容的方法。一个中文字由一笔一画的字和方块形状构成，具有高度非线性的视觉复杂性。小学生学习不同的笔画和方块字的空间构型并且记忆正确的组合（从左到右、从上到下）的过程是通过重复和复制字的样品来建立正字法，建立起语音和语义内容与中文字符之间的联系的。

（二）英、汉、调和图的处理

L. 米歇尔等人通过功能性磁共振成像对于汉字处理的功能解剖进行研究，让同时会说汉语以及英语的右利手参与者对于汉字和图片做出语义或者大小感觉的判断。研究发现，相比于大小感觉判断来说，对汉字和图片的语义处理会共同刺激的脑区有左前额区（BA 9，44，45）、左后颞区（left posterior temporal region）、左纺锤形区以及左顶叶区。汉字的语义处理会比图片的语义处理在左颞区、中颞区、后颞区（left mid and posterior temporal）及左前额区（left prefrontal region）产生更强的刺激，而相反脑外侧枕叶（lateral occipital regions）区则在图片的语义处理中受到更强的刺激。另一组掌握双语的参与者通过英语单词和图片所产生的刺激进行对比，发现也有相似的结果。然而在左前额叶区，英语单词和图片的差别比汉字和图片的差别要小。第三组英语单词和汉字直接进行对比。实验发现，它们的最强激活的位置是相似的，但汉字处理对应着一个更大的共振信号的变化（Michael，2000）。

  汉字、英语单词和图片的语义处理刺激了脑区一个公共的语义处理系统，但具体方式存在着一定的差异。从语义的处理来说，与图片相比汉字还是更接近于英语单词。视觉失认证的案例以及"图片优越性"效应提示我们，从表征到含义的认知过程中，图片和文字的处理过程在某些地方是不同的。米歇尔等人的研究发现，相比于形音文字英语单词来说，汉语书写的象形性质使得通过汉字符号呈现出来的概念对于读者来说是相对清楚的，从汉字的表面形式到深层意义的对应关系有着更大的可预测性，象形文字可以很逼真地描述它所表达的物体。对于同时会说中英两种语言的参与者，当有语义关联的图片和声音刺激同时给出时，比较他们关于中英文命名的任务，在认知处理过程中汉字识别和图片识别的重叠部分比英语单词和图片识别的重叠部分更多一些。预测相比于图片的处理来说，汉字的处理过程更类似于英文单词的处理过程。行为学的研究证明了英语单词和汉字意思的获取必须包括音韵上的处理。对英语单词表现出更强的左后颞区的刺激，反映出相比于图片处理在音韵上具有更强的表现。相比于英语单词，汉字的处理会在左前额区引起一个更强的信号改变。

  张军等（Zhang and Yang，2007）针对声调语言汉语中语义信息和节律信息的相对时间进程进行实验研究。实验中受试者被要求分别根据所提供图片的语义信息（图片所表示的客体有无生命）和节律信息（图片名称所对应汉字的声调）做双重判断。行为的 N200 测试和侧期望电位

(lateralized readiness potentials)测试的结果均明确表明在声调语言汉语中语义信息的编码要先于节律信息的编码,张军等人的研究结果与之前对重音语言的研究在某种程度上是一致的。此实验为语言产生的序列模型以及级联模型提供了证据,而非语言处理的并行模型。

(三)东西方文化的影响

社会认知研究划分出两种文化语境:一种是强调互相依赖的理念和实践的东亚(中、日、韩)文化语境,另一种是强调独立自主的理念和实践的西方(北美和西欧)文化语境。这些文化差异最初是从社会关系的角度去研究的。但随后的研究表明,它们同样适用于简单的知觉判断。特雷(Trey Hedden)等人的实验结果发现:来自东亚文化的人完成相互依存性(相关)的任务比完成独立性(绝对或独立于语境)的任务表现得要好,相反来自西方文化的人完成要求独立的任务比要求完成相互依赖的任务表现要好。这种交互式的文化和任务对于大脑激活的影响是如此强烈,以至于在对大脑的整个检查中,有11个脑区的数据结果是显性的。这项发现(Trey et al., 2008)表明:文化从根本上影响感知,在处理绝对化的任务中,欧美人表现出文化擅长;相反在处理相关性的任务中,东亚人表现出文化擅长。

(四)汉字的真假字符、人工字符和同音字处理

不同的书写体系用不同的途径把口语的方方面面变成不同的文字,于是不同语言的拼写势必不同。字母文字和汉字的一个显著区别是,字母文字绘制字形表示音素,而汉字绘制象形文字表达如语素或单词的某单位的意义。晁柳等人的研究发现,左脑中纺锤区能被包括语义联系、词汇判断和文字阅读在内的不同汉语实验所激活,同时,仅靠单词的外表便能自动驱动激活与语言相关的脑区。通过真假字符、人工字符和棋盘字符(注:真字符有语义、可发音且拼写正确;假字符整体上既不能拼读,也没有语义,但遵循一定的拼写规则;人工字符无语义、不能拼读且不遵循拼写法则)的功能性磁共振成像实验对照分析,我们同时将包含视觉和拼写信息的真假字符和那些含有视觉信息但无拼写规则可言的人工字符相区分。和棋盘字符相比,处理前三种类型的字符在右脑额叶区均没显示出任何活跃现象,拼写正确的真字符和不能拼读的假字符引起大脑额叶和顶叶区域(BA9与BA7)额外的语言网络活跃。但这三

种字符都会激活大脑两侧枕颞的大范围区域。由于汉字拥有数百个组字部件（而非 26 个字母构成），且这些汉字是由从左到右，从上到下的二维构字部件组成而非从左到右的一维构字部件组成，因此在视觉上汉字比字母文字拥有更多样的形状模式。识别汉字所要求的明显视觉区别也许不是左中纺锤区单独完成的，而是由大脑两侧枕区中部和纺锤区共同完成的。与字母文字相比这是象形文字的一个独特特征，而且它可能产生象形文字的复杂视觉或其他独特鲜明的特征。例如，由于音、义间的关系相对透明，象形文字可能和大脑两侧语义表达有更强的联系，而字母文字则可能与大脑左侧语音表达有更强的联系。阅读是一项大脑并行分布处理的复杂过程，它会激活大脑从视觉到语言相关的众多区域，而这些区域之间是相互作用的。假字符在很多脑区不仅比人工字符、也比真字符显示了更强烈的激活现象，尤其是在右额叶和两侧枕颞区域。尽管假字符整体上不能拼读且无语义，但假字符的确含有能提供读音和语义线索的笔画构字部件。因此左中纺锤区重度涉及假字符的处理，也许和自动处理这些部件的读音和语义信息有关。晁柳（2008）等人在假字符和人工字符对比实验中发现，大脑两侧纺锤区后部，与真字符对比人工字符也会活跃。同时，在与人工字符的对比中发现真字符在脑前额下区活跃现象，这标志着处理真字符时有附加的隐性语义处理。过去的脑影像研究已揭示了左后颞区处理字母文字刺激时，是从拼写到语音处理的形音转化，而汉字刺激既需要左中前额区进行图像的拼写形式到音节的转换，又需要它从拼写到语义绘制的其他操作。晁柳（2008）等人的实验发现，左中纺锤形区（BA 37）的活动在处理真假字符时比处理人工字符更为活跃。

汉字的另一个特点是存在大量有着不同的外部特质的同音字。郭文珺（2004）等人的研究发现：在左下额皮层中，脑前腹侧区（rostroventral part）与语义处理更相关，而后背侧区（posterior dorsal part）与语音处理的联系更紧密。有证据表明，左额下回的腹侧区域可能在一定程度上促进了整体的词汇处理，这是由于该区域的表达是来自刺激的词汇形象，而并非像实验需求显示的那样，该区域既参与了语义处理又参与了语音处理。同时也有人提出，左下额区参与了跨越整个综合信息区域的约束处理，同时，在信息反馈时，与可分的后部区域进行协作。在语义的受控反馈中，该区域将激活左颞叶皮质；在语音的受控反馈中，该区域将激活左后额和下顶叶皮质。

  脑与语言的复杂性使脑与语言认知成为难度最大的研究课题之一。脑与语言的存储、记忆和处理机制，大脑对词汇和语句、音和义等不同层面的语言处理，脑对汉语和其他语言认知的比较等方面成为本领域国内外的研究热点。脑与语言是紧密相连的，通过对大脑的研究可探索语言复杂的处理机制，反之对语言的研究可进一步了解人类大脑的功能构造。近十年来，细胞分子水平的脑机制研究和脑成像等技术的发展，为研究者提供了更多的科学依据和研究手段。我们相信脑和语言认知领域的研究进展可促进和影响语言学、神经科学、认知科学、心理学和人工智能等众多相关学科的研究和发展。

  语言和大脑是互动的，所以回到蔡元培的问题，有了人类发达的大脑，才可能有变化无穷的语言，同时，语言也在不断地改造大脑，不同的语言会塑造出不同的大脑。语言是人类最关键的特征，研究语言与大脑，就是研究人性最好的方法，因为人性就是大脑与语言所共同形成的。大家都知道苏东坡的名句，"不识庐山真面目，只缘身在此山中"。我们一辈子也可以说都住在语言这座山里。我们在母亲肚子里时就会经常听到她说话，临终前也是在亲友的言语中告别。也许我们根本就不可能彻底了解语言的真面目。"不识语言真面目，只缘身在言语中"，我们自始至终走不出语言这座山，这正是研究语言最大的挑战，也正是语言研究最大的乐趣。

第 四 章

语言的起源及进化

第一节 语言的起源

语言的起源是一个古老的话题。从中国的古代神话到古希腊的柏拉图、亚里士多德，再到19世纪的达尔文，都曾就这一问题进行过深刻的思考，至今对学者的研究都起着较大的影响作用。长期以来，由于语言科学和其他相关学科发展水平的限制，人们无法说明语言"突现"的具体机制和过程，甚至使语言起源问题成为研究的"禁区"（1866年，巴黎语言学会发表通告，禁止在任何正式学术会议上讨论语言起源等问题）。

《圣经旧约》记载上帝最初创造世界的情形是"上帝说要有光，就有了光"。透过上帝的词语，"空虚混沌"的世界从此得到光明的开显。新约福音书也说："太初有道（in the beginning was the word），道与上帝同在……万物是借着他造的。"显然，在古代希伯来与希腊化时期内在的宗教意识中，西方哲人深刻地相信，上帝乃是借着他的词语，创造了天地万物的存在。在中古世纪，宗教的权威仍然建立在相信上帝赐予的启示（圣经）之上，但这被启蒙运动视为黑暗时代的象征。启蒙运动（enlightenment）本身，同样强调要用词语的光照来开启人类"自我招致的蒙昧状态"。只是他们不用上帝的词语，而是用人类自己的词语来光照世界。当康德（Immanuel Kant，1724—1804）在《纯粹理性批判》中，透过我思必然伴随着一切表象，来说明先验统觉透过他的知性范畴所进行的综合统一活动，即是经验对象之可能性的先验条件时，天地万物就不劳上帝用他的词语来创造了；而当赫尔德（Johann Gottfried Herder）在他的

《论语言的起源》(1772)中，透过词语的区分音节活动以为表象的建构确立特征认同的基础，以说明我们对于存在物的理解，是以词语作为中介的诠释性命名活动时，词语即不再与上帝同在，而是与人类自己在历史中开始出现的太初之时共在的发明了。

近代，人文崛起，诸神退位。上帝已不必再多言，人类当能独立自主地凭借自己发明的词语，开显出属于人类自身存在的意义世界。以人类的共同理性或内在情感作为光源，只要人能深刻地自我反思或真实地体验，那么人类一样可以说要有光，就有光。启蒙的要义因而也在于，深信人类当下就可以给予自己开辟新天地所需要的光。到目前为止，尽管我们关于语言起源的研究缺乏直接的证据，但是间接的证据还是有的。例如，小孩子语言习得的过程；比较原始的部落社会的语言；语言的历史演变（尤其是有记录的文献）；发生语言障碍（尤其是失语症）的病人。这些线索多少可以提供给我们一些资料作为合理推测语言起源的基础。例如，小孩学话时最先学会的语音及音节形态以及单字句（one-word utterance）与其他儿童语言中早期的简化句法结构等，多少可以帮助我们推测原始语言发展的情形。根据这些证据，不同的学者提出了不同的理论来解释语言的起源。随着进化论被人接受，达尔文的语言进化起源论更是受到学者的青睐，为人类语言的起源解开了新的篇章。

一 语言起源神话观

（一）中国语言起源神话观

姚小平（1994）认为每个民族都通过不同的形式编撰自己的神话；几乎所有民族的神话都会论及世界及人类创世的经过；而在这些民族的创造世界的神话中，人及其语言的起源始终是无法回避的话题。人类与动物的根本区别就是语言，关于这一点，古人早有论述或思考，或有某种说不清道不明的朦胧的感觉。女娲抟土造人是中国古代的关于人类起源最为流行的神话传说之一。"俗说开天辟地，未有人民。女娲抟黄土作人，剧务，力不暇供，乃引绳于泥中，举以为人。故富贵者，黄土人也；贫贱凡庸者，絚人也。"（姚小平，1994）传说女娲最先使用黄土捏出一个个现代人形似的泥人，但始终觉得造人并非易事，所以都成为了世间的达官贵人；女娲觉得一个个捏，实在费事，故后来改用以绳子甩打泥土造人，溅出无数的泥块土屑最后成为了许许多多的人，得来全不费工夫，因此只能作为寻常百姓。还有一则关于女娲的神话说："昔宇宙开初之时，只有女娲兄妹二人在昆仑山，而天下未有人民。议以为夫妻，又自羞耻。兄即与其妹上昆仑山，咒曰：'天若遣我二人为夫妻，而烟悉合；若不，使烟散。'于烟即合。其妹即来就兄。乃结草为扇，以障其面。今时取妇执扇，象其事也。"（姚小平，1994）这里的"议"和"咒曰"，就是我们语言学中提及的言语行为。这在一定意义上意味着，这一神话故事中提及的作为人类始祖的女娲兄妹已经开始使用语言。这是最早提及语言的神话。但是这一神话故事中并未讲述他们的语言起源的缘由，也没有交代语言是如何起源的。迄今为止，我们在中华文化古籍中依然未能找到类似《圣经·创世纪》那样的有关语言起源的记述或故事。中国古代的神话系统中很少讲述语言起源这一个环节，而更多的则是关于宇宙是如何起源的神话（如盘古开天地）、人是怎样起源的神话、氏族及其社会起源的神话（如简狄吞卵生契）、人类文明及其起源的神话（如燧人氏钻木取火），确实无法找到专门的与语言起源相关的神话或故事。我们还无法弄清楚到底是中国古人没有思考过语言从哪里来的问题呢，还是没有传承下来而已？例如，因为某种特殊原因，或者皇帝的禁令或者未被记录下来或虽有所记录，后来未能流传于世。在《中国的语言起源神话》一文中，姚小平（1994）考究了不同少数民族的语言起源神话。

畲族神话《高辛与龙王》记载，高辛作为创世之神教会了他的人类说话。彝族著名历史诗《阿细人的先基》中也提及，男神阿热和女神阿咪使用泥土来创造人，然后对着泥人吹上一口气，所有的泥人就活了，成为活蹦乱跳的人；然后天上突然刮起了一阵飓风，大风灌进了泥人的嘴巴，不一会儿，肚子里就呱呱地响起来了，所有的人开始讨论大风，并商量如何躲避大风，因此就学会说话了。在这两个神话中，我们可以知道古人普遍认为人之所以会使用语言完全是靠了外界的神力，而并非是人自身努力的结果。景颇族的一首创世歌中则是这样说的，天地日月事物是一对代表极阴和极阳的男女天鬼在日常游玩中创造和发明的，继而他们生下主宰一切的智能天鬼潘瓦能桑。传说中潘瓦能桑还在其母亲肚子里时就已长出牙齿并会说话，与他父母进行沟通和交流了。据说，后来的人类都是这个智能天鬼，实际上就是最早的人繁衍传承下来的，他的语言也是与生俱来的。因此，该歌曲认为人类的语言就是遗传的天生产物。

彝族神话《天神的哑水》里则认为，人和动物原本都能说话，且都是一样的聪明伶俐，可是天神恩梯古兹经常梦到人和动物经过学习比他更聪明，为了不让人和动物超过自己，于是骗他们去喝"智能之水"。其实所谓的智能之水是哑水，动物由于动作更敏捷，争先恐后，纷纷抢着喝下了哑水，上当失去了语言；而人因为跑不过动物迟到了，并从一只青蛙那里事先知道天神恩梯古兹赐予的"智能之水"的秘密，未喝下哑水，故得以保存了语言。动物失去了语言，也就意味着它们失去了智能，但保留了身体强壮等特有的优势。彝族神话反映了他们认为语言是思想之源，编织神话的彝族祖先们认识到语言对思想的重要作用。然而，壮族神话《布洛陀》里则认为人和鸟兽最开始是共享语言的，并且人和鸟兽可以通过语言交流，但鸟兽经常偷吃人种的庄稼和粮食，因此人和鸟兽常为此引起纠纷并争吵不休。为了避免不必要的麻烦和争吵，掌管世间事务的神布洛陀便使用魔法让人类语言不同于鸟语、兽语。由此可以看出，壮族古人已经意识到动物也是具有语言的，只是动物语言和人类语言存在本质区别而已。

纳西族的《创世纪》里说，神女衬红爱上了凡间男子利恩，他们结婚后生了三个可爱的儿子，但是这些孩子过了三岁还不会说话。神女请来蝙蝠为他们的儿子治病，蝙蝠告诉他们，只有祭拜天神，才能让他们的儿子开口说话。他们按照蝙蝠的吩咐祭天，就在祭祀当天，有一匹马跑来吃他们种的庄稼，三个儿子看到马吃自家庄稼，但又不能制止，一着急，便齐声说出了三种不同的语言，分别是藏语、白语和纳西语。

因为语言的不同，才在一定程度上形成了中国历史上不同的民族。拉祜族的创世史诗《牡帕密帕》里讲到，天神厄莎有一次给九百个人分烤肉，为了防止他们因为分肉不均而发生矛盾，或对天神不满，因此厄莎让人们吃肉时说不同的语言，以防止他们通过交流而达成一致对付天神。这些说不同语言的人就繁衍了不同民族的后代，如拉祜族、佤族、爱尼族、汉族、傣族等。傈僳族的《开天辟地》神话则说，一对兄妹诞生在天神种的瓜里，结婚以后，他们生下了二十二个小孩，他们分别说二十二种不同的语言，后来他们二十二个孩子分别繁衍了二十二个不同的民族。古代神话与现代科学在一定程度上是相吻合的。这些传说中的语言共同起源于同一远祖，通过历史比较语言学科的研究和考证，他们正是具有亲属关系的语言——汉藏语言。

彝族创世史诗《查姆》把人类史分为独眼时代、直眼时代、横眼时代三个不同的时期。在独眼时代，猿和人还没有分离，都只有一只眼睛，当时的人和猿一样不会说话，只是人已经完全直立行走了，猿还得借助手爬行。直眼时代，人和猿就已经完全分离了，人的眼睛像蚂蚱一样是直的，并且这个时代的人已经学会了使用身体语言进行交流了。到了横眼时代，人的眼睛和现代人差不多了，但生出的孩子都不会说话。后来祈求神的指点，人用烧竹子发出的噼噼啪啪的爆响声来治疗孩子们。孩子们经神的指点终于发出了"阿孑孑""阿依依""阿哟哟"一类的声音，最后学会了说话。发"阿孑孑"的孩子的后代最后繁衍成为彝族，发"阿依依"的孩子的后代成为哈尼族，发"阿哟哟"的孩子的后代成了汉族。这个神话认为人类语言起源于这类感叹词。也有语言学家认为，人类语言最初的词汇就是具有感叹或摹声的成分。哈尼族的创世史诗《奥色密色》也提及了摹声现象：傣族人的祖先多住在江河边上，他们的语言就是模仿水声说话，因此他们的语言中发音方式就像流水的声音一样；瑶族人的祖先住在森林里，伐木是他们日常生活的一部分，因此他们说话的声音像树木倒下的声音一样；彝族人的祖先居住在半山腰，他们常常放火烧山获得土地，因此他们的语言中发音方式犹如枝叶燃烧发出的声音一样。

（二）国外语言起源神授观

基于宗教信仰来解释语言的起源在西方国家是很普遍的现象。这种情形也不仅限于语言，对于无法或是难以探讨的事，以宗教信仰来解释在人类历史上是很自然的事，人的起源如是，世界宇宙的起源如是，语言的起源也不例外。因为这种解释只需要最基本的信仰，而不需要特别的证据。

关于语言的起源，各种宗教的看法都有不少相似之处。根据基督教的信仰，《旧约·创世纪》第二章第19节记载，神创造人（亚当）之后，将万物引到他的跟前，让他命名，凡是亚当所取的名字，就成了这种生物的名字。在神造了女人之后，女人的名字也是亚当所取的。根据富兰克林（Fromklin）与罗德曼（Rodman，1978）的讨论，埃及人相信语言的创造者是名叫托特的神。巴比伦人相信语言是由名叫纳布的神所赐。印度教徒也相信人的语言是一位女神所赋予的，梵天（Brahma）是宇宙的创造者，他的妻子娑罗室伐底把语言赐予人。

在宗教中，语言视为由神所赐，不仅是信徒的信仰，同时也常反映在宗教的礼仪上。一直到20世纪60年代，天主教的弥撒中都只能用拉丁文。梵文（Sanskrit）是吠陀梵语及经典印度语的总称。吠陀梵语大约是公元前1500年至公元前800年所说的语言，而经典印度语大约是公元前800年至公元300年所说的语言。公元前5世纪前的印度教徒相信祷告及礼仪只能用吠陀梵语梵文的发音，因此，引发了相当重要的语言研究（梵文研究在东西语言研究史上有重要的地位）。回教徒相信《可兰经》只能用阿拉伯文来念。犹太教祷文也只用希伯来语。

在"语言乃神所赐"的看法下，语言起源应该是没有问题的事。但是，现在世界上的语言种类繁多，究竟哪一种才是原始的一种？为什么会分成那么多种呢？这些相关问题，在历史上也有各种不同的答案。据说埃及法老曾经以实验的方式来决定哪种语言是原始语言。他下令将两个婴儿分别放置在与世隔绝的地方，不让照看者与婴儿说话。小孩在完全没有语言的环境下发展出来的最原始语言就是最早的语言。苏格兰王詹姆斯四世（1473—1513）据说也做过类似的实验。结果发现希伯来语是人类原始的语言。德国学者贝卡奴斯（1518—1572）认为神所赐予人类的语言一定是最完美的，而德语是最完美的语言，因此德语是神所赐予的语言。约瑟夫·艾尔金在他所著的书《汉语语言的演》（*The evolution of the Chinese Language*）中认为汉语是人类原始语言。当然，《圣经》在《创世纪》第11章第1节说世界上原本只有一种语言，但并没有说是哪一种语言。

至于当今为什么有这么多种语言的问题，最为人所熟悉的说法莫过于巴比塔的故事了。根据《圣经》的说法，人本来只有一种语言，因为想修筑一塔以达天庭，神就使人的语言混乱，于是产生了各种不同的语言。巴比塔的本意也就是混乱（Confusion）。

当然，根据宗教上的看法，在人的语言分化混乱之后，人才散布到各地区。但是从语言发展史来看，大部分语言的分化是因为地域阻隔之后，各地居民不相交往才慢慢地分成不同的方言及语言的。而且，人类原始语言也许不止一种。假如人类最先是在地球上的一个地方出现，然后才分散到各地的，那么我们可能只有一种原始语言，所有语言都是这种语言演变而来的。但是如果人类最先是在地球上好几个地方同时出现的话，那么也许我们就可能不止一种原始语言。

二 赫尔德的语言起源观

（一）赫尔德《论语言的起源》

18世纪70年代，普鲁士皇家科学院内外对语言起源的讨论存在极大的争议，故针对语言起源的问题公开征集论文以求其解。当时担任院长的马克士易斯（Maupertuis）与法国启蒙时期的感觉主义哲学家孔狄亚克（Condillac）主张语言起源的"约定俗成论"，然而苏斯米希（Süssmilch）院士则持"语言的上帝起源论"的观点。马克士易斯认为，人可以独立于语言之外而思考，只是为了互通信息，因而任意约定了符号；语言只是在次要的意义上才作为思考的立足点被运用。当时的法国启蒙哲学家孔狄亚克也主张，人类语言是把自然的表达运动（例如，自然的呐喊、身体姿势与表情）加以逐渐区分音节与特殊化而成的，即它们是经由约定才逐渐被提高到作为标志的地位。苏斯米希则从语言结构所具有的内在完美性论证了人类有限的理性不可能自行发明需预设有高度理性在其中的语言系统；人无法自行发明语言，语言需要来自一个更高的理性存在者传授，因而他主张语言的上帝起源论。

作为应普鲁士皇家科学院征稿之作，赫尔德在《论语言的起源》一书中针对普鲁士皇家科学院在1769年征稿时所提出的两个问题，被赫尔德分成两个部分。第一部分回答"人类凭借其自然能力，能够自行发明出语言吗？"（吴文，2014）即为何人类"能够"依其自然的能力而发明语言。第二部分则说明"人在何种情况下必须发明语言和能够最有效地发明语言"，即为何人类"必须"发明语言（朱刚，2013）。这两个部分的问题性质是不同的。"能够"发明语言的问题是语言能力的本质问题。赫尔德从人类心灵"自然法则"的分析着手，即透过对于所有人类共有的语言结构进行结构性的分析，以指出情感的自然发声与思想的特征认同的人类学必然性是人类能够发明语言的根据，这也是对于语言本质

（同时具有发声表达与意义传达两个侧面）的说明。"必须"发明语言的问题则是人类如何从共同的语言结构发展出个别语言的发生学问题。赫尔德从构成人类社会性的四个主要的"自然法则"着手，通过使人类内在的语言结构得以必然需要现实地发展出来的外在条件，对语言的起源做出历史性的分析。他认为透过哲学人类学对于人类社会生活的四个自然法则的分析，即能指出人作为自由的思想、行动的存在者，作为群体的、社会的生物发明语言是必要的，而且人类虽然随着社群的发展分化而产生不同的民族语言，但一种共同根源的语言仍是存在的。

从这两部分的分析中，我们可以得知赫尔德对于语言的分析是在两个不同的层次上进行的，即他分别从语言内在的结构性与语言外在的具体历史性着手。这两方面的分析虽有内外之别，但都是先验的分析。因为内在的分析是就人的内在心灵而言的，外在的分析则是就人在外在的社会生活中的交往互动而言的。赫尔德在这两方面所分析出来的"自然法则"都是就人类能发明与发展语言的可能性条件而言的。这种先验的分析与苏斯米希或孔狄亚克的不同之处就在于，它既不是先天的，也不是经验的分析，而是结构性与历史性的分析。赫尔德对于苏斯米希的语言上帝起源论与孔狄亚克的语言动物起源论的批判，是基于他的发现：在语言哲学中一直存在着音义背离的两难问题。赫尔德试图通过建立"听觉的存在论优位性""语言与理性的同构性"与"语言的世界开显性"等论点，来说明语音对于语意建构的重要性，并借此构建声音的世界整体关联性进而提出其独特的以音构义理论。

（二）赫尔德对语言起源感性理论的重构

相对于亚里士多德主张野兽所发出的不能区分音节的声音还不能视为是具有语意内涵的名称概念，赫尔德在《论语言的起源》的开篇即主张："当人还是动物的时候，就已经有了语言。"（姚小平，1998）从赫尔德的时代背景来看，他这句话虽然是以法国启蒙哲学家卢梭与孔狄亚克的"感叹说"的语言动物起源论来反驳苏斯米希的语言神授说，以回答当初科学院的问题，即是否信任人的自然能力：人能发明语言；但从当代哲学的角度来看，赫尔德无疑已经超越他的时代，主张语言具有开显世界的先验诠释学作用。

"当人还是动物的时候，就已经有了语言"（姚小平，1998），这句话不是说人类的语言是动物性的语言,或是说人曾在早期作为动物时就有了语言;而是说,人依其天性而言就具有语言的能力。因为他在此所谓的语言是指非出于主观意志或思虑的一种直接表达出来的"非分音节的声音"。这种"非分音节的声音"虽然仍不是人类的语言,但它已经具备了语言最基本的本质,具备了指向其他同类生物的表达思维认同存在特征的语言关联性。语言代表人类的"同类认可"(姚小平,1998),因为透过它显示人不是一个"以自我为中心的单子"(egoistische Monade)或"孤僻的顽石"(abgesonderte Steinfelsen)。"当人还是动物的时候,就已经有了语言",这句话是对"人是有理性(logos,亦指'会说话')的动物"(姚小平,1998)的初步解释。一旦语言沟通的能力是基于人类本性而有的,那么这种直接表达的反应作为一种"自然法则",即代表了自发性与自动性,他因而反对语言神授说。语言作为一种能取得"同感回响"的表达,并不必然要预期有他人的现实在场,因而赫尔德虽然重视语言的沟通传达功能,但他也反对语言的约定俗成说。

相对于传统感性论偏好以镜像或白纸来比喻感官机能的受纳性,赫尔德则经常以琴弦(心弦)来比喻感性的反应。赫尔德指出,没有任何一个有感觉的存在者能把他活生生的感觉封闭在自身之内,人在惊讶与悲伤感受的第一瞬间,即使没有任何主观任意与意图,都必须经由声音把它们表达出来。这种促动对于同一物种的各个个体都是一样的,因而它们的感觉对于同种者来说,其所发出来的声音都是一样的。因为它们是能被所有同类所共同感受到的。这种能传达给别人感受到的声音,是一种"感觉的语言"。赫尔德不像孔狄亚克主张语言感叹说的自然起源论,而是主张即使是"未区分音节的声音"本身,只要它是出于自然法则,那么它就具有可传达的可理解性,此种"可理解的能传达性"即已是语言了。

约定俗成的语言,并不能代表这种语言的沟通能力,因为人类的"人工语言"正好是从简化我们的自然语言而得来的。赫尔德看出,现今的人类语言是透过"市民的生活形式"与"社会的活动方式"所形成的(姚小平,1998),是沟通能力的有限或特定的表达形态。在整体关联中,在整个活生生的自然中,感觉的声音即足以表达一切。因而在人类的语言中,也只有母语才保留了最丰富的世界内涵,一旦把自然的声音加以孤立区分出来，它们就变成了字母的"音符"。自然的语言能引发情感的触发点，原始语言仍保有这种本性（Naturtöne），但这些不是人类语言的主要线索。

赫尔德因而说自然的语音不是人类语言起源的根源，而是滋润其成长的汁液。这是因为人类的语言必须具有言说者的意图与指涉，才能具有沟通与指称的功能。这种可能性是经由对自然感发与生活的整体关联加以缩减、孤立而来的。当他能将自然的声音当成"可分音节的字"而说出时，这个拼音而成的字，即是减缩与切割开人在感觉中所自然发出的声音与生活世界的整体关联而得来的。人类的语言因而是人类稍后才发明的一种"形而上的语言"。换言之，人类虽然有同情共感沟通表达的语言能力（作为对世界实在性之可理解性的基础），但是现有各种约定的语言却是人类社会的产物。这是人类自己发明的形而上语言，人类的语言与自然的语言之间的连接点在于古老的母语，以及留在声符或感叹词中的语音（声素）。语言表达的可沟通性与可传达性，或指涉的功能的形成，是透过它与原来在自然共感的生活整体性中的孤立与切割而形成的。

在书中赫尔德一开始主张语言的动物起源论。从语言学的观点看，这是他从声音的自然表达不是有限的字母所能完整拼写（拼音）的观点，来反对苏斯米希把语言主要视为具有理性且自我完善的符号——语法系统。赫尔德语言的动物性起源的论证核心在于，他认为语言的作用首先并不是作为描述世界的符号系统，而是人在自然的整体关联中把他对于世界的理解透过声音加以表达，以使大家都能透过同情共感加以理解。这使得赫尔德首度在语言哲学中突破经验主义的感觉主义。对于赫尔德来说，人类的感性绝非被动地受纳感觉的材料，人不是暗哑无语地面对世界。而是，当人与世界相接触时，他的感觉的机制就自发性地表达了他对世界的理解。这种最基本的理解就是感性所发出来的呐喊与呻吟等自然的声音表达。对于赫尔德来说这就是语言。因为这种感觉的语言已经具备了世界开显性以及意义的可理解性等必要的先验诠释学结构。

（三）赫尔德语言的起源观的评述

赫尔德从语言的动物与人类的双重起源来说明语言的本质，使得他能完成康德也未能达到的先验综合。他不像康德是在"理性批判"（亦即对象性之知性构成条件分析）的基础上，对于同样是基于名目论——科学技术主义的语言概念而成立的经验主义与理性主义做出在现象领域中的"先验逻辑学"的综合;而是在"语言批判"(亦即理解世界的意义诠释)的基础上,从语言同时具有直接表达自然感受的"声音"与传达、标指事物的"词语"的双重沟通先天性,对语言先天主义与语言约定主义做出在意义领域中的"存在论诠释学"的综合。自然感受的发声性作为无法再追问其由来的基础,以及基于实践自由觉识的特征区分,作为使沟通传达的可理解性得以成立的意义内涵的最后基础,是使语言的意义理解成为可能的先验条件。赫尔德在此得以借助语言以音构义的命名活动,说明语言如何能透过词语的表象作用而中介人与世界的认知关系,以及语言如何透过词语的传达功能而中介人与人之间的互动关系。赫尔德说:"就其本质而言,第一个人类思想已准备好与他人对话。所以,我可以这样总结:第一个区分特征对于自我是区分的符号,对于他人则是传递讯息的词。"(姚小平,1998)因此,对赫尔德来说,人类的第一个思想,按其本质而言,是做出能够与他人进行对话的准备。第一个为"我"所掌握的标记,对"我"来说是一个标记词,对于"他人"来说则是一个传达词。因此,人类发明了词语与名称,并用之以标识声音与思想。

赫尔德在《论语言的起源》中虽然强调了思想的对话性以及语言的沟通功能,但他对于词语的理解却主要仍视之为"灵魂内在的词语"。正如塞博(Seebaβ)所批评的,"对于赫尔德来说,语言并非如约定的假说所主张的,是特殊的社会现象,而是在基本上只是个人所有"(姚小平,1998)。赫尔德对于约定性的语言起源的主张没有进行深入的研究,这是危险的。因为这样将会使这个假设在理论上相当强的一方面,亦即对于这个假设的真正洞见变成空中楼阁:"它尝试对语言的交互主体性进行解释这一方面,但却没有顾及到。"(姚小平,1998)的确,赫尔德在语言的动物起源中强调语音的先在性,这其实可视作是他已经认识到语言在沟通中作为表达的重要性。他在语言的人类起源中强调听觉在思想的特征认取上具有存在论的优越性。赫尔德发现"人作为一种以理解为导向(倾听)的沟通参与者的身份,优先于人作为以视觉为首位的客观观察者的身份,或优先于人作为以触觉为首位的利害关系者的身份"。

可惜的是,赫尔德仅以去中心化的实践自由作为说明语言本性的人类学基础,而无法深入到以人作为沟通参与者的身份,在无限制的沟通社群中,透过讨论的自由与言谈的有效性的提出,来理解作为语言的意义规定的公共性与客观的有效性。这使得他最终无法摆脱主体性哲学的独我论与经验主义的实在论思维模式的限制,以至于他在《纯粹理性批判的后设批判》(*Metakritik zur Kritik der reinen Vemunft*,1799)中,虽然已经提出要以"语言的批判"来取代康德的"理性的批判",但在论证中却又借助了培根和洛克的观点(姚小平,1998)。这种自我误解使得赫尔德无法充分证明他的存在论诠释学的洞见,在哲学史上也无法与同时代康德的先验哲学竞争。赫尔德的词语形而上学无法对语言的整体结构,及其对人类精神发展的影响做出比较具体的语言哲学的说明。

三 达尔文的"乐源性语言进化理论"

达尔文(1999)在其奠基之作《物种起源》中避免论及人类进化这个敏感话题,只是在该书的末尾暗示"人类的起源和历史,也将由此得到许多启示",这并非达尔文的疏忽或者遗漏,是其故意而为之。达尔文在著述《物种起源》之初就非常清楚该书将招致其他科学家、宗教人士以及公众群起而攻之。如达尔文预期一样,在150年的时间里,《物种起源》的确经受了来自宗教、人类学、科学领域研究人员的猛烈攻击。加拿大首都渥太华的生物管制机构主持人汤普生在《物种起源》出版100周年之际这样评论:"《物种起源》的成功带来了长久的、可悲的后果,也就是使生物学家陷于无凭的臆测而不能自拔……达尔文主义的成功导致了科学信实精神的没落。"(Thompson,2011)在所有的攻击中,英国语言学家(也有人认为是德国语言学)马斯科·缪勒在《语言科学讲话》中从语言进化角度给予了达尔文进化论最致命的一击。马斯科·缪勒(1861)说:"语言是人与动物区别的标尺,没有哪种动物能突破语言界限……语言科学使我们认识到达尔文极端主义的谬误……语言是人与动物根本的区别。"缪勒认为语言的使用必须使得人类具有形成一般概念和理解的能力。除了人以外,任何其他动物都不可能具有这种能力,因此,概念能力和概念理解能力成为人类和动物本质区别之间的一个不可逾越的鸿沟。由此,达尔文进化论一直信奉"自然史上的格言'自然界没有飞跃'"(吴文、郑红苹,2012)的金科玉律受到了史上最严峻的挑战。

面对缪勒的质疑，达尔文（1984）经过 10 年的研究，终于在《人类的由来及性选择》中对语言进化等问题做出了一个明确的交代。

鉴于马克斯·缪勒等人的抨击，达尔文在 1971 年《人类的由来及性选择》一书中特别开辟了"语言"专栏来论述语言进化问题，并提出了"乐源性语言进化理论"。该理论是达尔文基于多种生物数据比较，运用进化理论分析，从生物学角度提出来的实证性语言起源理论。在论述语言进化时，达尔文已经认识到语言的多成分性。在达尔文看来，语言这个复杂的产品需要多器官配合才能生成，只关注语言某一方面是不足以弄清语言的起源的。在多个成分中，达尔文尤其关注了发音器官的进化。人类的发音器官虽不能在其近亲哺乳动物中发现，却与鸟类等鸣禽具有高度一致性。另外，达尔文对语言进化的论述还建立在大量实证数据的基础上，他不仅拓展了非人类灵长目动物语言行为的数据库，更是把实证数据延伸至脊椎动物。最后，达尔文依然拒绝接受人类进化独特性之说，而再次申明人类进化理论与动物如昆虫、鸟及其他动物的进化是一致的。在该书中，达尔文试图通过性选择和用进废退功能来诠释和构建生物普遍进化理论。在达尔文看来，人类语言与动物语言并无实质的区别，顶多就是进化的程度不同而已（张梦井，1994）。他援引惠特尼大主教的观点：人类"并不是唯一的动物能够利用语言来表达其心理上所闪过的东西，并且多少能够理解他人如此表达出来的东西"（达尔文，1984）。

（一）语言是"说话本能倾向"使然

1871 年，达尔文首先提出语言是一种本能的理论。然而，他在《人类的由来及性选择》中却强调语言不是一个真正意义上的本能意识，本能是不需要后天学习的，而任何一种语言都必须经过学习或模仿才能习得，因此与其说语言是一种本能还不如说语言是一种艺术。但是语言艺术和其他的艺术是有本质区别的，因为为了生存，人有说话的潜意识倾向，这点我们从几个月到 3 岁的小孩咿呀学语的现象就可以看得出来；然而没有任何一个孩子具有绘画、书写、酿酒、唱歌、烘焙等艺术的本能倾向（Pinker，1994；杨光荣，2011）。故达尔文认为语言是习得一种艺术的本能倾向使然，然而却是一个并非完全为人类而设计的能力，因为我们在鸣禽身上也看得到。

为了进一步分析语言进化，达尔文在《人类的由来及性选择》中用了两章专门论及"人类同低于人类的动物的心理能力比较"，其中把"语言"作为重点讨论的对象。在这两章的论述中，达尔文通过实证数据证实与人类一样，动物亦有各种情绪、好奇心、模仿性、注意力、记忆力、想象力等，有力地回击了缪勒等人的抨击；且花了大量的篇幅来回应语言进化的断层现象，并从三个层面构建了"乐源性语言进化理论"。第一阶段包括智力和复杂心理能力的发展，这就使得人类能发出多种多样的声音；第二阶段是在性选择压力下人类开始用它的喉音来发出真正有音乐意味的抑扬的调门，即歌唱；第三阶段，由于声音的使用日益增多，发音器官通过使用效果的遗传原理得到强化和完善，而且反过来对说话的能力发生作用，即语言的连续使用与脑发展使得意义与第二阶段的"歌唱"相结合（Fitch，2010）。

从理论上，达尔文对语言机制（生物学意义上的专门掌管语言的机制）与具体语言（如英语、法语、汉语等）进行了区分。达尔文所谓的语言机制意味着"人类有一种求得语言技艺的本能倾向"（达尔文，1984），而同一物种的所有成员亦有发出本能的鸣叫来表达情绪的倾向。在语言进化讨论时，达尔文回答了语言是自然天赋还是后天教养的问题。他认为：语言"肯定不是一种真正的本能，因为每一种语言都必须学而知之。然而，语言和一切普通技艺都大不相同，因为人类有一种说话的本能倾向，如我们幼儿的咿呀学语就是这样"。（达尔文，1984）达尔文援引生态学家皮特·马勒的观点认为"语言并非人的本能，但语言是人类求得语言技艺本能倾向使然"（达尔文，1984），只要语言学习的生物条件和环境条件具备，人类就有说话的本能倾向。

达尔文认为语言器官对语言的习得固然重要，但是他认为大脑神经系统和心智的发展也会对发出有音节的语言起着不可忽视的作用。他认为"所有高等哺乳动物都有发音器官，都是按照和我们同样的一般图式构成的，而且都是用作交流信息的手段，因此，如果交流信息的能力得到了改进，这等同样器官还会进一步发展，显然是可能的；相连的和十分适应的各部分，即舌和唇帮助了这一发展的完成。高等猿类不会用发音器官来说话，无疑是决定于它们的智力还没有足够的进化"（达尔文，1984）。但达尔文并不认为发出有音节的语言是人类和动物的根本区别，因为我们大家都知道鹦鹉照样可以清晰地发音,并且它还有把一定声音和一定观念连接在一起的能力,即有些鹦鹉当被教会说话之后,也可以准确地把字和物以及人和事连接在一起。因此,达尔文下结论说:"动物和人类的区别在于人类把极其多种多样的声音和观念连接在一起的能力几乎是无限大,而这显然决定于其心理能力的高度发展。"(达尔文,1984)

最后,达尔文敏感地意识到人类语言进化与鸟唱的关联性,提出"鸟类发出的声音在若干方面同语言极为近似,因为同一物种的所有成员都发出同样本能的鸣叫来表达它们的情绪;而所有能够鸣叫的鸟类都是本能地发挥这种能力;不过真正的鸣唱,甚至呼唤的音调,都是从它们的双亲或其养母养父那里学来的"。达尔文援引巴灵顿(Daines Barrington)的研究证明,"'鸟类的鸣声同人类的语言一样,都不是天生就会的',鸟类最初鸣唱的尝试'可以同一个幼儿不完全的咿呀学语的努力相比拟'"。(达尔文,1984)除此之外,达尔文还意识到因为文化传承的差异而导致的"地方方言",在鸟类鸣唱中亦有体现,"栖息在不同地区的同一物种,它们的鸣唱有轻微的自然差异"(达尔文,1984)。最后,达尔文也提及并非拥有语言器官就一定能习得语言,语言学习需要大量的训练,这同具有适于鸣唱的器官但从来不鸣唱的鸟类事例是相似的。例如,夜莺和乌鸦都有构造相似的发音器官,前者能用它进行多种多样的鸣唱,而后者只能用它呱呱地叫。人类也有相似的案例:美国女孩金尼被父母残忍地隔绝了与外界所有正常接触,在13岁时被人们发现并帮助她与外界接触,但她最终还是没能发展她的语言能力。

(二)达尔文"乐源性语言进化理论"

随着声音的使用日益增多,发音器官通过用进废退原理得到强化和完善。达尔文的"乐源性语言进化理论"的第一阶段即为人类原始祖先心理能力的发育阶段,他认为"甚至在最不完善的语言被使用之前,人类某些早期祖先心理能力的发展一定也比任何现今生存的猿类强得多;不过我们可以确信,这种能力的连续使用及其进步,反过来又会对心理本身发生作用,促使其能够进行一长列的思想活动"(达尔文,1984)。达尔文在《人的由来及性选择》中多次说到社会和技术等因素促使了早期祖先认知能力的提高。处于第一阶段的声音,并非现在意义上的语言,虽然发出者的意图很明确，但可能并没有听者理解，即语言还远未达到约定俗成，例如，现在很多动物都能发出各种各样的声音，但并非所有的声音都能为同类所理解，或者只有少数部分被其最亲近的族类所知晓。

达尔文的"乐源性语言进化理论"第二阶段则为性选择压力下用它的喉音来发出真正有音乐意味的抑扬的调门，即歌唱。达尔文根据广泛采用的类推方法断定："这种能力特别行使于两性求偶期间，……它会表达各种情绪，如爱慕、嫉妒以及胜利时的喜悦……且还会用来向情敌挑战。所以，用有音节的声音去模仿音乐般的呼喊可能会引起表达各种复杂情绪的单字的发生。"（达尔文，1984）达尔文还进一步试着猜想：在当初，会不会有过某一只类似猿猴的动物，特别的腹智心灵（叶笃庄、杨习之在翻译达尔文的论著时使用该词表示猿猴的心智发展到与现代人的心智一致），对某一种猛兽的叫声，如狮吼、虎啸、狼嗥之类，第一次做了一番模拟，为的是好让同类的猿猴知道，这种声音是怎么一回事，代表着可能发生的一种什么危险？如果有过这种情况，那么这就是语言形成的第一步了。

"乐源性语言进化理论"第三阶段，也是语言进化最为重要的一步，是如何使情感抒发的音乐语言传达真正的意义，并让他人理解。正如洪堡特所言，人类"是唯一将思想与声音联系起来的会歌唱的动物"。人类语言从非前提性的歌唱跃进为前提意义明确的语言是"乐源性语言进化理论"最关键的挑战。达尔文援引马克斯·缪勒和法拉（Farrar）的话说：音义结合的语言起源于"对于模仿和修正各种自然声音，其他动物的叫声以及人类自己辅以手势和姿势的本能呼喊现象"（达尔文，1984）。例如，克拉斯·祖贝布勒（Zuberbühler，2002）发现尼日利亚加沙卡古姆蒂国家公园的白鼻长尾猴看到豹子接近时都会发出"pyows"的警诫声，看到麻鹰来临时就发出"hacks"声，而将两种声音结合，就是示意同伴离开。达尔文认为人类语言就是这样产生的。达尔文"乐源性语言进化理论"兼收了拟声词语言起源假说、手势语原型语言理论的合理成分（Fitch，2010）。

达尔文的"乐源性语言进化理论"虽未把语言进化继续向前推进，但已经暗示语言进化至音义结合并非语言进化的终极目标。因为"声音的使用日益增多，发音器官通过使用效果的遗传原理将会强化和完善化；

而且反过来这对说话的能力又会发生作用"(达尔文,1984)。除此之外,语言的产生促使人类能够进行一长列的思想活动,如果没有言词的帮助是无法进行的,正如不使用数字或代数就无法进行长的计算一样(达尔文,1984)。这就预示着文字的出现将成为必然。

(三)"乐源性语言进化理论"存在的问题

尽管达尔文"乐源性语言进化理论"有许多可取之处,但是仍然存在一定的问题,这也是该理论150年来一直为现代语言学所忽略的主要原因(Bichakjian,2002)。受其所处时代的限制,达尔文的语言进化理论仅仅关注了词汇意义,即现代语言学所谓的"词汇语义学"。但是从现代语言学视角来讲,除描写词的意义外,语言学还必须描写一切词组和一切句子的意义,且句子的意义相对词的意义更重要,然而达尔文理论却对句子意义的解释显得如此的苍白无力。句法学用特定的语法规则按照一定的顺序把单词组合成词组,然后又按照一定的语法规则把词组组合成若干句子,最后再把若干个简单的句子通过句法规则组合成诸如定语从句、状语从句之类的复杂句,由此人类语言便创造出了表达任何思想和意义的无穷无尽的句子。语义学则以句法表达式作为其基础,用特定的语义规则把一个个单词的意义按照一定的规则组合成不同词组的意义,再把词组的意义通过一定的句法规则组合成完整句子的意义,最后把简单的句子及其意义组合通过复合句的形式表达出来,这样便能生成人类语言中的任何一个句子的语义乃至整个语篇的意义。我们无论如何也不能用达尔文"乐源性语言进化理论"来推测或者理解这些句子的语义。虽然达尔文在文中提及"动词的变化、名词与代名词的变格等原先是各自分明的一些字眼,后来才合而为一,略加变化而成;这些词表达了人与物之间最明显的关系"(达尔文,1984),但是对于那些词(syntactic glue),如虚词(副词、介词、连词、助词等)、词形变化而来的词汇(过去式、复数、动名词等)等,又怎能假想为有一只"特别的腹智心灵的猿猴,对某一种猛兽的叫声,如狮吼、虎啸、狼嗥之类,第一次做的一番模拟"而来的呢?对此,他的理论不能做任何的解释。

但是,达尔文的这一缺陷为 O. 叶斯柏森(Otto Jespersen)所弥补。叶斯柏森认为语言的"目的在于表达思想感情,特别是向别人传达思想感情"(任绍曾,2004)。那么如何"向别人传达思想感情"(李朝,

2000）呢？在论述语言形成时，他考虑的问题是语言的语音和语义是通过何种方式联系起来的，毫无意义的一串音乐意味的抑扬的声音是怎么成为思维工具的？在他看来，"毫无意义的一串乐音通过其特有的表达方式逐渐获得了模棱两可的意义，然而后来还会变成诸如单词一样的最小单位的音义结合（音节），继而越来越能通过组合与分解，最后融入了同类的其他单位音义组合（音段）"（Jespersen，1922；任绍曾，2004）。他认为，在语言群体具有大量规约化的、可以切分和重新组合的音义配对，并且因此可以扩大有限的一套信息之前，语言不可能发展。他曾着重指出"语言的演进显示了进步趋势即从一些不可分割的、完全没有规则的聚集逐渐进化发展成为一些自由的、有规律的或者是规则地加以组合的有意义的短语成分；甚至组合成可以切分而且是完全意义的音义结合的短语成分……最后可以重新组合而且可以任意扩大到有限的一套语言信息——组成新的句子"（Jespersen，1922；任绍曾，2004）。上文提及的这类音义配对的短语成分虽然有不少，但数量仍然是有限，不过它经过语言重组以后是可以进一步扩大的，至于到底能扩大到什么样的程度，叶斯柏森没有做出明确的说明和阐述。如果我们根据叶斯伯森的理论和阐述，综合考虑和结合他提及的创造新句子的能力，那么叶斯伯森提出的"扩大"理论上应该是无穷无尽的，因为人类语言造句依据和能力所处的情景是无限的（任绍曾，2004）。这样看来，叶斯柏森的这些论述中提示了语言利用有限的音义配对创造无限句子的特征，丰富和发展了达尔文的"乐源性语言进化理论"。

"乐源性语言进化理论"遇到的第二个挑战来自达尔文声称的语言进化的内驱力为性选择。我们以达尔文的鸟类乐音方式寻求配偶为例来推导人类语言，将无法解释现代女性语言天赋高于男性这一事实（Henton，1992；Kimura，1983）。"鸟类把它们的发音器官作为求偶手段"（达尔文，1999），"在交配季节，许多公鸟追求母鸟并不那么积极，而只是在母鸟面前显示其羽衣或者纵声歌唱"（达尔文，1984），"雌者最容易受那些装饰较美的、或鸣唱最动听的、或表演出色的雄者所挑逗，或者喜欢与之配对"（达尔文，1984）。"当雄鸟倾吐其全部歌唱，与其他雄鸟竞争，以吸引雌鸟时，其感情同人类所表现的大概差不多是相同的，不过远远不及人类情感那样强烈"（达尔文，1999）。达尔文最后强调"发音器官的最初使用及其完善化是同物种的繁殖有关联的……发出的声音是由有节奏地反复同一音调构成的……这种音调有时甚至使异类感到悦耳……在某些场合中唯一的目的在于召唤或魅惑异性"（达尔文，1999）。按照达尔文雄性鸟类语言优势的观点，男性的语言天赋应该高于女性。那么，为什么女性的声音比男子的更甜蜜、柔美，女性的语言天赋要高于男性呢？

达尔文的这一理论困惑可能的解释为在人类祖先语言起源之初，性选择促使男性语言得到了发展，并导源了原型语言；但是在后期的进化过程中，可能又有其他的事件（如近亲交流，kin communication）诱发了女性语言的进化，使得女性语音器官发育追至甚至超过了男性，故女性的语言天赋超过男子的语言天赋可能是后期的发展而为。近亲交流压力促使女性语言发展可以在现实生活中得到一些线索。如在现实中，几乎无一例外的各民族的母亲都担负了抚育婴幼儿的义务，母亲在引导婴幼儿语言发育时自身语言也得到了发展；母亲语言对婴幼儿的影响也相对更多，因此小孩的语言更多地与女性高度一致。而青春期发育语言则更多地受制于后天学习等压力（Fitch，2010）。在女性语言发展、进化中，近亲交流等压力是否与女性语言进化相关呢？现在有研究显示性选择促使鸟唱的鸟类，在后期其他选择压力的推动下，部分雌鸟也具备了歌唱的能力（Langmore，2000）。这一发现亦为解释人类两性兼具语言能力提供了参考依据。

达尔文的"乐源性语言进化理论"秉持了达尔文进化论的一贯主张，并认真思考了人类跟其他灵长目动物的同源关系、鸟类发音学习的模仿式发展以及鲸鱼歌声的关联，用阶梯的形式在语言的进化序列中把这些不同的进展表达出来。达尔文认为语言不是以完美的形式突然跳出来的，而是由心智发展促使声音形成，进而发展为"音乐"，最后才是音义结合而成的现代意义上的"语言"。现代"语言"是由在不同时间产生的语义、音系、词法和句法各自按照不同的顺序，以组合的方式逐渐发展出来的。因此，达尔文的语言进化是一种逐渐发生的，自然选择的过程（吴文，2012），其"乐源性语言进化理论"是他的语言起源及进化观的核心。达尔文"乐源性语言进化理论"兼收了拟声词语言起源假说、手势语原型语言理论对语言起源解说的合理成分，对语言起源做出了较为科学的推理,揭示了人类语言的起源和演变、进化的一般规律。他把人类语言的起源放在整个生物(动物)进化的大背景中,根植于整个生物起源的土壤中,使其具有了丰富的营养和强大的生命力。

但是因其所处时代语言学发展的限制,达尔文"乐源性语言进化理论"没能对现代语言学的句法语义学做出合理解释;以性选择压力下而实现语言进化的男女两性语言发展推论与现实语言研究相悖,受到部分学者质疑;且该理论与宗教宣扬的语言起源观背道而驰,故该理论自诞生以来,一直为西方语言学者所排斥。21世纪以来,在达尔文"乐源性语言进化理论"的影响下,越来越多的语言进化研究人员纷纷把动物交流方式研究作为语言起源研究的突破口。人类的语言也是生物界的一种沟通方式,研究其他动物的沟通也许能对了解语言的本质有所启发(Balter, 2010)。正因为语言起源研究转向动物交流的发展趋势,特别是对鸟类鸣唱的兴趣,2012年的语言进化国际研讨会(International Conference on the Evolution of Language, EVOLANG – 8)就是由研究鸟脑的专家(冈谷一夫)及他的同事在日本京都主持召开的。随着后期语言进化论者如菲齐、平克等人的补充、完善,"乐源性语言进化理论"这个尘封了150年的理论终将受到语言学界的重视,成为语言进化研究的科学指导理论之一。

四 米德的语言姿势起源观

语言的起源历来是国内外学者关注的焦点问题之一,赫尔德《语言的起源》一书彻底否定了语言起源的神授论(吴文,2014);达尔文提出的"乐源性"语言起源观将进化论首次引入语言起源(吴文,2013);而米德(George Herbert Mead, 1863—1931)将语言起源纳入人类行动和自然或社会环境的关系情景中加以讨论,认为语言的起源包括物理、生物、社会等多重因素。就生物层面而言,米德(1934)认为语言起源于人类行动的操纵层面,尤其是当人类与所欲操纵的客体间的距离超出伸手可及的范围;就物理层面而言,语言起源于行动和环境间的关系,特别是行动所欲操纵的客体;就社会层面而言,语言起源于姿势对话与社会互动的过程。米德认为许多社会行为不仅包含了生物有机体间的互动,而且还包含了有意识的自我间的互动(Dosmonde, 1967)。在人的"刺激—

反应"过程中，人对自己的姿势可能引起的反应有明确的意识。当一种姿势对其发出者和接收者有共同意义时，它就有可能成为"惯例化的姿势"，即有意义的符号。米德认为人类正是在社会互动中通过有意义的姿势对话逐渐衍生出语言的。

（一）对姿势概念的继承与批判

米德（1922）认为达尔文与冯特（Wilhelm Wundt）开拓了有关心灵和沟通的社会科学领域。在发展语言与沟通理论时，米德受他们提出的"姿势"这一概念的启发，形成了自己独特的语言姿势起源论。

在《人类与动物的情绪表达》一书中，达尔文（曹骥［译］，1996）将物理动作与生理变迁视为内在情绪的表达，如"咬牙切齿"是生气的外在表现。米德（1934）认为这种看法的好处在于提示人们，语言姿势有其进化发展的生理基础。但是他批评指出这是一种主观式的心理学理论，因为这种理论视情绪为"内在状态"（inner state），而把姿势当作内在观念的外在表现。米德认为达尔文的这种意识先于行动或姿势存在的预设是无法证明的。他认为意识不是社会行动的前提条件，相反，社会行动才是意识的先觉要素，因为意识是从行动中展现出来的。即使不引入一个视为独立要素的意识概念，我们还是可以探究社会的机制，因为我们可以承认姿势具有表达情绪的功能，但是我们不能同一姿势的产生本身就是为了表达情绪的功能，我们更不能同一姿势的产生本身就是为了表达情绪而引发的一种语言。语言必须从姿势类型的行为观点加以研究，这种姿势行为一开始并非以既定的语言姿势出现；相反，我们必须从这些行为中去检视沟通的功能是如何产生的。

米德对于冯特所提出的"姿势"概念给予了较高的评价，因为冯特的做法跨出了社会层面的第一步，但米德认为冯特的论述起点错误而导致其理论大厦最终必将倒塌。冯特认为姿势是社会行动的一部分，属于社会行动中较早的阶段，之后可发展为一种符号（symbol），足以引发他人产生反应。米德（1938）欣赏冯特的这种观点，但反对冯特的"心理—物理并行论"（psychophysical parallelism）。因为该假设认为某些心理条件对应着某些外在刺激，同时彼此间具有联结的关系。例如，我们假定"敌人"这个词会引发敌意的反应，当我们说出"敌人"这个词时，他会在你心中和我心中引发同样的反应。但米德认为这种心心相印的说法是靠不住的。因为当张三说"敌人"这个词时，李四可能立即举枪开火，而王五可能抱头逃跑。在这种情况下，就有了两种不同的反应对应着相同的声音。因此，米德（1934）认为这种观点无法解释"接收姿势者如何体验到发出姿势者的观念或意义"。米德认为这种困难源自冯特为了解释社会过程中的沟通而预设自我为社会过程的前提条件。然而，自我必须利用社会过程与沟通来解释，同时在沟通或不同心灵接触成为可能之前，个人必须先进入社会过程的必要关系中。

（二）对姿势的"社会性"诠释

米德（1934）强调姿势所具有的社会性。他认为一个姿势就是由某一个有机体所表现的一个行动，这个行动要能成为姿势，就必须被另一个有机体感知到，同时在这感知到的有机体上引起反应。因此，"姿势"这个名词可以等同于社会行动的开始，它是其他有机体的刺激。换句话说，姿势是一种符号或刺激，但它是一种特殊的符号，因为它同时也是由有机体所发出的一种行动或行动的一部分。姿势是社会的，因为它对其他生命形式而言是一种符号。姿势指涉着内在经验或指向任何可认知的声音或动作。姿势与姿势对话经常发生在各种动物或人类的社会行动里，社会行动必然包含有姿势。同时一个非语言的姿势也常常是社会行动的一部分。

姿势具有社会性的主张蕴含着两个重要的意义（Miller，1973）。第一意义是指姿势是某个动作所发出行动的社会影像，他是其他个体做出反应的理由或原因。这就是说，姿势是社会行动中一种可识别的要素，可被其他有机体感知，他不能仅仅是某一个体的单独经验。因此，透过姿势，个体可以相互影响彼此的行为。但是第一个意义要成立，姿势拥有社会特性的第二意义必先具备：对于姿势的理解，预设了一个为众人所共有的知觉世界，只有在此背景下每一个人才能发展和传达其意义。所谓为众人所共在的"知觉世界"，就是指姿势共同具有的"主像—背景"（figure-background）结构。在这个世界里，人类可以不假思索地了解某一姿势，例如，我们感知某人的面部表情时，便可以立刻知道他是发怒还是喜悦。然而，这种现象的理解是如何成为可能的呢？这是由于做该动作的人与留意该动作的人都属于同一社会环境或具有相同文化背景。因此，在这一姿势的表现当中，某种行为已经被社会组织公认为既有的社会类型。

因为每一个姿势都是被感知的，所以姿势就成了社会沟通的一种方式了。姿势是社会行动的一部分，在每一个沟通的例子里，姿势都会引起反应，而这些反应就是这个姿势所具有的意义。当然，这些反应可能由接受姿势者所发出，也可能由发出姿势者自己所产生。因此，米德（1934）说："由于人类社会活动特殊性质，他们所属的人类社会环境也拥有独特的性质，行动者可在沟通的过程中发现，尤其在意义所存在的三角关系中最为明显：某一个机体所做的姿势，另一个机体针对此姿势所做的反应，以及发出姿势有机体本身的下一持续行动所做的反应。如果我们将此一社会行动中的姿势加以抽出隔离——它已经不再只是某一单独行动的早期层面——而是其他有机体的反应，这种反应就是它的意义或者说是赋予它的意义。因此，某一有机体的行动预设着行为的社会情景与过程。"由此可知，一个姿势就是一种符号或刺激，它的意义就是它所引起的反应。虽然这个反应是由姿势的举动引起的，但是它却不是针对这个刺激或符号的，它可以说是这个姿势的诠释。然而，诠释不是主观的，它可以是一种反应的趋势或是一种真正外显的反应。

（三）对姿势"意义的符号"的升华

米德还认为姿势与沟通不能仅停留在 B 有机体对 A 有机体所发出的行动做出适当的反应，因为 B 有机体所发出的反应不一定是 A 有机体的意向（intention）。这种姿势对话的情景并没有使人或动物指涉自己（米德，1922）。虽然他是一种指涉他人行为的举动，但是他不是借一种可以引发本身反应的方式来行动的，在这种情况下，虽然各有机体所做的姿势都有其意义，但他却不是共享的，因为这种姿势不能够引发相同特征的反应，即这个层次的姿势对话不含"意义的意识"（consciousness of meaning），他依然属于先于概念的（pre-conceptual），并不发生于反省性的层次。因此米德（1938）进一步将姿势发展为惯例性的姿势，即具有"意义的符号"。

米德（1938）认为当行动的表现具有企图招致其他某种反应的目的或期望时，姿势（行动与反应）就包含了意义的意识，即发出姿势者具有行动的意向，我们可以称这种姿势为"有意义的符号"（significant symbol）。当然这种有意义的符号是在之前论述的非意义的符号基础上发展而来的。例如，如果一个小孩哭泣使其母亲跑向他，这是属于非意义符号的姿势对话。然而，小孩逐渐发现他的哭声会引起母亲的反应，因此在需要引起母亲反应时发出的哭叫姿势便成了具有意义的符号的雏形。因为小孩已经意识到他的姿势所具有的意义，他的哭叫已经具有反应的预期，其意向是为了引起母亲的反应。在这种情况下，小孩对意义的意识有更进一步的发展是可能的，当然这需要小孩能以类似母亲反应的特征对自己的哭叫加以反应，最终就有可能发展为惯例性的姿势。如此，惯例性的姿势只要在某特定社会范围内不断延伸就发展成为了有意义的符号。

有意义的符号使得反应的预期以及对这些反应所做的适应成为可能，因为他能够对参与者指出行动共同的未来意向（米德，1964）。换言之，在外显姿势不存在的情况下，个人能够对自己指出那个姿势的特性和此姿势将在社会行动中引起其他参与者的反应。此刻，个人不仅意识到姿势，同时也意识到此姿势引起的反应。因此，个人将意识到这个行动是属于社会的，同时也意识到自己所发出的姿势对他人所具有的意义，这就是米德提及的"意义的意识"。

就米德而言，个人能够同时意识到自己的姿势与此类姿势将引起的反应，正是语言起源的根本所在。因为，米德认为人类语言的根本在于透过语言，个人可以类似他人反应的方式来反应自己的态度，即通过语言的沟通，互动中的参与者能够很容易地形成一种共识（consensus）。所以，米德（1922）强调语言是所有人类用以沟通的姿势中最为特殊的一类，他不是一种盛装思想的空容器或表达心理图像的外在工具，而是一种言行（word-deed），也就是所谓的"口语的姿势"（vocal gesture）或是"言说"（speech）。

（四）对米德语言姿势起源观的评述

米德认为语言起源于人类行动和自然或社会的关系情景里，因此语言的起源包括物理、生物与社会等多个层面。就社会层面而言，米德强调语言起源于姿势对话与社会互动的过程。但是，米德并不企图寻求语言起源的历史根源或其产生的可能条件，而是在人类日常生活中找寻其经验来源。米德语言姿势起源观在某种程度上解决了姿势如何发展为原始语言的社会根源问题。

米德语言姿势起源观对语言的起源理解大致经历了两个步骤，其一为姿势对话双方个体逐渐达成的姿势共识。个体 A 展示出示意姿势动作 X，意图是引起个体 B 对情况 Z 的注意；个体 B 注意到了 Z 有关的行为 Y 并做出反应，可能表现出另外一个恰当的示意动作，表示 B 也同样注意到了 Z。接着，B 预期 A 因为注意到 Z，表现出 X′版本的 X（可能是简化版的，也可能是修改版的）。接下来 A 做出了 X′，而没有做出为了让 B 注意到 Z 的全套 X。此外，B 也采纳了这个习惯性姿势，并且不使用专门的姿势动作，而是使用了 X′，以吸引 A 对情况 Z 的注意。这个过程也许会重复，直到原本的姿势动作 X 的使用，完全被相对简单的惯例化手势 X^* 取代，此后 A 和 B 就用这个 X^* 作为沟通 Z 情况的原始语言了。其二，随着 A 和 B 建立一个惯例化的手势，他们可以透过一起比画出该手势以及适当的示意动作，将这个手势传达给特定社会团体内的其他人。如果其他人也觉得这个惯例化姿势值得并开始模仿，那么惯例化的手势 X^* 能用于沟通 Z 的理解就会成为社群沟通语言逐渐成立起来。在米德看来，语言就是在这样的手势社会化的过程中逐渐发展衍生出来的。

但是，在通往语言的路途中，姿势可能很难让人辨识不同运动（例如，某个动作代表"飞机"还是"飞行"，或者"飞机"与"飞鸟"等），因为使用自然的姿势作为示意动作，很难充分传达各种意义。米德仅仅用"有意义的符号"，即惯例化的姿势是无法解决这一难题的。另外，米德意识到了"言说"与"姿势"存在本质区别，言说可以用"听"来感受，而其他姿势则必须用"看"来知觉。米德（1922）认为有声语言的"言说"与"姿势"差别的重要意义在于只有言说才具有"自身指涉"（self-reference）或者"自我反省"（self-reflexivity）的特性，这是其他姿势所缺乏的。例如，我们不能以手势反省手势本身，同时也不能看到自己脸部的表情（除非借助其他工具，如镜子等），但是我们可以通过言说来论述言说本身，并且说话者可以听到自己的声音。根据这一特点，他可以与别人的反应做对应比较，以自身反省的方式对自己的行动做出反应或修正，如此就可以容易地获取一种共识。由此可知言说的重要性在于，他能有效地帮助我们发展扮演他人角色来对待自己的能力。所以言说能使个人意识到自己，也就是个人成为自己的客体或自我展现的媒介。因此，米德（1922）说："语言可在对别人说话时对自己说，对自己说话时对别人说。"这种透过言说使自己与他人沟通的展现能力，既是心灵与思维的作用，也是一种反思与内省的模式。在这种情况下，自我从人类沟通的过程中得以展现，这是一种社会自我，语言缘于社会自我的发展。但是米德在其论述中并没有论及人类是如何跨越手势动作，质变到现在我们大家习以为常的有声语言的这一关键问题。

第二节 语言进化研究的历史与展望

语言进化走过了漫长的两百万年的历程，然而人类探索语言进化发展的规律不过150年，领悟语言进化理论始于对语言能力发展的惊奇。国外语言进化研究逐渐达成共识，并取得了实质性的研究成果；然而，汉语语言学虽是一门源远流长的学问，可是这两千多年的文献，绝大部分是论述汉语的文字、音韵及语法，很少着眼于境内其他语言，而探索人类语言的起源与进化，除了荀子的几句名言之外，几乎没有任何系统性的研究（王士元，2006）。为激起国内学者重视语言进化研究的兴趣，本书拟沿着语言进化研究的发展路径从语言进化课题的提出、语言进化研究起步、发展及取得实质性突破对国外语言进化研究做简要的概述。

一 语言进化研究的课题发展

（一）语言进化研究课题的提出：达尔文进化理论与语言学研究的思想碰撞

语言进化课题的提出离不开德国语言学家奥古斯特·斯莱歇尔。1859年，达尔文的《物种起源》问世后，海克尔（Ernst、Haeckel）就想到用生物进化的模式来研究语言的发展。奥古斯特·斯莱歇尔在他耶拿大学同事海克尔的影响下开始了语言进化的相关研究。奥古斯特·斯莱歇尔对植物学一直有浓厚的兴趣，特别是达尔文学说产生以后，更促使他十分认真地把语言与植物、动物相比。他说："语言是天然的有机体，它们是不受人们意志决定而形成，并按照一定规律成长、发展而又衰老和死亡。"（袁杰，1986；王士元，2010）他认为语言学家是自然主义者，他与语言的关系如同植物学家与植物的关系一样，语言学的方法也与其他自然科学方法息息相关。奥古斯特·斯莱歇尔认为自然研究者所说的属，语言学家称之为语系，或叫语族；若干亲缘关系较密切的属，对应语言学家称为一个语族或语系的亲属语言。生物学上一个属的若干种，在语言学上称为一个语系的语言；一种语言的方言或土语，便是一个种的若干亚种，而更小的方言土语则相当于变体或变异。最后是个体，对应于每个人的具体言语方式。毫无疑问，即使同属一个种的个体也不会完全相同，语言的情况更是如此。即使是说同一种语言，或是同一种方言的人，甚至生活在同一个社区的人，他们自己的言语方式都必将带有不同的个人色彩（姚小平，2007）。

奥古斯特·斯莱歇尔在其论著中对印欧语系进行阐述时，把整个印欧语系的所有语言画成一棵树的形状。他所描述的语言学树干就是他语言学体系中构拟的印欧"母语"（原始印欧语），语言树的各个树枝就是现代语言学中的各种具体的印欧语言，各个树枝分叉出来的细枝就代表了各种印欧语的现代方言或地方土语。在阅读了达尔文生物进化论思想论著以后，奥古斯特·斯莱歇尔把达尔文生物学中用来描绘生物进化类别的树形图开创性地引入现代语言学研究领域，也对应绘画了相应的语言谱系树。奥古斯特·斯莱歇尔谱系树理论明确了关于亲属语言谱系分类（即发生学分类）的问题。他认为生物学中可以用树形图方法表示生物进化分类，语言谱系树形图也可以用来形象而清楚地表达在语言进化过程中语言之间的相互关系。他对谱系分类的研究确实对语言进化研究起到了一定的推动作用。此外，他也是第一个说明树图上的分支也许可以用来代表语言消逝时间的理论家，即通过树图来揭示语言的发生、发展与进化历程。奥古斯特·斯莱歇尔把进化理论运用于语言学研究，从而提出了语言进化研究课题。从此研究人员才真正地开始了语言进化研究。

（二）语言进化课题研究起步：对语言生物机制的思考

乔姆斯基（1966）在语言哲学的讨论中开辟了一个新的领域。在他的语言理论中，乔姆斯基至少在用语上追随了笛卡儿的"天赋观念"。他认为，语言能力——任何正常说话者都具有的那种语言知识——建立在天赋结构，即以遗传为条件的语言能力和人类所有语言都隶属于它的那种普遍语法的基础上。由此可以看出，所谓的语言结构的普遍特征，事实上并不能完全反映个人的经验过程，而更多的是反映了人类是如何获得知识这一语言能力的普遍性格的。因此，假如我们继续按照传统的理解方式就不难理解语言应该是天赋的观念和原理。20世纪60年代，认为认识能力——它的结构是在对现实世界做认知把握的进化过程中形成了的——依赖于生物学，尤其是遗传学的观点，还较少得到讨论，但是在语言学和语言哲学当中，围绕语言研究者乔姆斯基提出的一个相反的论点，却发生了一场热烈的讨论。按照这个论点，人遗传地配备了一种特殊的语言能力，它规定了人类全部语言的基本结构。他们的理论最开始都是对乔姆斯基语言学研究不足进行批判和反思，但其根本上还是从理论上传承了乔姆斯基语言学思想的精髓和本质：都把寻找语言的心理表征或者叫作语言知识作为己任，同时认同了乔姆斯基语言的心智属性。他们之间最大的不同之处在于，它们在对语言知识的本质的认识、语言知识的结构分解以及对语言表征方式的认同方面存在理论方面的分歧。但是他们依然认为语言生物机制研究的理论前提是对语言知识心理真实性的认同或认可。人的语言机制（FL）成为乔姆斯基普遍语法的研究对象之一。什么是语言机制呢？我们认为语言机制应该是指人脑如何实现语言的能力、如何控制语言习得以及如何进行语言运用的能力。当然，也有学者直接把语言机制称为"语言器官"或者"语言机能"。现代生物学、脑神经学等学科的学者都在对这个器官的生物发育、进化，大脑神经定位以及语言物质实现等问题进行探索。乔姆斯基把语言学研究归属于生物学属性的这一提议最终会促使现代语言学研究逐步融入主流的自然科学之中，促进语言科学的发展。进入21世纪，豪斯（Marc D. Hauser）、乔姆斯基和菲琦（W. Tecumseh Fitch，2000）撰文把语言机制区分为广义的语言机制（FLB）和狭义的语言机制（FLN）并提出唯递归性假设受到S.平克和R.杰肯多夫（2005）提出的语言适应性假设的挑战，从而再次引起了国际语言学界的轩然大波。总之，生物语言学（biolinguistics）研究的核心议题就是语言的生物机制或语言机制。它最核心的研究问题就是探讨语言知识的组成、习得以及使用等相关问题的具体模块如何在大脑中进行进化的过程（吴文、郑红苹，2012）。

1950年M.克拉仁斯和J. H.穆思肯出版的《生物语言学手册》（*Handbook of Biolinguistics*）是目前为止可以追溯的语言生物机制的研究的起点。该书首次将生物学的研究成果与语言学结合界定为生物语言学。

此后，H. 列雷伯格（1967）和乔姆斯基（1975）分别在《语言的生物学基础》和《语言与心智》中阐释了人脑作为人类语言器官的发育、发展、进化和语言知识的组成、习得及使用问题，为生物语言学的诞生和发展奠定了理论基础。S. 平克（洪兰，2004）则在其论著《语言本能》中对语言生物机制问题进行了通俗易懂的评述，并指出人的本能就有语言能力，因此儿童语言习得源自婴儿喋喋不休地表达自身思想。S. 平克从基因进化的观点来看语言的关键期，他把学习语言的机制想象成一个预算很拮据的剧团，所有的道具、布景、戏服要不断地回收。大脑消耗我们身体 1/5 的氧，绝大部分的卡路里，在语言学习完成后，这个机制就被回收，改作他用。既然语言学习是本能，他就和生物界其他的机制一样，我们学第二语言的口音是我们婴儿期语言能力卓越的代价。进入 21 世纪后，科学家基本完成了人类基因组计划及其解码，使得人类可以更好地从基因层面来解释动物行为学的发展。语言生物机制的研究随着科学的步伐迈进结构基因组学和语言进化比较研究法（comparative studies on EVOLANG）的时代。莱（Lai, 2001）证实了正常脑回路中语言和言语能力的发展就是因为受到 FOXP2 基因的突变的影响，因此，科学家们把该基因命名为语言基因。FOXP2 基因的发现使得语言学研究正式步入了生物语言学的时代，以生物科学证据证实了人类语言能力与语言基因有着紧密的关联。此后，随着语言进化比较研究法的建立与推广，进化生物学家、生物语言学家和进化发育心理学家开始探讨广义语言能力（FLB）和狭义语言能力（FLN）上的异同，尤其关注动物语言能力与人类语言能力的差别。此时，神经解剖学家和动物学家也希望通过功能性磁共振成像对鸟等鸣禽的脑图像进行神经扫描，以希望对比研究语言进化与结构基因组学的关系，以此来开拓生物语言学的广阔前景。在 FOXP2 基因被科学家发现以后，人类又先后证实了叉头型转录因子调节蛋白（forkhead proteins）中的其他成员，其中包括 FOXP1 基因和 FOXP4 基因，这些基因可能也是语言基因组的重要成员，并且可能是人类独有的语言基因（董粤章、张韧，2009）。

生物语言学视野下的语言进化研究实质就是语言机制研究；而语言机制就向身体其他器官如鼻子、眼睛、耳朵一样，由基因遗传决定，但是语言机制可以在适宜的语言环境（尤其是母语环境）中产生、发展、发育和成熟。因此，语言生物机制的研究为语言进化研究提供了生理学意义的理论支撑，对语言生物机制的讨论进一步推动了语言进化研究的步伐，同时也进一步验证了达尔文进化理论在语言学领域的普遍适用性（吴文，2012），也更加坚定了语言进化研究人员的研究方向。

（三）语言进化课题研究发展：语言进化国际研讨会召开

1996年，语言进化国际研讨会（International Conference on the Evolution of Language，EVOLANG）第一次召开，以后每两年举办一次，参加语言进化国际研讨会的包括生物语言学家、生物学家、考古学家、基因学家、计算机语言学者以及人类学研究人员。它从人类语言进化相关学科的研究成果出发，以探究人类语言起源及其如何进化而来为宗旨。

第一届语言进化国际研讨会1996年4月在英国爱丁堡大学召开。此次研讨会主要由奈特（Chris Knight）和何福特（Jim Hurford）发起并组织。1998年，第一届研讨会会议论文（*Approaches to the Evolution of Language: Social and Cognitive Bases*）由剑桥大学出版社出版发行。

1998年，英国伦敦西区大学的奈特教授再次召集了第二届语言进化国际研讨会。2000年，研讨会的研究成果（*The Evolutionary Emergence of Language: Social Function and the Origins of Linguistic Form*）由剑桥大学出版社赞助发行。

2000年，第三届语言进化国际研讨会走出英国来到了法国巴黎，由法国国立巴黎高等电信学院承办。此次研讨会上，美国埃默里大学的沃尔（Frans B. M. de Waal）等八位国际语言进化研究专家分别做了主题发言。2002年，A.魏雷（Alison Wray）博士将会议论文整理以《语言的变迁》为书名在牛津大学出版社正式发行。

2002年，第四届语言进化国际研讨会在美国哈佛大学召开。这次研讨会闭幕式前，麻省理工学院著名语言学家乔姆斯基，哈佛大学资深教授、生态语言学的奠基人之一豪斯以及哈斯金实验室（Haskins Laboratories）主任肯尼迪教授进行了一场高端辩论会。辩论持续近2个小时，他们针对语言的起源、语言进化机制以及语言进化如何发生等问题进行了深入的讨论。

2004年，第五届语言进化国际研讨会来到了德国莱比锡，由马克思·普朗克进化人类学协会承办。研讨会邀请了苏珊·布拉科莫（Susan Blackmore）等八位专家做了主题发言。此次研讨会并没有专著出版，但是其中部分会议论文先后也见诸学术期刊。

2006年4月12日至15日，罗马大学承办了第六届语言进化国际研讨会。此次会议共接收论文84篇，所有论文经坎格罗斯（Angelo Cangelosi）等人编辑，由世界科学出版社于2006年3月出版（《第六届语言演化国际研讨会论文集》）。

由生物语言学协会主办，并由语言学家何福特和考古学家奈特等人联合召集的第七届语言进化国际研讨会于2008年在西班牙巴塞罗那举行。来自世界各地的160余名专家学者提交100多篇论文。会议文集《第七届语言演化国际研讨会论文集》由世界科学出版社出版。

2010年，荷兰乌特列支大学迎来了第八届语言进化国际研讨会。本届研讨会的会议论文集《第八届语言演化国际研讨会论文集》于2010年被德·波尔（Bart de Boer）等人整理编辑在世界科学出版社出版发行。2012年，新一届语言进化国际研讨会由研究鸟脑的专家谷一夫及他的同事在日本京都召集。

（四）语言进化研究的突破性发现：单词使用越多，词汇进化越慢

经过150年的努力，语言进化发展这一理念基本得到大家的认可，但人们对于语言到底起源于何时、何地以及是如何进化的等问题仍未达成共识；甚至对语言的词汇、语法、语音、句法的进化规律是什么等问题也没有一个统一的认识。因此有研究人员说语言进化研究更多地是提出一些假说，而没有实际的研究发现和成果。2007年，马克·帕吉尔（Mark Pagel, 2007）等人在《自然》（Nature）杂志发表的最新研究成果几乎说服了所有语言学研究人员，就词汇进化规律的认识基本达成了一致共识。在语言进化研究中他们发现一个现象：希腊人说"ovpa"，德国人用"schwanz"，而使用法语的人则选"queue"来指称英语的"tail"；但是所有这些语言都用与"two"相同词源的单词来指代序数词"二"。在100多种印欧系语言或方言中，有的多义词，如"tail" "Dirty" "squeeze" "bad" "because" "guts" "push（verb）" "smell（verb）" "stab" "stick（noun）" "turn（verb）" "wipe" 等词进化速度很快，不同的语言中有几个甚至几十个毫无词源关系的词汇来表达；有的词汇进化很慢，如数词"two" "three" "five"；代词"I" "we"等，甚至几乎所有语言都用一个同源词；这些词汇能用上很长时间，甚至在多种不同的

语言里有相同意义的词汇都会这样。为进行深入研究，英国雷丁大学的帕吉尔及同事们从印欧语系的 87 种语言中选出了 200 个最具普遍性的基本词义，以计算到底语言的进化速度有多快。通过对印欧语系中四大语言——英语、西班牙语、俄语和希腊语——中每日用语的记录，他们发现使用频率越多的词汇，其进化速度越慢。在这 200 种词义历经数千年的演变过程中，用得越多、越频繁的词，如数字等，变得越少。

与马克·帕吉尔（2007）等人在《自然》杂志同期发表的另一篇语言进化研究成果是马丁·诺瓦克（Lieberman, Michel and Nowak, 2007）教授领衔的哈佛大学进化动力学研究的项目，参与者还有利伯曼（Erez Lieberman）及其同事，他们的研究重心是动词，试图预判过去式将来变成什么样子。他们发现，动词的进化发展与其在英语中使用频率成反比。语言家们从英美古代文学经典如《贝奥武夫》《坎特伯雷故事集》和《哈利波特》中通过语料库研究提炼出 177 个不规则动词，通过电脑模拟演示研究它们在过去 1200 年间的变异、发展及归位，结果印证了上述词汇进化规律。就像遗传基因和生物体会经历自然选择一样，某些词汇——尤其是过去时形式不加 "ed" 的不规则动词——在语言发展中也承受着巨大的压力，随时有变成"规则"动词的一天。在古英语中，动词的过去时变化有七种形式，目前仅存一种。研究者发现，正是这一硕果仅存的变化形式，即在动词的过去时和过去分词形态只是简单地添加"–ed"后缀，使不规则动词的进化过程变得更慢了。根据一项数学分析公式表明，使用频率低 100 倍的动词，其演变速度要快 10 倍。对于这些 1200 年前都还是不规则动词的 177 个单词，到中世纪英语时已只有 145 个仍属不规则动词，时至今日更是只有 98 个仍被列入不规则动词了。数百年来，动词的演变一直朝规则化发展，许多动词如"help""laugh""reach""walk"和"work"都已变成了规则动词。研究者认为，下一个将被规则化的动词可能是"wed"。他们幽默地宣称，现在我们还能将新婚者称为"newly wed"，将来那些新婚夫妇接受的祝福可能就会被称为"wedded bliss"了。

语言学家们的最新研究成果证实，古老的词汇是否发生变化主要依赖于它们的使用的频率。表示数字的单词是发生改变最为缓慢的词，例如，"One"；发生改变速率其次的就是代词，因为数词和代词在语言中使用的频率都非常高，意义也非常重要。这些词的进化的速率非常慢，在1200多年中甚至没有变化；就像生物体内的重要基因那样，因为这些基因使用的频率较高，如果发生突变可能导致生物一些基本功能损失，因此它反而不会发生进化。帕吉尔研究发现：相对而言，任何语言中名词的发展进化比动词更慢，而动词变化又比形容词慢。帕吉尔和诺瓦克的研究均证实，词语使用的频率越低，它们进化的速度就越快。利伯曼（Lieberman，Michell and Nowak，2007）认为，"通过对语言学的进化现象进行数学统计分析发现，不规则动词几乎都是沿固定轨迹发展——完全可以据此预测某词的未来发展趋势。我们得出的结论在某些人眼中是不可能完成的任务，但确实做得很棒"。词汇进化规律的发现可以说是语言进化研究取得的最具说服力和最具验证性的成果之一。犹如1609年伽利略发明了天文望远镜，并以此发现了一些可以支持日心说的新的天文现象后，日心说才开始引起人们的关注一样，词汇进化的实证研究也为语言进化提供了实实在在的事实依据。研究人员很快就会实证性地找出语音进化、语法进化的规律，进一步推动语言进化研究向前发展。

二 语言进化研究的历史回顾

长期以来，思想家们一直在思索语言起源的问题：人类语言到底来自哪里（神赋予的还是人自造的）？最初的语言是什么（希伯来语，荷兰语还是梵语）？语言产生于何时（1万年，10万年还是100万年）？语言的变化是进步的标志还是衰落的象征？数百年来，无数学者都在苦苦寻找这些问题的答案，其中不乏在哲学、神学和科学领域中一些最有才智的先辈们。然而，尽管他们做了很大努力，却没有取得什么实质性的进展。人类语言，尤其是言语不会留下任何诸如化石等证据，因此一直是考古学和语言学研究的难点。关于语言起源的研究更多的是提出一些假说或者"杜撰"一些故事，而少有实证证据为其佐证，故曾一度被巴黎语言学会在其会章中明文规定为"禁区"（桂诗春，2012）。然而，历史的车轮始终会向前进，在美国人类学协会和纽约科学院1972年和1975年召开的"语言与言语的起源和进化"等讨论会，特别是S. 平克和布鲁姆（1990）的论文在《行为与脑科学》上发表以后，语言的起源和进化最终成为应用语言学界关注的焦点。据统计，1981—1989年每年发表的关于

"语言"和"进化"的论文平均为9篇；1990—1999年为86篇，2000—2002年为134篇（桂诗春，2012）。随着国外语言进化跨学科合作研究的开展，国外学者对语言进化逐渐达成共识，并取得了实质性的研究成果。然而，汉语语言学虽是一门源远流长的学问，可是这两千多年的文献，绝大部分是论述汉语的文字、音韵及语法，很少着眼于境内其他语言；而探索汉语语言的起源与进化，除了荀子的几句名言和其他零星论述之外，几乎没有任何系统性的研究（王士元，2006）。为了便于国内学者进一步了解国外语言进化研究，本书对国外语言进化研究的历史进行了梳理，以便国内学者对此有较为全面的认识，进而激起国内学者对语言进化研究的关注。

（一）古人对语言进化的研究

人类最早记录语言进化的相关史料来自古埃及外科医生对失语症病人的诊断。据史料考证，公元前1700年左右（但记录的相关诊断可能发生在公元前3000年左右），古埃及医生记录了48个病例，在第22个病人的诊断书中写道："他从寺庙屋顶摔下来，鲜血从鼻孔和耳朵内渗出；病愈之后，他便不能言语……"这是人类有史料考证的最早与语言进化有关的记录。

另外，希腊史学家希罗多德（Herodotus，约公元前485—约公元前425）记录了古埃及国王进行的语言进化实验。为了知道哪种语言是最早的人类语言，埃及国王让两个小孩在语言孤立的环境下成长，以便观察小孩最初使用的语言。据希罗多德记载，埃及国王普善美提科（Psammetichus，公元前664—公元前610在位）下令把两个刚生下来的婴儿与其父母分开，交给一个偏远的牧羊人，让他把孩子放到羊群，与牛羊一起成长，而且命令牧羊人不能和孩子说一句话，让孩子在最原始的环境中长大。然而，孩子们长到两岁的时候，自己居然学会了说"becos"。普善美提科于是让当时的语言学家开始调查这个"becos"到底是什么意思，并查找出属于何种语言。最后语言学家们认定弗里吉亚人的"面包"就是这个词。通过这个实验或者说传说，他便认为弗里吉亚人比埃及人要古老，是人类语言的起源（姚小平译，1998）。无确切史料证实这是世界上第一个语言学实验，还是古人假想、杜撰出来的关于语言起源的传说而已。但这件事（即使它只是一个传说）本身却告诉世人或者暗含着一些重要的意义。普善美提科的这个"实验"不管是他本人真的进行过，还是后人的杜撰，都基于这样一个假设：在最原始的语言诞生之前，人和动物一样，都处于纯粹的自然状态。因此普善美提科才要求孩子们在羊群中长大，而不是在牧人家中长大；而且孩子们不能接触语言，当然也就不能接触人类的文化。这些都是在制造一个尽可能原始、自然的环境。这个假设有一个推论：只有纯自然状态下人类自发形成的语言，才是人类最早的语言；说这种语言的民族才是最古老的民族。这个"实验"表明当时已经有人开始认为最初的人类和动物一样，并不会说话；说话是人类后来逐渐地、自发地形成的习惯。

（二）17—18世纪对语言进化的研究

一些民族的创世神话中有某人发明了文字的传说，但所有民族的传说中都没有某人第一个开口说话的记载。因为对于古人来说，人会说话似乎是再自然不过的事，似乎没有发明文字那么重要。另外，几乎所有民族的传说中都提到人是按照神的样子造出来的，而神当然是会说话的。这也说明古人确信人类自存在以来就会说话。换句话说，原始人记得自己有语言无文字的时代，却不记得连语言都没有的时代。看来语言的产生也可以被视作人类诞生的标志之一。当然，古人不知道进化论，他们认为人类自被上帝创造以来就是会说话的。然而，17、18世纪，语言神授说虽然依旧主导着大多数语言学者的思维，但是一些学者开始对语言的起源与发展的神授说进行质疑。孔狄亚克（Condillac, 1714—1780）在《人类知识起源论》（1746）中探讨了语言起源问题，卢梭在1775年的《论人类不平等的起源》中也论及了语言起源。另外，卢梭还专门撰写了《论语言的起源》一书，在他逝世4年后问世。他们的语言进化观对《圣经》的正统说法提出了质疑。

18世纪中叶以来，语言起源问题成为欧洲学界关注的焦点之一。1769年，柏林普鲁士皇家科学院决定设立专奖，以征求有关语言起源的最佳解答。赫尔德的《论语言的起源》脱颖而出并由科学院指定出版。赫尔德的论著驳斥了苏斯米希（Sussmilch, 1708—1767）《试证最早的语言并非源于人，而只能是上帝的发明》（1766），彻底反驳了语言神授说。赫尔德在《论语言的起源》中以这样一句话开头："当人还是动物的时候，就已经有了语言。"这句话已成为语言思想史上的一句名言。他这一个断言，暗含着下列三个论点：人与动物有某种共同的东西；动物也可以有语言；人类语言从动物语言进化而来（姚小平译，1998）。赫尔德的语言起源观已经蕴含了生物语言学的基本观点，也彻底否定了人类语言的神授论。这个时期的语言进化研究已经摆脱了"模仿神造人"传说的影子，已经隐含着日后进化论的萌芽。

（三）19世纪对语言进化的研究

1. 语言进化的大脑区域化研究

19世纪以前，语言进化研究的主旋律还仅限于驳斥语言神授说，19世纪以后的语言进化研究开始为其寻找科学理据。19世纪，取得语言进化突破性研究成果的是巴黎人类学家、医学家布洛卡。布洛卡（1861）有个病人说话有问题，总是结结巴巴的，且没有语调，只能一个字一个字说出来。别人和他说话，他完全听得懂，但是他的表达能力很差。这个病人过世以后，布洛卡解剖了他的大脑，发现他的左大脑前部分有很大的地方损伤了。布洛卡预测这种语言病症跟脑部的那一个区域损伤有关系，并于1861年发现大脑中控制运动语言中枢的是现代人们熟知的布洛卡区，如果该区因外力作用损伤的话将会导致言语能力的减弱，甚至可能会患丧失性失语症。

几年之后，德国医生韦尼克有个病人说起话来非常流利，但是你如果仔细听，会发现他的话没有任何意义，且他会说出很多新的语词来，如"都那""买密"等。这些听起来是词语，但实际是非词。1874年，韦尼克（1874）鉴于自己的一个病例，对语言区又做了进一步研究，发现并提出语言理解中枢的另一个控制区域，即韦尼克区，并通过大量图片证实了语言包含分离的运动程序和感知程序，不同的大脑区分别控制着这些不同的程序和指令。

19世纪研究语言和大脑的还有法国的德吉仁（Jules Déjerine），他是第一位用科学方法把失读症（alexia）描述出来的医生。他所研究的病人，视觉完全正常，可是却丧失了阅读的能力，连一个个的字母都无法念出来。虽然这个病人没有失写症（agraphia），但他自己写出来的字句却无法自己读出来，而要别人念给他听，所以德吉仁就把这个人的病症叫作［无失写症的失读症］，意思是 alexia sine agraphia。这些人的损伤位于大脑后部，那个区域现在有人称作视觉词形区（Visual Word Form Area）。

2. 语言进化研究的进化论研究

布洛卡、韦尼克、德吉仁三位先驱都把不同语言的功能，归在大脑的不同部位，他们的方法都偏向于定位，也就是把病因固定归于大脑的局部。而真正开始思考语言进化、发展问题的还是达尔文（1999）的奠基之作《物种起源》。英国语言学家（也有人认为是德国语言学家）缪勒在《语言科学讲话》中从语言进化角度反击达尔文进化论，从而激发了对语言进化研究的讨论。缪勒（1861）说："语言是人与动物区别的标尺，没有哪种动物能突破语言界限……语言科学使我们认识到达尔文极端主义的谬误……语言是人与动物根本的区别。"缪勒认为语言的使用意味着要有形成一般概念的能力；没有任何其他动物被假定具有这种能力，因此，这就形成了人类和动物之间的一个不可逾越的障碍。由此，达尔文进化论一直信奉"自然史上的格言'自然界没有飞跃'"（吴文，2012）的金科玉律受到了史上最严峻的挑战。

面对缪勒的质疑，达尔文（1984）经过 10 年的研究，终于在《人类的由来及性选择》中对语言进化等问题做出了一个明确的交代。在 1971 年《人类的由来及性选择》一书中，达尔文特别开辟了"语言"专栏来论述语言进化问题，并提出了"乐源性语言进化理论"（吴文，2012）。该理论是达尔文基于多种生物数据比较，运用进化理论分析，从生物学角度提出来的实证性语言起源理论。在论述语言进化时，达尔文已经认识到语言的多成分性。在达尔文看来，语言这个复杂的产品需要多器官配合才能生成，只关注语言某一方面是不足以弄清语言的起源的。在多个成分中，达尔文尤其关注了发音器官的进化。人类的发音器官虽不能在其近亲哺乳动物中发现，却与鸟类等鸣禽具有高度一致性。另外，达尔文对语言进化的论述还建立在大量实证数据的基础上，他不仅拓展了非人类灵长目动物语言行为的数据库，更是把实证数据延伸至脊椎动物。最后，达尔文依然拒绝接受人类进化独特性之说，而再次申明人类进化理论与动物如昆虫、鸟及其他动物的进化是一致的。在该书中，达尔文试图通过性选择和用进废退功能来诠释和构建生物普遍进化理论。在达尔文看来，人类语言与动物语言并无实质的区别，顶多就是进化的程度不同而已。

在达尔文进化思想影响下，奥古斯特·斯莱歇尔开始把语言与植物、动物相比。他说："语言是天然的有机体，它们是不受人们意志决定而形成，并按照一定规律成长、发展而又衰老和死亡的。"（袁杰，1986）他认为语言学家是自然主义者，他与语言的关系如同植物学家与植物的关系一样，语言学的方法也与其他自然科学方法息息相关。斯莱歇尔认为自然研究者所说的属，语言学家称之为语系，或叫语族；若干亲缘关系较密切的属，对应语言学家称为一个语族或语系的亲属语言。生物学上同一个"属"的不同"种"，对应语言学中的一个"语系"的"语言"；不同语言的分支方言或土语，相当于一个"种"下属的若干"亚种"；而更小的方言或土语与变体或变异相对应。最后是具体的个体，对应于每个人的具体言语方式。毫无疑问，即使同属一个种的个体也不会完全相同。语言的情况更是如此，即使是说同一种语言，或是同一种方言的人，甚至生活在同一个社区的人，他们自己的言语方式都必将带有不同的个人色彩（姚小平，2007）。

（四）20世纪语言进化的研究

20世纪以来，人类语言进化研究希望通过对比分析方法，利用现有物种的经验数据来提取对有关灭亡祖先的详尽的推导。通过与非人类灵长目动物的对比分析，我们可以找到重要的数据和开拓研究的前景。语言进化研究的首要点就是确定语言机能的特定部分是否为人类语言而进化，是否是人类特有的。这就需要对比数据资料来表明其他动物没有此特征。因此，语言进化研究学者可以利用对比分析来对以往的一些推论进行证明。另外，正如许多动物学家所说的一样，尽管诸如鸟类等非人类动物可能会出现某一特征是语言机能的一部分，并且和语言加工有着密切的关系，但此特征可能不是专门为语言而进化的（比如，类属认知能力），即有可能某些语言特征为人和动物共有，但在人类和非人类动物身上分别因不同的原因而独立进化而来（王世龙，2007）。例如，有声模仿为人所拥有，而非人类灵长目动物不具备，但是却为鸣禽所有。这也需要研究人员通过对比实证研究来加以验证和说明。因此，用对比分析方法得来的数据对语言进化的判断十分关键。

20世纪中期，从动物语言的视角进行人类语言进化对比研究是从灵长目动物开始的。对灵长目动物之间的交际进行观察，有两种不同的方法。一种方法是观察它们之间自发的交流活动（王士元，2006）。在野外和实验室条件下进行的观察都表明：灵长目动物有大量的交际活动，而具体的交际程度，则随着特定种类以及同一种类中不同群体的社会性不同，而有所差别。灵长目动物有很多交际活动，是通过肢体语言或面部表情这些"非语言"的方式来进行的。黑猩猩是跟人类最相近的动物。现在由于人类跟黑猩猩的基因串都已全部被分析出来，我们得以知道它们跟我们大约是在六百万年前分开的（王士元，2011）。它们语音种类的数目很小，能发出的叫声不过几十种。而且这些叫声，不能像人的话语一样分解成更小的语音片段。尽管有些声音的区别，显示出共振峰频率的不同，但是比起人类元音，这种以共振峰频率区别声音的方式要粗糙许多。毋庸置疑，灵长目动物发出的声音跟人类的语音之间，存在着巨大的进化差距。

另一种研究灵长目动物的方法，是教给类人猿某种由人类设计的交际方式。考虑到这些类人猿自身还没有创造语言，它们对现成的语言是否有进行学习和使用的能力呢？20世纪50年代开始，心理学家科斯和哈伊斯（Keith and Catherine Hayes）在家中如同孩子一样收养了一名叫维奇的大猩猩，并希望培养维奇像小孩一样说话；而维奇最后只大致学会了四个字："mama""papa""cup"和（近乎）"up"（Hayes and Hayes，1952）。20世纪初的前几十年里，人们开始尝试教黑猩猩说话，却遭遇明显失败。这表明大型类人猿中（如黑猩猩、大猩猩和红毛猩猩），没有哪一种具有学习有声语言的能力。人类还不清楚造成它们学习困难的原因，是由于大脑不够发达，还是嘴巴不够灵巧。

多年以来，人们难以断定，猿类不能学习语言的现象，有多少是由于语言符号本身的特性，又有多少可以归因于跟人类语言相关的专门的发声—听觉通道。20世纪60年代末，美国心理学家加德纳（Gardner，1969）夫妇成功地教会黑猩猩沃秀大量的美式手语动作，人类才在这个问题上取得突破。

在沃秀之后，又出现了一系列有名的猩猩，它们在各种环境里，接受几种完全不同的训练方法来学习语言。长期以来，人们对类人猿是否已经掌握语言有争议，部分原因是来自"语言"这一术语本身的模糊性。毫无疑问的是，训练较成功的猿猴已经学会了一些词：这些词可以用不同的符号来表示,有几只猩猩已经掌握了 100 多个词汇符号。据说旧金山的大猩猩柯柯已经掌握了 400 多个。另外还有一些记录的情况:有一只猩猩可以主动对一个符号,从一个已学过的意义中引出一系列没学过的相关语义来。利用开门的动作给黑猩猩沃秀示意了"打开"的符号之后,它可以成功地把这个符号推广使用于抽屉、行李袋、罐子以及电灯的开关上(尽管英语中开关电灯所用的动词,与打开其他物品所用的动词不是同一个,可是很多其他语言是可以那么用的。这表明这只黑猩猩能独立掌握所有这些动作中,所包含的认知相同性)。

还有一些著名的例子,就是把不同的符号标记用新的方式组合起来,指示还不知名称的对象。如沃秀用"水—鸟"来指称鸭子,用"硬—糖"来指称坚果等等。这种语义概括和新的组合的意义在于它们第一次指明语言符号是以一种创造性的能产方式被使用的。这种创造性行为,以及在野外和实验室对猿类进行的其他观察结果表明,猿类有很强的认知能力,使它们有可能获得比目前所表现出来的更为复杂的语言学习能力(Balter,2010)。

(五) 21 世纪语言进化研究的新动向

1. 语言进化研究的基因研究

进入 21 世纪,科学家们逐渐完成了人类基因组计划,推动了动物行为学的发展,语言进化研究也迈进结构基因组学和语言进化比较研究法(comparative studies on EVOLANG)的时代。遗传学研究与语言进化最直接相关的成果就是 FOXP2 基因。此基因是通过对伦敦某个 KE 家族成员的分析而发现的。与正常人相比,这个家族的很多成员含有变异的 FOXP2 基因,并表现出很多语言障碍。例如,这些受影响的成员不能很好地控制口腔周围的肌肉,以至于无法清晰地表达言语。同时,他们也不能清楚地分辨言语,在句子理解和根据句法组织词汇方面也有障碍,而且不能正确判断一个句子是否符合语法规则。相关的脑科学研究也发现,受影响成员在某些语言任务中所激活的脑区,相比正常成员,要分散、杂乱得多:除了左半脑,很多右半脑的区域也被激活,而很多与语言处理相关的脑区,如布罗卡区等,反倒没有被激活。这也反映了他们在语言任务中的障碍。

近年来,研究人员发现除人类外,其他高等哺乳动物,如灵长类、啮齿类和鸟类,也有不同版本的 FOXP2 基因。通过比较人类、灵长类和啮齿类动物中 FOXP2 基因的序列,分子遗传学家发现,从啮齿类到人类,FOXP2 基因所编码的氨基酸序列经历了 4 个变化,而其中的 2 个发生在人类与黑猩猩分化以后,即大约 12 万年至 20 万年前。这种短期的密集变化反映了人类对 FOXP2 基因的强烈选择。考虑到语言在人类历史上也是最近出现的,而且 FOXP2 基因受损与语言障碍有密切关联,很多遗传学家认为 FOXP2 基因是专为语言而被选择的。另一项研究也发现,把人的 FOXP2 基因克隆到小鼠上,相比于正常小鼠,这些"人类化的"小鼠据说会更加频繁地发出吱吱叫声。除了遗传学家,一些语言学家也认为人的 FOXP2 基因是独特的,它决定了记录和发展语言官能的基因机制。基于这些结果,一些遗传学家和语言学家给 FOXP2 基因冠上了"语言基因"的美名。

2. 语言进化研究的语言机能研究

21 世纪初,部分学者在关注语言基因的时候,乔姆斯基等人却明确地从生物语言学视角讨论语言进化问题。2002 年,乔姆斯基和豪斯、W. T. 菲齐(2002)在《科学》(*Science*)上合作发表的一篇生物语言学学术论文《语言机能:是什么,谁拥有,是如何进化的?》(*The Faculty of Language: What Is It, Who has it, How it Evolve?*)在语言学、生物学、哲学等领域再次一石激起千层浪,进一步推动了生物语言学的发展。针对这篇文章,R. 杰肯多夫和 S. 平克(2005)多次撰文予以争辩,相继在《认知》(*Cognition*)上发表论文《语言机能:有何独特性?》(*The Language Faculty: What's Special about it?*)和《语言机能的性质及其对语言进化的含意》(*The Nature of the Language Faculty and its Implications for Evolution of Language*)对乔姆斯基等人提出的唯递归性假设(the recursion-only hypothesis)进行了激烈的批判。W. T. 菲齐、豪斯和乔姆斯基(2005)也据理力争,同样在《认知》上发表《语言机能的进化:澄清与含意》(*The Evolution of the Language Faculty: Clarifications and Implications*)对他们的观点进行澄清与说明。

乔姆斯基在与 S. 平克等人的高端对决中把语言机能区分为"广义的语言机能"(FLB)和"狭义的语言机能"(FLN)。广义语言机能包括感觉运动系统(sensory-motor system,SM)、概念意向系统(conceptual intentional system，CI）和狭义的语言机能。狭义语言机能（FLN）仅指语言内在的递归性运算机制，用以说明人类特有的语言能力，即从有限的语言成分生成无限的语句表达的能力。具体说，人类特有的狭义语言机能只包括"狭义句法和接口对应中核心的运算机制"，这一核心运算机制就是递归性；而广义语言机能是人类和动物共有的（吴文，郑红苹，2012）。经过一番论辩，乔姆斯基等人认定生物语言学视野下的语言研究实质就是语言机能研究；而语言机能就像身体其他器官一样，由遗传决定，可以在适宜的环境中生长、发育和成熟。

王士元（2011）教授曾认为语言进化研究的萌芽可远远溯及古代哲人。如希腊的柏拉图（Palto，约公元前428—公元前348年）和中国的荀子（约公元前312年至公元前230年）都意识到词汇的音与义之间的武断联系，全靠规约惯例（conventionalization）才能搭在一起。荀子说这叫约定俗成。宋朝时，有位中国学者已经为文论述实词与虚词这个重要的差异。之后，元朝的学者也发表了高见，虚词都是由实词经历虚化（grammatization）的过程演变而来的。经过对国内外相关语言进化研究史料的梳理，本书发现，语言进化研究主要包括讲述祖先语言起源的相关故事或脚本、语言进化与大脑发育的关系以及鉴于猿猴等动物对人类语言的学习推测祖先的语言能力。进入21世纪以来，人类更希望通过基因研究破解人类语言进化之谜。

三 语言进化研究的发展与展望

今后语言进化研究方向将会转向关注动物的交流沟通。例如，我们是否可以通过对大猩猩的相关研究进行语言进化对比分析推导出人类语言习得机制；我们是否可以通过关注人类的远房"亲戚"如鸟等羽翼动物、蜜蜂、鹿等的交流沟通及学习以探索人类语言的起源（吴文，2012）。当然，基因研究是我们追溯人类语言起源的一个非常有力的工具，基因研究依然会成为语言进化研究的努力方向，结构基因组学有关FOXP2基因与人类语言能力关系的研究有望为解决语言生物机制的争议性理论问题带来曙光。现在先进的计算机有庞大的计算能力，我们可以把种种的语言进化假设用计算机程序来实现，建立模型、模拟现实中语言进化的问题，这就是霍兰（John Holland）激励人们探索的"仿真"的研究方法。在语言进化研究上我们可以利用语言习得模型来研究语法的习得，探索语言与大脑的共同进化规律性。另外，语言进化研究还需要研究人员对脑神经科学做进一步的探索。除此之外，语言进化研究将更加注重儿童语言习得研究。达尔文的生物进化论认为，任何种系的发展历史与其个体的发育、成长历史本质上是相吻合的，换句话说，包括人在内的所有动物从胚胎发育到个体成熟，重新演示了该动物作为物种系统从低级形式发展为高级现状的发展过程。研究儿童语言习得的过程有可能发现人类创造语言及语言进化的过程。最后，语言进化将关注克里奥语和洋泾浜，这些研究或许能为语言进化提供更多活的语言证据。总之，语言进化研究不可能指望仅关注人类语言自身研究而有所建树，跨学科联合是语言进化研究今后的必然之路。

第三节 从动物语言到人类语言进化研究

数百年来，无数学者都在苦苦地寻找有关语言起源问题的答案，其中不乏在哲学、神学和科学领域中一些最有才智的先辈们。部分学者希望从生物语言学的视角来探源。从生物语言学的角度思考语言起源的观点大致可分为"连续论"和"非连续论"两种。"连续论"也被称作"进化主义论"，"非连续论"则被称作"本质论"。持"进化主义论"观点的学者多以灵长类动物研究专家为代表。他们主张一些高级灵长类动物如黑猩猩等与人类并无本质区别。从进化的角度来看，语言也不是突然产生的，而是在长期自然选择过程中逐渐地以渐变的方式形成的。他们认为人类语言的起源、进化可以通过动物语言加以推演。赫尔德在《论语言的起源》中以这样一句话开头："当人还是动物的时候，就已经有了语言。"（刘晓涛、何朝安，2010）这句话已成为语言思想史上的一句名言。他这一断言，暗含着下列三个论点：人与动物有某种共同的东西；动物也可以有语言；人类语言从动物语言进化而来（姚小平，1998）。波普尔也曾将语言进化简洁地表述为"从动物语言到人类语言的进化"（刘晓涛、何朝安，2010）。波普尔的这个旗帜性说法至少蕴含两个意思：人类语言起源于动物语言，人类语言和动物语言都是一种交际系统，并且在某些功能上是一致的（刘晓涛、何朝安，2010）。因此，有学者认为人类语言形成大致经历了以下几层变相（见图4-1）。

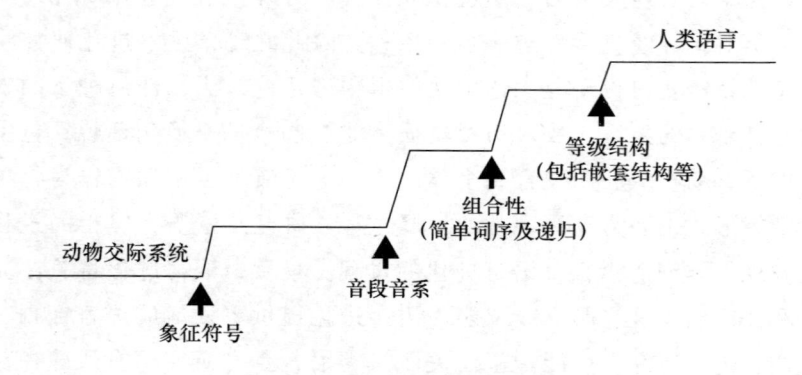

```
                              人类语言
                               ↑
                         等级结构
                        （包括嵌套结构等）
                          ↑
                    组合性
                  （简单词序及递归）
                     ↑
动物交际系统    音段音系
      ↑
   象征符号
```

图 4-1 人类语言形成中的变相

资料来源：王士元，2006。

沿着赫尔德和波普尔的思路，研究人员发现，除了人可以交流以外，动物之间也可以沟通，即小鸟会以歌会友、猴子可以谈天说地、猩猩分散的群体成员间可借由高声呼喊保持联络。动物交流方式也许是最终形成人类"前语言的一部分"，因此研究人员推测动物的手舞足蹈很可能就是语言的前奏。W. T. 菲齐（Fitch，2010）认为动物除了可以言语，同样具有思维，也彻底否定了语言决定思维的观点。但是 W. T. 菲齐认为动物思维的能力相对于人来说是非常有限的，并且动物的思想不能通过语言进行交流，而人类则可以借助语言交流以达到思想共鸣。因此，近年利用现有物种的经验数据来提取对有关灭亡祖先详尽的推导的对比分析方法成为研究语言进化与起源问题的焦点。

人类探索语言起源与进化至少可以追溯到 200 年前，在此之前，人们虽然有些猜想，但很少付诸文字。如工具的使用过程或者艺术的创作历程一样，人类语言的进化不会给考古人员留下任何痕迹。关于语言起源的研究更多的是提出一些假说或者"杜撰"一些故事，而少有实证证据为其佐证，故曾一度被巴黎语言学会在其会章中明文规定为"禁区"。研究人员通过人类语言与动物语言的对比研究得出一些实证证据才扭转了语言进化研究的尴尬境界，也才使得语言进化研究发展成为一门成熟的、大家认可的新兴领域。语言进化研究成熟的另外一个原因可能是部分语言学研究人员跳出了乔姆斯基的语言突变观（saltational）的限制，认为人类语言是已有交流系统逐渐延伸进化（exaptational）而来的（吴文、郑红苹，2012）。乔姆斯基自己也意识到他之前的误解，故对其理论进行了重新构建，将语言机能区分为广义的语言机能（FLB）和狭义的语言机能（FLN），广义语言机能包括一个内在的运算系统，感觉运动系统和概念意向系统；狭义语言机能仅指抽象的语言运算系统，是广义语言机能的一个组成部分；乔姆斯基妥协地承认狭义语言机能才是人类特有的，广义语言机能则为动物与人类共有的机制，即乔姆斯基亦承认动物同样具有语言机能（Hauser，Chomsky and Fitch，2002）。

一 同质同源研究

持语言进化论观点的研究者主张一些高级灵长类动物如黑猩猩等与人类并无本质区别，语言并不能作为人类独有的特殊东西，从进化的角度看，语言不是突然产生的，而是在长期的自然选择过程中逐渐进化而来的，我们通过研究动物的语言总能发现人类语言进化的痕迹（王世龙，2007）。这些研究主要包括人类语言与猿猴等动物交际行为之间的共性和差异；灵长类动物在学习人类语言时的能力表现，等等。他们认为人类语言和动物交际系统无本质区别。在人科动物进化过程中，人类现有的交际和认知的能力，包括语言能力都在类人猿猴身上有所体现，人的这些高级技能只是在此基础上渐变的结果。因此，人们就希望通过同质同源研究寻求人类语言进化的相关证据。

对比分析方法利用现有物种的经验数对有关灭亡的祖先相关的语言事件进行理性推导。通过与非人类灵长目动物的对比，语言学家可以分析出人类祖先的语言事件，或许可以为语言学的起源和发展找到重要的数据，从而为语言学研究开拓广阔的前景。作为语言进化研究的首要任务，语言学家就是需要确定语言机能的特定部分及其进化是否为人类语言的产生、发展而进化，是否仅仅为人类所特有，还是人类与其他动物共有。这就需要语言学家或动物学家对比分析相关数据资料来证实其他动物没有此特征。因此，语言进化研究的角色就是通过对比分析来证明相关假设或理论。另外，也有部分非人类动物依然有可能会出现与人类语言机能某一特征相似的语言现象，并且也真正和语言的加工、分析有着密切的关系，但动物的此等特征可能只是作为副现象出现的一巧合而已，即有可能某些语言特征虽然是动物和人都有的相似特征，但在人类是为语言进化而进化发育而来，而非人类动物却可能是其他器官功能发育而来的副产品（Hauser, Chomky and Fitch, 2002；王世龙, 2007）。例如，有声模仿为人所拥有，而非人类灵长目动物不具备，但是却为鸣禽所有。这也需要研究人员通过对比实证研究来加以验证和说明。因此，用对比分析方法得来的数据对语言进化的判断十分关键。

从动物语言的视角进行人类语言进化对比研究最初是从灵长目动物开始的。对灵长目动物之间的交际进行观察，有两种不同的方法。一种方法是观察它们之间自发的交流活动（王士元, 2006）。在野外和实验室条件下进行的观察都表明：灵长目动物有大量的交际活动，而具体的交际程度，则随着特定种类以及同一种类中不同群体的社会性不同，而有所差别。

灵长目动物有很多交际活动，是通过肢体语言或面部表情这些"非语言"的方式来进行的。黑猩猩是跟人类最相近的动物。现在由于人类跟黑猩猩的基因串都已全部被分析出来，我们得以知道它们跟我们大约是在六百万年前分开的（王士元, 转引自 Nature, 2009）。它们语音种类的数目很小，能发出的叫声不过几十种。而且这些叫声，不能像人的话语一样分解成更小的语音片段。尽管有些声音的区别，显示出共振峰频率的不同，但是比起人类元音，这种以共振峰频率区别声音的方式要粗糙许多。毋庸置疑，灵长目动物发出的声音跟人类的语音之间，存在着巨大的进化差距。

另一种研究灵长目动物的方法，是教给类人猿某种由人类设计的交际方式。考虑到这些类人猿自身还没有创造语言，它们对现成的语言是否有进行学习和使用的能力呢？自 20 世纪 50 年代开始，心理学家基思和凯瑟瑞·哈伊斯（Hayes, 1951；Hayes and Hayes, 1952）在家中如同孩子一样收养了一名叫维奇的大猩猩，并希望培养维奇像小孩一样说话；而维奇最后只大致学会了四个字："mama" "papa" "cup" 和（近乎）"up"。20 世纪初的前几十年里，人们开始尝试教黑猩猩说话，却遭遇明显失败。这表明大型类人猿中（如黑猩猩、大猩猩和红毛猩猩），没有哪一种具有学习有声语言的能力。我们还不清楚造成它们学习困难的原因，是由于大脑不够发达，还是嘴巴不够灵巧。

多年以来，人们难以断定，猿类不能学习语言的现象，有多少是由于语言符号本身的特性，又有多少可以归因于跟人类语言相关的专门的发声——听觉通道。20 世纪 60 年代末，美国心理学家加德纳（Gardner, 1969）夫妇成功地教会黑猩猩沃秀大量的美式手语动作时，我们开始在这个问题上取得突破。

在沃秀之后，又出现了一系列有名的猩猩，它们在各种环境里，接受几种完全不同的训练方法来学习语言。长期以来，人们对类人猿是否已经掌握语言有争议，部分原因是来自"语言"这一术语本身的模糊性。毫无疑问的是，训练较成功的猿猴已经学会了一些词：这些词可以用不同的符号来表示，有几只猩猩已经掌握了 100 多个词汇符号。据说旧金山的大猩猩柯柯已经掌握了 400 多个。另外还有一些记录的情况：有一只猩猩可以主动对一个符号，从一个已学过的意义中引出一系列没学过的相关语义来（王士元，2006）。利用开门的动作给黑猩猩沃秀示意了"打开"的符号之后，它可以成功地把这个符号推广使用于抽屉、行李袋、罐子以及电灯的开关上（尽管英语中开关电灯所用的动词，与打开其他物品所用的动词不是同一个，可是很多其他语言是可以那么用的。这表明这只黑猩猩能独立掌握所有这些动作中，所包含的认知相同性）。

还有一些著名的例子，就是把不同的符号标记用新的方式组合起来，指示还不知名称的对象。如沃秀用"水—鸟"来指称鸭子，用"硬—糖"来指称坚果，等等。这种语义概括和新的组合的意义在于：它们第一次指明语言符号是以一种创造性的能产方式被使用。（王士元，2006）这种创造性行为，以及在野外和实验室对猿类进行的其他观察结果表明，猿类有很强的认知能力，使它们有可能获得比目前所表现出来的更为复杂的语言学习能力。

从某种意义上说，目前对猿猴是否具有掌握语言的能力的争论，就如同在"瓶子是半空的""瓶子是半满的"这两种说法中做出选择。这种差别在含义上的不同，大于它们在名称上的不同。看起来，猿类这种萌芽状态的语言能力，跟几百万年前早期原始人处于萌芽期的语言能力是一样的。然而，在对沃秀进行第一次报道后的几十年里，我们还是没有取得令人信服的证据，来证明猿类能够学会那些 5 岁或者 6 岁儿童不费力气就能掌握的复杂句法（王士元，2006）。当然，很多科学家也否认沃秀等类人猿真正学会了语言。尽管如此，这些证据似乎可以说明一个问题：类人猿不能学习发声语言，但还是可以部分的学会手语。因此研究人员就认为语言起源于手势语，而口语则是后来才发展进化来的。从对猿类的研究中，我们终于对在进化道路上距今至少一千万年前发生的人猿分化情况及语言进化，有了一些了解。

针对加德纳等人提出猩猩等不能学习发声语言，而只能学习手语的结论，英国约克大学心理学家索罗卡巴（Katie Slocombe，2005）反驳道：通过几个实验数据就下结论说灵长目的动物不能学会发声语言难免太草率，我们没有证据证明猩猩可以学会发声语言并不能说明它们不具备学会发声语言的能力。索罗卡巴和英国圣安德鲁斯大学克拉斯·祖贝布勒（Zuberbühler，2007）通过研究表明猩猩根据争斗的激烈程度发出不同频率的尖叫声；同时，他们在研究中也发现猩猩在找到食物时却会发出"哼哼"的嘟哝声。克拉斯·祖贝布勒还发现尼日利亚加沙卡古姆蒂国家公园的白鼻长尾猴有两种示警的声音："Pyows"是指豹子接近、"hacks"是指麻鹰盘旋，将两种声音结合，就是示意同伴离开。奥勃兰·雷马森和他的同事们发现生活在森林之中的雄性猴子可以根据当时是遇到诸如鹰、猎豹等捕食动物；或者是遇到了邻居等不同情况发出六种不同的声音："Boom""Krakow""Hok""Hok-oo""Krak-oo"和"Wak-oo"。科学家过去并未发现动物能将不同声音组合，组成新的意思。研究员克拉斯·祖贝布勒说：据我们所知，这是首次有证据发现人类以外物种懂用类似句子的形式沟通。这次发现显示，部分灵长类动物可能已发展出语言的雏形。研究将有助于追溯人类语言的进化。

除此之外，研究人员对大脑的研究也取得了新的进展。20世纪，人们发现人的左脑，被认为对语言有特别重要作用的区域，比右脑的相应区域明显要大得多。这个发现提出后不久，又有报道说：神经构造上两个半脑区域不对称的现象，甚至也出现在新生婴儿的大脑中。考虑到这些研究结果，人们试图把这种大脑半球不对称现象，解释为"言语器官"中存在一部分特殊的神经环路的标志。但是，最近在《自然神经科学》（Fitch，2010）上已经有人发表文章说，在猴子的大脑里找到了与布洛卡区跟韦尼克区相对的神经系统。而这两个区正是跟我们运用语言有关的重要部分。研究人员发现猿类也具有相似的大脑半球不对称现象的事实，尽管猿类大脑半球不对称的程度不如人类那么显著。法国艾克斯市普旺斯大学雅可布·维克莱和阿德仁·梅古尔迪钦（2010）教授认为这些猿类大脑半球不对称现象发挥着控制它们学习手势语的功能。另外的研究人员发现狒狒在乞讨食物时右手的手势语特别丰富，而非交际身体语言如擦脸等非常欠缺。近年，维克莱把相似研究扩展到小孩，并发现婴儿或小孩也习惯于用右手做交流，即 11 个月的婴儿在喋喋不休地表达自身思想时都会用右手手势相伴。因此他们得出结论：语言与手势语是相互关联的，且均位于大脑的语言区。为了进一步探究猿类手势语是否具有特殊意义，E. 卡迪米尔（Cartmill）对欧洲 3 个公园的 28 只猩猩进行了长达 100 个小时的录像。经过分析，E. 卡迪米尔（2010）发现这些猩猩的手势语均可归纳为"和我一起玩你吧""分享一下你的食物"或者"离开"等六个意义。因此 E. 卡迪米尔认为有意图的意义交流在人类符号交流前就出现了。

从灵长目动物语言的对比分析中我们可以看出：动物的交流系统和人类的语言被认为并无本质区别，只不过人类语言稍显复杂些而已。但是对黑猩猩及大猩猩所做的科学研究表明，我们对于猿类与人类的语言鸿沟，应保持开放的态度。不管这条鸿沟能否可能由进化来搭建一条桥梁，我们都可以从动物语言的对比研究中厘清一些语言起源与进化的思路。我们有望在弄清楚动物语言和人类语言之间差异的形成机制以后，构建一个模型或者一种理论来解开语言进化之谜。事实上，现在许多科学家已经开始着手这方面的探索了，如诺瓦克（Nowak，2002）教授的团队就立足于"进化博弈论"建立了一个语言进化的模型。

二 异质同源研究

长期以来，人们在研究语言进化时习惯于把人类最亲近的亲戚——灵长目动物作为对比研究对象。但是灵长目动物的发声学习方面与人类是有巨大的差别的，尤其是小孩在模仿成人声音的惊人能力方面。有研究人员认为，猿类并不具有人类在进化过程中发展得到的一种最基本的能力——对有声语言的学习能力。于是我们必须跨越动物的不同谱系达到相当的距离，去找到那些具有类似能力的物种。因此，对鲸鱼的歌声进行的研究，就成为语言进化研究人员的关注焦点，因为这些哺乳动物的大脑容量很大，它们表现出来的智商，明显地达到较高的等级。此外，跟人类一样，鲸鱼是社会型的、并能发出声音的动物。有些种类的鲸鱼歌声具有复杂的声学特征，可以不重复地持续 30 分钟。这些歌声可以向四周传播到几百英里的范围，因此，每头鲸鱼都可以跟散布在广大的三度空间里面的若干其他鲸鱼同时进行交流。只是由于人们最近才开始对鲸鱼的歌声做系统的研究，至今对它的内容还了解得很少。与进化连续论相反，非连续性语言进化论的研究人员认为，从远古类人动物的交际系统到现代人的语言系统之间有过一种被称之为"突变"的生物学过程，因此我们也有可能通过对其他动物的研究寻找出人类语言进化的些许踪迹。

达尔文很早就敏感地意识到人类语言进化与鸟唱的关联性，提出"鸟类发出的声音在若干方面同语言极为近似，因为同一物种的所有成员都发出同样本能的鸣叫来表达它们的情绪；而所有能够鸣叫的鸟类都是本能地发挥这种能力；不过真正的鸣唱，甚至呼唤的音调，都是从它们的双亲或其养母养父那里学来的"。达尔文援引巴灵顿的研究证明，"'鸟类的鸣声同人类的语言一样，都不是天生就会的'。鸟类最初鸣唱的尝试'可以同一个幼儿不完全的咿呀学语的努力相比拟'"（达尔文著，叶笃庄、杨习之译，1984）。除此之外，达尔文还意识到因为文化传承的差异而导致的"地方方言"，在鸟类鸣唱中亦有体现，"栖息在不同地区的同一物种，它们的鸣唱有轻微的自然差异"。最后，达尔文也提及并非拥有语言器官就一定能习得语言，语言学习需要大量的训练。这同具有适于鸣唱的器官但从来不鸣唱的鸟类事例是相似的。例如，夜莺和乌鸦都有构造相似的发音器官，前者能用它进行多种多样的鸣唱，而后者只能用它呱呱地叫。人类也有相似的案例：美国女孩金妮被父母残忍地隔绝了与外界所有正常接触，在 13 岁时被人们发现并帮助她与外界接触，但她最终还是没能发展她的语言能力。

荷兰乌特列支大学尤汗·柏慧思（Johan Bolhuis, 1991）也注意到与人类的语言学习相似，鸣禽的鸣唱是一种后天习得的发声行为，依赖于听觉反馈作用。尤汗·柏慧思认为人类语言学习与鸣禽发声学习至少有两点相同之处。首先，在感觉学习期（Sensory learning period），幼鸟必须亲身体验并倾听外界鸟儿的歌唱，并记住这些鸟儿的语言；而小孩需感知成人的话语。其次，在感觉运动学习期（Sensormi otor learning period），未成年的小鸟运用自己听觉反馈模仿其他鸟鸣的方式，并需要不断的练习，直到学会其他鸟鸣的方式，直到真正学会成年鸟的鸣叫；儿童语言发声学习也得如此。尤汗·柏慧思还发现控制鸟鸣的大脑区域与人脑语言区域的布洛卡区和韦尼克区惊人的相似。然而，这一相似并不能用鸟类与人类有共同进化史加以解释，因为人与鸟在很早以前就分化成不同的类属了。W. T. 菲齐（2010）认为："为了发声学习，都需要……听他人的话语以刺激听觉皮层……并传递给运动皮层以控制言语的发生，故在进化过程中就导致了趋同。"W. T. 菲齐认为这一相似可以让我们更好地理解具有发声学习能力的大脑的结构。另外，W. T. 菲齐（2010）还指出德国柏林自由大学康斯腾斯·斯伟和他的同事在鸟身上还发现了称之为语言基因的FOXP2，并对鸟类的鸣唱起着重要的作用。因此，前些年猩猩、狒狒或猿是语言进化研究的焦点，现在鸟儿也成为语言进化研究的主角了。

异质同源的研究证明了人与动物语言发展过程经历了一样的自然选择及限制过程，同时也在一定程度上揭示出了某些自然力量引导了动物与人的语言机制的进化。异质同源对比研究为我们研究人类语言进化提供了关于适应的关键的资料。只要语言学家不断扩大对比范围，我们迟早有一天会发现语言进化过程中的相关规则和限制。例如，已经有语言学家通过鸣禽学歌的成功、失败和各个阶段的研究和分析，推导或证实了人类语言学习的成败及经过。通过对其他动物异质同源的对比研究有利于探明人类语言进化之谜。

三 从动物语言到人类语言进化研究述评

从动物语言到人类语言进化对比研究基本沿袭了从近到远的路径，研究人员在进行动物语言比较研究时，首先想到的就是人类的近亲——灵长目动物的语言，其次才拓展至鲸鱼、鸟类等物种上。按照此路径，语言作为宇宙进化的终极产物，为了给其起源寻根究源，今后的研究可能会延伸至人类更远的远房亲戚，甚至会回到原点，最后可能会回到"鸡生蛋，蛋生鸡"的悖论。此外，形形色色的动物世界，到底谁是人类语言起源的最终代言人，动物学家们不可能全方位的对比，只能对学界认识到的动物进行选择。既然有选择，就会有遗漏。正如20世纪加德纳等人在研究黑猩猩语言时，怎么都想不到鸟类的鸣叫也可以为我们研究语言进化提供参考价值。这也是今后语言进化对比研究难以攻克的难题。动物语言到人类语言进化的研究方法经历了教授动物语言向动物语言本身的研究转向，即沿用了由外铄到内敛的研究基本思路。最初，研究人员以为动物语言学习仅仅是像小孩一样教会说话；一系列的尝试失败以后，人们才转向教授动物身体语言或手势语，进而引发了大脑神经结构的比较研究；最后开始思索人类语言基因（FOXP2）的深层缘由。沿着这个思路下去，研究人员依然会遇到问题。目前学界对"人类语言到底是什么？语言学习是怎么回事？语言学习是怎么发生的？"这些问题本都没有最终定论，甚至大家连基本的共识都没有达成，我们将如何去寻求人类与动物语言的根源问题？基于这些困惑，作者认为语言进化研究人员首先要明确"语言"是什么、语言学习的生理基础到底是什么等问题，也就是找到语言进化研究的落脚点。其次，研究人员应该明确我们进行语言对比研究的出发点是研究人类语言进化问题，而不是一味地追问动物语言，否则就会永无止境地回到原点。这就要求研究人员心怀动物语言研究仅仅是为人类语言进化提供实证证据的最终目的。

  语言的进化始于大约两百万年前的"智人"（genus Homo），语言在当时作为一种认知适应，对于人类应对自然界带给人类的挑战（如动物掠食与森林毁坏）有很大帮助。早在1772年，德国人赫尔德在普鲁士皇家科学院的征稿《论语言的起源》中就对语言的起源问题展开了论述。而至于语言进化问题，斯莱歇尔也在19世纪晚期的《达尔文理论与语言学——致耶拿大学动物学教授、动物学博物馆馆长恩斯特·海克尔先生》中进行了说明。经过两个世纪的探索，对这些问题的研究依然没有取得什么实质性的进展。因此，我们借助动物语言为语言进化研究提供活的证据，这是有必要的，也是必需的。而国外从动物语言到人类语言进化的研究"都是用外语书写，况且又杂乱分散在诸多不同的理工或医学学报里，不容易读到"（王士元，2006）。在这个方面，王士元教授已经做出了巨大的努力和贡献，本书只是对前人的研究进行了粗略的梳理和整理，以希望能够起一点穿针引线的作用，让国内语言学界扩大视野，引起大家对语言进化和生物语言学的关注。

第四节 语言进化的本质研究

人类一直好奇：为何唯独我们这个物种才有语言？为何语言有现在这样的形式？语言是如何变成现在这个样子的？历史上，西方和中国的思想家与哲学家，如苏格拉底、柏拉图、荀子、陆九渊等，都曾经讨论过这些问题。进入 19 世纪，达尔文在其 1859 年的《物种起源》和 1871 年的《人类的由来》两本书中，从进化论的角度对这些问题进行了全面阐述。但是，由于缺乏必要的科学研究手段，很多当时提出的语言进化理论都缺乏足够的实证基础。有鉴于此，19 世纪颇具影响力的巴黎语言学学会在 1866 年明文禁止了一切涉及语言起源和进化的研究及讨论。这一禁令把语言进化研究推入了长达一个世纪的"冰河期"。直到 20 世纪中叶，对语言进化的探索才逐步复兴，这主要归因于更加丰富的自然语言语料和众多学科上的技术突破，使得从不同学科与不同角度全面研究语言及其进化成为可能。目前，语言进化已成为现代科学中认识人类本质的重要一环。

一 生物学视野下的语言进化 *

面对纷繁的语言进化研究，本节着重介绍从生命科学角度探索语言进化的一些前沿研究。这一角度涵盖了动物行为学、脑科学和遗传学，它们和语言学有着密切的关系。由基因承载的遗传信息构建了人类的脑神经回路，这些回路决定了人类的语言能力与行为；而类似的能力与行为在某些非人动物中也有不同程度的体现。结合这些学科来研究语言进化，会更好地认识人类和语言的本质。

（一）动物行为学：语言能力的原始形式

动物行为学研究主要比较人和其他动物的认知与交流行为。例如，通过野外及实验室内的观察和实验，这一领域的学者们研究了很多灵长类动物的叫声系统，如报警叫声和觅食叫声。这些叫声能够传达诸如不

---

* 本部分内容龚涛于 2012 年以"语言演化的生命科学研究"为题发表在《科学杂志》第 2 期。

同天敌或不同类型食物的具体意思,且存在组合特性,比如,通过组合已有叫声来表达新的意思,还能达到意图共享的目的,就是使同类做出预期的动作,像躲避天敌或找寻相应的食物。以大白鼻长尾猴为例,其叫声系统一般由两种警报叫声组成,分别针对鹰和猎豹这两种天敌。当听到第一种警报叫声时,猴子们会迅速地从树枝上下到地面,而当听到第二种警报叫声时,它们会从地面迅速地爬到树上。有意思的是,当这些猴子不能明确是哪种天敌时,他们会把这两种警报叫声按特定次序组合起来发出。此时,听到叫声的猴子们会从一棵树迅速转移到另一棵树上。这种组合叫声传递了一个迁徙信息,猴子们能够正确理解它,并做出不同于前面两种动作的行为。由此可见,上述叫声系统已经具备了一些类似于语言交流系统的特性,尽管其使用的信号、传递的信息和涉及的语法等方面的操作都非常有限。

除叫声系统外,该领域的学者们还关注动物处理语法结构的能力,以探索某些语法结构是否为语言所特有,其学习能力是否也为人类所特有。目前,这类研究多涉及两种典型结构:(AB)n 的线性结构和 AnBn 的层级递归结构。这里,A 和 B 分别对应于几个同类型的信号。乔姆斯基(N. Chomsky)的语法体系认为,AnBn 结构属于短语结构语法,是语言所特有的,而处理这种递归结构的能力也是人类所特有的。动物行为实验也表明,某些物种如绢毛猴,在分别熟悉了具有这两种结构的叫声序列之后,并不能正确区分具有 AnBn 结构的叫声。然而也有些实验发现,有的物种如八哥,在经过强化训练后,可以正确区分具有这两种结构的鸟声序列。当然,语言学家也指出,不能明确地知道八哥是如何处理 AnBn 结构的;不清楚它是按照递归结构来处理,还是通过判断 A 与 B 类鸟声的次数是否一致来处理。假如结果是后者,此实验还不足以证明八哥具有处理递归结构的能力。

通过把动物放入人类的文化环境中,研究动物行为的学者们还考察了被捕获的黑猩猩和倭猩猩使用手语和词符(lexigram)与人类进行交流的能力。这些猩猩尽管叫声非常有限,却能够熟练运用手语和词符来表达很多的想法和意思,并能进行一些简单的交流,如通过指示引起共同注意等。除灵长类以外,通过对名为阿莱克斯的灰鹦鹉进行研究,学者们发现,这样一个人类的"远亲"能够与人类训练者进行言语交流,掌握颜色、形状和质地等简单概念以及相对复杂的关系，并能进行二阶逻辑关系比较，明白交流中的不同角色。此项研究颠覆了认为只有人类才具备这些高级智力的观点。

以上研究表明，很多非人动物，包括鸣禽和灵长类等，都具有语义、语用和句法方面的语言能力的原始形式，如情景记忆能力、掌握简单概念和抽象关系的能力、进行指示和其他简单交流的能力。与人类对应的能力相比，非人动物拥有这些能力的程度非常低。但是，这些能力是人类语言能力的"种子"，为语言在人类中的出现打下了基础。同时也要看到，动物心智与人类心智在一些方面大不相同。只有人类能够归纳和创造无限的词汇、概念和事物，随意组合不同领域的知识和想法，记录真实和想象的经验，并能考虑所见所闻和所感的事物。其他动物在这些方面的局限阻碍了它们产生语言，而语言在人类中的出现极大地强化了人类在这些方面的表现。由此看来，语言和人类认知能力的发展有着紧密的、共同进化的关系。

（二）脑科学：语言行为的神经机制

语言行为是由人脑中的神经回路决定的。脑科学研究发现了很多种语言处理能力的神经基础。这其中一个有趣的发现是猴子脑中的镜像神经元。这些位于猴脑额叶和顶叶的神经元，在猴子做抓食物的动作或者看到其他猴子及人类实验员进行类似动作时，都会被激活，并被插入猴脑的电极所检测。一系列跟进实验表明，这些神经元可以帮助猴子模仿动作并理解其目的和意图。比如，尽管猴子没有看到具体的食物，但当它听到一些与处理食物有关的声响时，如撬开食物外壳的声音，它们的镜像神经元也会激活。虽然不能像对待猴子那样，直接把电极插到人脑中去探测神经元的反应，但通过脑功能成像技术，脑科学研究仍然获得了一些人脑中可能含有类似的镜像神经元的间接证据。比如，当人观察和模仿食指和中指的一些活动时，人脑额叶的布罗卡区（言语运动区）和顶叶的一些区域都有明显的神经活动。人脑的这些区域与猴脑的区域在解剖结构上存在对应关系。

这些发现启发脑科学家和语言学家提出了存在一个镜像神经系统（mirror neuron system）的观点。此观点支持"手势起源说"的语言起源理论。这个理论认为，人类语言起源于手势，镜像神经元帮助人们了解手势的目的意义并加以模仿，从而使通过手势进行交流成为可能。然后在某些因素的作用下，语言逐步由手势形式变化为声音形式。但是另一些学者对此观点提出了质疑。如一些学者认为，镜像神经元只是建立了单纯的、巴甫洛夫式的条件反射；还有些学者也认为镜像神经元只是关联学习的副产品，而不是对行为理解的适应性产物。由此可见，还需要进一步的研究来探明镜像神经元与语言进化的关系。

脑科学中的脑成像技术提供了一个观察人类行为的新角度。这些技术可记录人在特定语言任务中的神经表现，并由此揭示语言处理行为的神经机制。例如，脑电图（EEG）技术通过置于头皮上的电极阵列来记录语言或一般认知任务中特定时间段内的大脑反应，以确定这些反应的时域顺序，并推测其在脑中的来源。通过比较处理正常语言例子和处理有语义或语法不相容例子的脑电图，脑科学研究发现了很多不同类型的事件相关电位（ERP），它们反映了脑的不同区域在不同时域上处理语音、语义和语法等的神经活动。例如，在"John's brothers like themselves"（约翰的兄弟们喜欢他们自己）这个句子中，反身代词"themselves"（他们自己）和先行词"John's brothers"（约翰的兄弟们）是匹配的，而在"John's brothers like himself"（约翰的兄弟们喜欢他自己）中，反身代词"himself"（他自己）与先行词是不匹配的。比较被试者看到这两类含有一致和不一致反身代词句子的脑电图可以发现，当受试者看到不匹配的反身代词后约600毫秒左右，其脑电图上的电位会比看到匹配的反身代词时更加正向，此电位称P600。因为判断反身代词是否一致属于句法范畴，这个事件相关电位反映了人脑对句法的加工处理。类似地，通过其他例句，我们还发现受试者在看到不匹配的反身代词大约400毫秒后，发生事件相关电位的负向变化，即N400。此外还有涉及语言方面其他处理的事件相关电位。

除脑电图外，功能性磁共振成像技术通过监测由于脑区神经活动导致的血氧水平变化，来确定负责某些语言或认知能力的脑区。基于此项技术的研究发现，人类大脑的布罗卡区、前扣带皮层和其他额叶区域都对语言处理有重要作用。此外，通过比较语言处理和其他认知行为的脑区反应，人们发现一些原来被认为是专门处理语言的脑区，如布罗卡区和韦尼克区（言语听觉区），也负责一些非语言活动，如处理音乐及协调视觉和手动，而且言语的神经基础和其他非语言活动的神经基础也有重合的部分。

这些研究启发人们重新考虑人类语言的独特性，并重新认识语言与非语言行为的关联。语言与其他认知行为一样，是一种全脑功能，需要多脑区共同协调，而且这些脑区也可能负责一些非语言行为。

（三）遗传学：语言机能的遗传基础

遗传学关心人类生理构造和行为的基因基础。通过比较正常和疾病个体，遗传学研究发现了很多由于人类染色体上的基因缺陷或基因冲突所导致的遗传疾病。例如，7号常染色体上的基因缺失会导致威廉姆斯综合征（WMS），而具有额外1条21号染色体会导致唐氏综合征（DNS）。除某些表征如面部或心血管结构与正常人不同外，这些患者的脑结构也异于常人。例如，这些患者的脑容量通常小于正常人。威廉姆斯综合征患者大脑的顶叶区、连接左右脑半球的胼胝体和脑干都小于正常人，但其处理声音信息的脑区和小脑都比正常人大。此外，这些患者在处理局部和全局信息上有明显的障碍。例如，让威廉姆斯综合征和唐氏综合征患者绘制自行车，威廉姆斯综合征患者能够准确记录局部信息，但忽视全局信息，他们画的自行车虽然各部件很准确，但部件间的布局却一塌糊涂。而唐氏综合征患者则只记录了全局信息，而忽略了局部信息，他们画的自行车整体上看像是一辆自行车，但其部件比例完全失调。

更有趣的是，尽管认知能力有缺陷，威廉姆斯综合征患者的语言能力，尤其在词汇方面，相比唐氏综合征患者更加正常，并且无异于同龄正常人。这一发现好像提示存在一个独立于其他认知能力的语言模块。但是，事实并非如此。进一步的语言学研究发现，7—8个月大的正常儿童主要依赖语调来区分英文词汇，到了10—12个月，他们开始利用音节或音素的同时出现来区分词汇。相比之下，年龄更大（15—48个月）的威廉姆斯综合征儿童仍然停留在使用语调区分词汇的阶段上。换句话说，威廉姆斯综合征儿童早期言语理解能力的发展有严重的滞后。此外在词汇方面，威廉姆斯综合征病童的表现虽然优于唐氏综合征病童，但与正常儿童相比，他们只在接受性词汇测试（如从一组图片中选出与听到或看到的词相匹配的图片）中表现优异，在其他词汇测试上的表现并不算突出。在语法方面，威廉姆斯综合征病童使用语言和相关语法表达空间信息的能力也有明显的缺陷。综合这些研究，没有证据表明威廉姆斯综合征患者在句法、语态、音系和语用方面都优于正常人，他们用语言表达空间信息的障碍与其对空间信息的认知障碍相对应，这种对应恰恰反映了语言能力并不独立于其他认知能力。

遗传学研究与语言进化最直接相关的成果要数FOXP2基因，此基因是通过对伦敦某个约定俗成家族成员的分析而发现的。与正常人相比，这个家族的很多成员含有变异的FOXP2基因，并表现出很多语言障碍。例如，这些受影响的成员不能很好地控制口腔周围的肌肉，以至于无法清晰地表达言语。同时，他们也不能清楚地分辨言语，在句子理解和根据句法组织词汇方面也有障碍，而且不能正确判断一个句子是否符合语法规则。相关的脑科学研究也发现，受影响成员在某些语言任务中所激活的脑区，相比正常成员，要分散、杂乱得多：除了左半脑，很多右半脑的区域也被激活，而很多与语言处理相关的脑区，如布罗卡区等，反倒没有被激活。这也反映了他们在语言任务中的障碍。

除人类外，其他高等哺乳动物，如灵长类、啮齿类和鸟类，也有不同版本的FOXP2基因。通过比较人类、灵长类和啮齿类动物中FOXP2基因的序列，分子遗传学家发现，从啮齿类到人类，FOXP2基因所编码的氨基酸序列经历了4个变化，而其中的2个发生在人类与黑猩猩分化以后，即大约12万年至20万年前。这种短期的密集变化反映了人类对FOXP2基因的强烈选择。考虑到语言在人类历史上也是最近出现的，而且FOXP2基因受损与语言障碍有密切关联，很多遗传学家认为FOXP2基因是专为语言而被选择的。另一项研究也发现，把人的FOXP2基因克隆到小鼠上，相比于正常小鼠，这些"人类化的"小鼠据说会更加频繁地发出吱吱叫声。除了遗传学家，一些语言学家也认为人的FOXP2基因是独特的，它决定了记录和发展语言官能的基因机制。基于这些结果，一些遗传学家和语言学家给FOXP2基因冠上了"语言基因"的美名。

然而，通过全面比较受影响的和正常的成员，及受影响成员和其他有类似障碍的失语症患者的语言和认知能力，研究者发现，相比于正常成员和失语症患者，受影响成员在编码测试（coding test）中的表现最为糟糕。此项测试要求受试者记忆由已给音节按照某种顺序组成的几个音节串，这些音节串可以是具有语义的词汇，也可以没有任何意义。在此测试中的表现反映了排序能力的高低，而且此能力并不局限于语言任务。受影响成员在此能力上的障碍直接导致了他们在言语和非言语上的表现失调。最新的脑科学研究也发现，相比于正常成员，受影响成员脑中与言语和运动处理有关的脑区，如布罗卡区、尾状核、感觉运动皮层和小脑，都含有较小体积的灰质。也就是说，这些区域中的神经元数量较少，或者它们的体积较小，从而影响了它们的排序能力。此外，对雀类FOXP2基因的研究发现，此基因可影响这些鸣禽对鸟声序列的掌握和协调。一旦其FOXP2基因发生变异，这些雀鸟便无法正常地习得鸟声。同时，对小鼠FOXP2基因的研究也发现，一旦其FOXP2基因发生变异，小鼠脑基底核神经元的神经突触会失去可塑性。这一脑区主要负责运动学习，所以小鼠的运动学习能力也相应地受损。这些证据表明，受影响成员的语言障碍主要是由运动学习和排序能力的发展失调所致。这种观点不认为FOXP2基因是专为语言而存在，它对语言和其他认知能力都有影响。所以，KE家族成员因为FOXP2基因变异而出现的语言失调，不足以支持存在一个被遗传编码的语言官能。换言之，FOXP2基因并不是"语言基因"。

上述研究有系统地探讨了语言行为在人与非人动物中的表现、语言行为和其他认知行为在人脑中的神经基础，以及基因对语言和其他认知行为的作用。从中可以看出，与语言相关的能力是逐步进化而来的，很多语言处理能力并非人类所独有；与语言处理有关的神经回路也负责其他一些认知行为，语言处理行为所激活的脑区与某些认知行为所激活的脑区有重合部分，人脑中并不存在只服务于语言的独特区域或者模块；人类的基因型与认知和语言行为的关联是间接的，不能简单地归为某个基因或基因序列与一组认知能力的关联。

除了这些结论，还可以体会到，当前的科学研究通常是跨学科的，因为单一学科有其局限性。在动物行为学方面，我们需要其他的模型来进一步研究，那些语言的"种子"如何在人类中发展和用于语言处理上。在脑科学方面，目前的脑功能成像技术还有一些局限，比如脑电图技术不能在空间上精确定位所测到的电信号的来源，而功能性磁共振成像技术不能在时域上精确定位不同脑区的激活顺序，所以还不能全面了解语言行为背后脑神经回路的运作和各脑区的协调。在遗传学方面，由于缺乏足够的、具有特定语言障碍的个体，目前还不能全面分析基因对语言和认知行为的作用。考虑到这些，未来关于语言进化的研究只能是跨学科的。这样一个跨学科角度可以利用不同学科的知识与发现，协调表面上相互抵触的观点，提供新的研究角度，并剔除那些仅在单一学科构架下合理的解释。只有这样，人们才能对所研究的现象获得一个全面的认识。可以预见，跨学科研究将是未来语言进化研究的必由之路。

二 进化心理学视野下语言的进化*

关于语言的起源，一直有两种对立的观点：一种是"突发型模式"，认为语言是现代人的独有特征，语言能力是随着脑增大而在较晚时期迅速出现的一种能力；另一种是"连续型模式"，认为语言随着人类的进化而开始，通过作用于各种认识能力的自然选择而逐步成熟。进化心理学认为心理是进化的结果，语言的起源是人类长期进化与自然选择的必然产物。

（一）进化心理学对语言的理解

语言问题是一个非常古老的问题，也是语言学的中心课题。古代印度婆罗门教的经典《吠陀》将语言视作母牛，呼吸视作公牛，由语言和呼吸产生了人心。当代，由于人们采用的研究方法和角度不同，对"语言"的理解也不同，因而出现了多种多样的定义：语言是以呼吸器官发声为基础来传递信息的符号系统，是人类最重要的交际工具和存在方式之一；语言是用于表达事物、动作、思想和状态的一个系统；语言是一种人类用于进行现实观念交流方式的工具；语言是人类共有的有意义的体系，是人类特有的一种符号系统。综上所述，语言应是人们用以交流的一套具有任意性的发音符号，具有：人类性；有声性；分节性等特点。

尽管人们对语言所下的定义不同，但无论人们如何理解语言这一概念，语言始终是作为人类用来交流的一种工具而存在的。然而，人类究竟是何时才开始使用语言作为交流工具的呢？进化心理学认为，语言的起源是一个相当漫长的过程，它是与人类进化相伴而行的过程，它的发

---

* 本部分内容徐晓峰于 2009 年以"从进化心理学看语言的进化"为题发表在《徐州师范大学学报》第 2 期。

展方式和进化速度受人类文化发展和人口密度增长的影响。语言进化发展经历了语言起源前期和语言起源期两个阶段：语言起源前期是语言的萌芽阶段，此时的语言仅仅是一种"非有声分节语言"的"动物本能性语言"和"手势语言"，属于广义的语言；语言起源阶段的语言是一种能发出一个个清晰的音节的"有声分节语言"，这才属于真正意义上的语言。

（二）进化心理学对语言起源阶段的理解

1. 前语言起源期

（1）"动物本能性语言"的发生

语音学习能力是包括人类、海豚和鸟类在内的许多动物共有的特征。远古人类的"语言"与动物的本能性叫喊极其相似，由于自身存在种种的痛苦、愤怒、欣慰、欢乐或其他感情，因而本能地发出只是生物性信息传递的单纯声音，表达着简单的情绪与需求。人类学的研究显示，早在 300 万年前南猿（Australopithecines）的警叫交际系统已经发展起来，虽然这一系统仍不能称之为语言，但是，正是这种激情的发声形成了"动物的本能性语言"，为真正意义上的人类语言起源奠定了基础。

（2）"手势语言"的发生

在真正的语言产生以前，人类在远古时代首先要借助肢体——特别是通过双手模仿的方式来协助传达相互之间的信息。200 万年以前的早期人科动物（外形似猿的人类祖先）采取了直立姿势，使双手得以解放，手势交流变成可能。随着情感的变化，或者出于对外界的描述的需要，他们的双手和面部会产生一些自发的动作，同时也会出现一些天然的、未经训练的、又低又短的声音，这些动作以及这种原始的发音即是语言的萌芽。

动物社会学的研究显示，人类的近亲黑猩猩在野外生活时就依靠大量的手势进行沟通，在人类豢养的环境中，它们甚至可以模仿人类的一些简单手势动作（不是手语），但在模仿人类的语言甚至控制自己的叫喊时却显得异常艰难。

2. 语言起源期

进化心理学认为，人类语言产生于人从爬行进化到直立以后的漫长历程里。人类生理结构的进化为语言起源提供了物质基础，群体的社会性生活与劳动则使语言的发生、发展成为必需和可能。

（1）发音器官的变化为语言起源提供了前提和基础

人类直立行走后，为平衡大脑，出现了脊柱的弯曲，使人的口腔到喉咙形成了一个直角结构，喉咙也因受重力作用，位置向下移动，使得喉咙到嘴唇的距离变长，人类这一特有的弯曲部分，就形成了一个很大的共鸣腔。正是因为有了这样一个共鸣腔，人类才有了对气流缓冲的控制能力，语音的分节才成为可能，进而才能发出许多不同的清晰的语音。人类学的研究表明，刚出生的婴儿跟其他哺乳动物一样，喉头很高，并且与鼻腔后端的开口连在一起，他们的发音和非人类的灵长目动物相近，仅会发出一些简单的音，而与成人的却不同。婴儿在三个月后咽喉位置下降，为舌头提供了一个可以上下前后活动的空间，同时改变了口腔与咽喉两个共鸣腔的空间，才使得原先不能发出的 [i]、[u]、[a] 等元音得以发出。这种元音化（Vocalization）的语言使人类能够发出许多区别性（distinctive）叫喊，且随着人类进化，它们的数目也不断增加。这些区别性叫喊或许就是最早的单词形式。应该说，区别性叫喊"单位"已经包含着原始音位成分，只是其内在的语音结构系统尚未建立起来。再往后发展，人类便产生了将区别性叫喊加以组合的能力，即叫喊的连续化（serialization），这可称作最早的语言系统，即原始语言（proto-language）。

（2）神经系统的发育为语言起源提供了保障

所有的哺乳动物（包括人）在发声时，都是通过肌肉收缩压迫胸腔，使吸入肺里面的空气通过气管进入喉咙，使喉咙处的声带引起震动从而产生声音。如果想随心所欲地进行"交谈"，除了要具备相应的物质器官，还需要有能控制与发声有关的呼吸肌、与喉咙运动有关的喉肌进行精确运动的神经系统。

人说话时除了使用呼吸肌、喉咙之外，还有一个十分重要的器官就是舌头。人的舌头可以从中间将它划分为两半，每一侧都有神经支配，称为舌下神经（hypoglossal nerve）。舌下神经主要由躯体运动纤维组成，由大脑中枢神经舌下神经核发出，支配全部舌内肌和舌外肌。如果某侧舌下神经受到损伤，舌肌就会出现麻痹、萎缩、瘫痪，伸舌时舌头伸向另一侧的现象，使舌头无法进行运动，影响说话、咀嚼和吞咽活动，导致吐字不清。虽然舌下神经孔在其他哺乳类动物中也存在，但是现代科学研究表明，人的舌下神经孔远比黑猩猩的要大，前者的横截面面积是后者的2倍，因此，较粗大的神经可以从此孔通过，粗的神经能使人类的舌头运动更加灵活，满足说话的需要。

（3）人类群体劳动合作促使了语言的产生

由于远古人类脱离了森林的保护，开始平原生活，为能有效地防御大型野兽的攻击，势必要结成群体在一起生活、劳动。正是由于这种群体性的生活、劳动，促进了群体内部成员之间更多的互相帮助和共同协作。此时，由于双手也要承担更多的职能，仅依靠肢体的模仿影响了手势语言的进一步发展，手势语言已无法胜任日益增加的交流的需要。为了适应环境，必须有一种新的交流手段产生，原有的动物本能性语言适时承担了这一任务。于是远古人类不发达的喉头，由于音调的抑扬顿挫的不断加多，开始缓慢地得到改造、进化，口部的器官也逐渐具备了发出一个个清晰音节的能力。

真正意义上的语言应该是在大约距今10万年时产生的。从考古发现看，莫斯特时代是一个人类有丰富创造性的文化层，人类制造的工具开始复杂起来，品种也多了，目的性也较为明确，出现了诸如打孔、磨光、切割等工具。可以认为，当时的人类已具备了出现有程序的劳动的可能，因此也就具备了出现某种有明确分工的群体劳动和用以指挥群体劳动的中介——语言。

群体生活不仅使远古人类的御敌能力增强，而且使其获得食物的途径相对较为稳定，提高了个体生活质量，生命得以延长，同时繁殖力也随之提高。人口增长了，就需要向外分散，在各地不断形成新的部落群体，而部落之间信息的交流、产品的交流需要一种能被各部落接受的中介，这一中介后来便发展成为具有符号性的语言。

因此，语言的产生和发展不仅仅是一个生物进化的问题，而且还是一个社会进化的问题。社会的需求带来了语言的进化和发展。语言也随着社会的发展而发展，随着社会的变化而变化，因此，社会因素对语言的发展起到了推动作用。同时，语言对社会发展也具有一定的反作用，直接影响和促进社会的发展。语言一经产生，就作为人类社会的共同财富，一代一代地传承下去。

（三）语言的进化心理学解释

进化心理学提出，应在进化历史观的指导下研究人类的认知和行为。其理论认为人的心理是由成千上万个进化的模块组成的，这些模块是心理适应，是在自然选择中被设计出来满足特殊的信息加工的功能，它们要解决更新狩猎—采集的祖先面对的生存和繁衍问题。事实上，人类的许多心理和生理机制并不都是与人类的出现而一同出现的，而是在人类发展的某个时期出现的，是进化的结果。

进化心理学把"过去"看作理解语言起源的关键。进化心理学认为"过去是了解现在的钥匙"，要充分理解人的心理现象就必须了解这些心理现象的起源和适应功能。这里的"过去"不只是指个体成长发展的经历，还指人类的种系进化发展史。在人类进化过程中，过去不仅在人的身体和生存策略方面刻下了很深的烙印，也在人的心理、语言和相互作用的行为策略方面留下了印记，成为探索心理机制的基础。每个人都是进化过程的产物，是保存完好的活化石，能帮助我们了解祖先的过去。"就像目前的宇宙特征包含着大量的关于引起它形成的线索一样，现代人身上也包含着大量关于人类心理起源过程的线索"。

人是通过几百万年自然选择作用以目前形式存在的一种有组织的结构。每个人的存在都是长期的、没有间断的祖先成功地解决进化过程中所面临的生存和繁殖等有关问题的产物，作为成功的祖先的后代，所有的人都带有导致祖先成功的适应机制。"活着的人都是一部复杂的记录，其设计提示了过去的选择史"。因此，语言的结构可根据进化过程中需要解决的问题加以分析。由于外在环境输入是通过认知过程来产生外显行为的，所以语言是通过进化与行为间偶然的联系来促进其产生与发展的。换言之，自然选择不仅发生在身体、器官和行为层面，也发生在认知层面。语言是人区别于其他动物最主要的特征之一，是人的本质所在。因此在研究人类语言起源的问题上，心理学最主要的研究内容在于探索语言是如何在行为与进化之间起中介作用的。

进化心理学把适应和压力看作语言起源的动力。进化心理学认为，人类的存在与发展受到自然选择的进化力量的影响，人类复杂的生理、心理机制都是进化选择的结果，进化过程最重要最基本的产物就是适应。适应具有可遗传、可变化发展的特征，它们通过自然选择而存在，并有助于解决进化过程中的生存和生殖问题。

语言是在人对压力的适应与选择中形成和发展起来的。早期人类为了群体内成员之间交流、协作成为可能,就已经拥有了某些基本的心智功能以适应信息的传递,但由于人类的生存随时会面临诸如气候、食肉动物、自然障碍等更多的不利因素,因此,人类在解决这些问题的过程中,必然需要更加完善的知觉系统、记忆系统、逻辑思维系统等,而对这些系统的要求也迫使人的各种生理器官不断进化、选择和适应,与之相依托的语言系统也随之得到进化和发展。从进化角度看,生存只是一个前提,繁殖比生存更重要。要成功地繁殖后代,就必须解决同性竞争、选择配偶、成功受孕、保护配偶、亲本投入等问题。早期人类在面临和适应这种繁衍压力的过程中,历经大浪淘沙、自然选择,使得那些语言沟通能力好、生殖能力突出、体能体魄强健、才智出众、个性适宜的个体或族群得以生存和延续,从而使相对优越的言语机能随之得到遗传或进化。但纯粹的身体存在并不是进化史最重要的适应问题,因为最重要的问题是由自己的同类成员提出的,换句话说,我们是我们自己的自然界的敌对因素。稳定的社会群体的出现为早期人类带来了强大的选择压力,并直接导致语言及自我意识的进化和发展。社会适应为人类带来了合作与竞争的压力。

由于个体具备较好的语言交流及协调合作能力,因而得以获得食物、配偶以及免于捕食者的伤害等,进而具有了再生产的优势;反之则可能被淘汰。由于社会适应对于人类生存和发展具有非常重要的作用,因此由进化而形成的言语机制在性质上必然具有一定的社会性,人与人之间的关系也成为进化心理学探索语言起源的一个核心问题。

进化心理学认为功能分析是理解语言起源的主要途径。所有的有机体包括人都是适应的产物,"适应是进化形成的解决生存和繁殖问题的方法",是通过自然选择形成的。人的某种特征之所以存在,是因为它能够可靠地、有效地、经济地、精确地解决某种适应问题,这在语言方面表现得最为明显。进化心理学认为,人的语言也是适应的产物,语言之所以存在是因为它能解决人类进化过程中的某种适应问题。不理解语言现象的这种适应的设计,就很难对语言起源有充分的了解。心理学必须弄清语言现象能解决什么适应问题,也就是说语言的起源、发生、发展对人类有什么作用。心理学如果想去发现、描述或解释人的语言起源，其主要途径就是功能分析，即弄清语言机制是用来解决哪些适应问题的。

　　进化心理学认为语言的起源是心理机制与环境互动的结果。心理学是研究人的心理和行为的科学。然而，关于语言的起源，不同的学者有不同的看法。古希腊斯多葛派认为，语言是由于人类模仿自然界的各种声音而逐渐进化而成的，在当代语言中出现的某些拟声词，就是起源于"摹声"。德国语言学家施泰因塔尔和保罗进一步强调了摹声在语言起源中的重要作用，认为声音的模仿是构成语言起源的主要手段。而伊壁鸠鲁派的学者却指出，人类只是由于感情过剩才开始说话的，激情的发声是语言产生的条件。孔狄亚克在《人类知识起源论》中认同这一观点：是感觉的喊叫使心灵的力量发展起来，从而形成一种把观念与任意符号联系起来的习惯，使语言得以形成。卢梭则在《论人类不平等的起源》和《论语言的起源》中提出"契约说"，他认为人类是为了在平等的基础上建立一个社会，为了相互沟通，才约定使用语言来作为传递信息的工具。以努阿尔为代表的学者认为语言起源于劳动呼声，原始人类在集体劳动中，由于肌肉的紧张，发出喊声，变成了某些操作语言，并产生了语言，即"劳动呼声说"。恩格斯在《劳动在从猿到人转变过程中的作用》一文中写道，语言、思维、人、人类社会是同时产生的，语言是人们在劳动中由于交际的需要和劳动一起产生的，并认为人类的语言从产生时就是有声语言。赫尔德尔则把人的语言能力看作是一种天赋的认识倾向，一种对观念、印象进行区分和组织的自然秉性，一种与语言互为依存、互为条件的天生能力。以冯特为代表的一些人，看见今人说话时，以手势助说，因此认为手势在先，有声语在后，因此创立"手势语起源论"。

　　进化心理学则认为，语言起源是心理机制与环境相互作用的产物。语言的产生，首先需要有心理机制的存在，这样人才能接受环境的输入，并通过一系列的决策或算计来对输入进行加工以产生明显的言语行为。事实上，人的任何行为都是心理机制与社会环境交互影响的结果，不同的发展决定了个体在应对某些突发事件时所选择的策略，而个体发展的经历也决定了其心理机制的阈限。例如，在不同的文化背景下，人们对于言语的反应阈限是不同的，某些文化使个体对于言语行为的反应阈限降低。

随着人类的进化，发音器官逐渐完善，清晰的语音成为可能；随着复杂劳动工具的产生，群体劳动出现，语言成为必要；随着人口的增多，人类的交流又促进了语言的发展。语言的出现是人类在自然生存中的适应。语言形成以后就会像物种一样，有了自己的进化方向和进化步骤。通过对现存的原始部落的语言研究发现，所有现存的任何一种语言中既有与我们的语言一样繁杂、缜密的系统，也有与我们同样简洁、明了的告白。同样复杂的语法体系使得人们相信语言的起源具有惊人的相似性，即语言的起源和发展是人类进化过程中的一种适应产物。进化心理学所提供的语言起源是一种相互作用观，认为语言并不都是遗传的、不能改变的，而是心理机制和环境互动的结果；虽然语言机制是人类长期进化的产物，但它必须被背景（环境）激活才能产生言语行为。进化心理学认为所有的外显行为（包括语言）必然是背景（环境）输入和心理机制相互作用的产物。

三　语言进化的本质

人类实质性地探索语言起源与进化可以追溯到 200 年前，在此之前，人们虽然有些猜想，但很少付诸文字。人类语言，尤其是言语不会留下任何诸如化石等证据，因此一直是考古学和语言学研究的难点。关于语言起源的研究更多的是提出一些假说或者"杜撰"一些故事，而少有实证证据为其佐证，故曾一度被巴黎语言学会在其会章中明文规定为"禁区"（桂诗春，2012）。然而，历史的车轮始终会向前开进，由于美国人类学协会和纽约科学院 1972 年和 1975 年"语言与言语的起源和进化"等讨论会的召开，特别是 S. 平克和布鲁姆（1990）的论文在《行为与脑科学》的发表，语言的起源和进化最终还是成为语言学界关注的焦点。据统计，1981—1989 年每年发表的关于"语言"和"进化"的论文平均为 9 篇；1990—1999 年为 86 篇，2000—2002 年为 134 篇（桂诗春，2012）。尽管国内外语言进化研究开展得如火如荼，但学界依然没有就语言进化相关问题达成共识。比如，语言进化的本质是什么？它是像鳞片变成羽毛一样属于生物进化呢，还是像双翼飞机变成喷气式飞机一样属于文化进化？

现在我们回想，按照200年前科学发展的状况，确实是没有希望在这些问题上取得任何实质性的突破。一方面是由于对不同的物理系统和生物系统的真实年龄不能做出正确的判断，相关的估计也存在很大程度的偏差。另一方面是由于当时的人们普遍都坚守物种不变的信条——每一个动物最初都是按照特定的状态产生的，并且一直保持原状基本不变。当时的人们还没有关于世界上各种语言的系统性的知识。对于其他物种的交际行为和认知能力，几乎是一无所知。对于人类自身的种系发生史和个体发生史，也都没有达成一致的共识（王士元，2008）。

但是，在过去的一个世纪里，情况发生了显著的变化。达尔文的进化论思想完全改变了我们关于时间、空间和生命的观念（吴文，2012）。语言学在人类学和生物学的框架中研究探索，依循着格林伯格（Joseph Greenberg）语言共同性的研究道路，现在已经能够向我们提供世界上大多数语言结构的合理轮廓（王士元，2008）。更为重要的是，从各种不同学科领域中获得的成果正在合为一体。这些学科包括人类学、考古学、动物行为学、基因学、脑科学及计算机模拟和行为实验。除语言外，这些学科还关注语言使用者、非人灵长类和其他动物、人类大脑以及文化。这些进展对语言进化研究起到了一定的推动和启示作用，使我们能够再一次提出那些由来已久的问题，即使我们不可能在不久的将来就找到这些问题的最终答案，但是也有希望把对这些问题的认识继续向前推进一步。

为了揭示语言进化的本质，L. 斯蒂尔斯（Steels，2011）从文化进化视角对其进行了深入的探究，也引发了人们对语言进化本质的再次热议。我们认为语言进化必须从生物进化和文化进化两个方面来进行考虑，即语言的结构方面和语言的使用方面。一方面，早期类人猿的大脑容量不到我们大脑容量的一半，经历了几百万年无数次的人体结构上的逐渐变化，直至进化发育到具有学习当今世界上几千种语言里的任何一种语言的能力。因此，我们把语言看作是人的一个独有的特征，语言的进化发展是随着我们脑容量的增大而产生的一种能力。相应地，另一方面，语言本身也在社会使用中得以发展，从身体姿势、面部表情、与各种活动和情感相联系的声音，一直进化发展到人类所有语言中的各种复杂的、抽象的、精密的符号设置。语言作为对人类心智形成的一种认识，目前流行着另外的进化解释,这种解释更倾向于把人作为社会动物而不仅仅是人体结构发展的结果,即是作为一种社会相互作用的工具而进化的结果。哥伦比亚大学神经学家霍莱维(Ralph Holloway)是这种新观点的先驱者。他认为,语言是从一种基本上是合作的而非侵略的社会行为的认识母质中成长、发展、进化起来的,并且依赖于两性之间一种劳动行为的具有补充性质的社会结构的分工(王士元,2008)。

(一) 生物进化视野下的语言进化

所有人都知道语言的产生无法离开适当的语言器官。首先要有正常的发音器官,这包括口腔、咽喉、声带、舌头、嘴唇、牙齿和上下腭等结构。这些器官不仅结构要完整,还需要懂得如何配合发音,否则会出现口吃、口齿不清等语言障碍。人类能够发出范围广泛的声音,这是因为喉在喉咙里的位置较低,因而创造了一个大的音室,咽部在声带之上。纽约塞内山医学院的莱特曼(Jeffrey Laitman)、布朗大学的利伯曼(Philip Lieberman)和耶鲁大学的克莱琳(Edmund Crelin)创造性的工作,使我们认识了扩大的咽部是产生发音完全清晰语言的关键。这些研究者对现生生物和人类化石中的声道解剖学进行了大量的研究,结果发现它们是很不相同的。除了人以外的所有哺乳动物的喉都位于喉咙的高处,这使动物能同时进行呼吸和饮水,其必然结果是,小的咽腔限制了所能产生的声音的范围。大多数哺乳动物因此而依靠口腔的形状和嘴唇来变化喉部产生的声音。其次要有正常的听觉器官。此外,还要有一个健全的大脑。因此,语言发育的先决条件就包括发音器官、听觉器官、大脑神经等基本的身体器官,不管其中哪个环节出现问题都会或多或少地导致语言或言语的障碍,甚至失去语言能力。

由此可见,语言的产生及进化和人体结构进化发育息息相关,即语言进化属于生物进化。在语言进化的历程中,人体结构的一些里程碑式的建树已经使我们能够探索更进一步的问题。其中的第一个基本点,就是原始人从类人猿分离出来时用两足行走的问题。两足行走不仅是一种生物学上的重大改变,也是重大的适应环境的改变。由于直立行走,上肢解放出来,逐渐形成手;直立使喉头声道角变小,使发音器官发生很大变化。最近在东非发现的化石遗迹和原始人的足迹,促使我们再次考虑两足行走的完成时间。似乎早在大约350万年前,南方古猿在很大程度上就具有了像我们今天这样直立行走的姿势和步法。伴随着这种发展，双手就能够承担先前由嘴所完成的很多任务，比如，搬运和搏斗，这就使得语音的发展成为可能（Corballis, 2009）。我们也有理由相信，直立姿势迫使不同的身体部位做出大量的机械式反应，其中包括了喉部位置的下降。这种独特的生理适应性变化对有声语言及其进化产生了一定的影响（姚小平，2007）。语言的出现可能要比两足行走的出现晚得多。一种权威的意见认为语言的萌芽可能在200万年前。在两足行走实现之前是根本不可能产生语言的（Botha and Knight, 2009）。

第二个人体结构上的里程碑是直立姿势所产生的部分影响——直立姿势使头颅托置于脊柱上，促进脑发育。确切地说，直立姿势后，日益迅速地变得灵巧而熟练的双手促进了神经系统的高度发达。神经科学家乔治·斯特里德认为"人类语言的进化，至少部分地，是大脑的绝对尺寸增大的一个自然适应性结果"（Chomsky, 2010）。150万年前，原始直立人（Homo erectus）的脑容量估计在850立方厘米到1100立方厘米的范围内。类似现代人的智人（Homo sapiens），比如，出现在10万年前的尼安德特人，就有着现代人的大脑容量，平均大约为1400立方厘米，其中当然会存在很多个体的差异（王士元，2010）。因此，大脑容量的发展要远远晚于两足行走的出现，但是它是以惊人的速度进行的。我们很难知道随着增加大约400立方厘米的脑容量，大脑活动的复杂性会增加到多大的程度。其中特别重要的是大脑皮层联系区域的扩大。通过这种扩大，不同的情感和知觉的各种形态，如听觉、视觉、触觉、嗅觉等，能够跟各种表达方式，如声音和手势，相互交叉地联系起来（Corballis, 2009）。信息的交叉传递模式是人脑的特殊能力之一。从残留在颅骨化石中的软组织痕迹里，我们可以看到大脑额叶皮层的相对尺寸稍微发生了改变。然而，这仅仅是对于在几百万年中，发生在原始人类大脑里的神经系统大规模地精密化和重组进化，给出了一个最模糊的暗示（Knight, Studdert-Kennedy and Hurford, 2000）。

显然，某些新的大脑组织发展成为大脑皮层，是与语言行为有关的。语言行为是由人脑中的神经回路决定的。脑科学研究发现了很多种语言处理能力的神经基础。一种对大脑进行电极刺激反应的实验提供了这方面的证据。用电极刺激猴子的大脑皮层并不能使猴子发出声音，只有把电极深深地插入大脑皮层下,才能引起猴子发出声音。而对人类大脑的电极刺激,正如有必要时,可以在神经外科手术之前进行那样,常会干扰说话或者称名。当人观察和模仿食指和中指的一些活动时,人脑额叶的布罗卡区(言语运动区)和顶叶的一些区域都有明显的神经活动。人脑的这些区域与猴脑的区域在解剖结构上存在对应关系。这些事实暗示着,伴随着在灵长目动物中,只有人类独有的新的语言行为之进化,新的脑组织也在大脑中一个完全不同的区域里发展起来了(Fitch,2010)。遗憾的是,早期原始人大脑的软组织,对我们来说已经永远丢失了。所以,目前看来,我们对神经学上这种至关重要的发展,似乎不可能了解更多进化细节。当然,这并不意味着这些新的组织以专有的方式只是对语言才起作用。

除了两足行走和大脑容量之外,还有另外一些可能相关的人体结构证据,迄今为止还没有得到系统的研究,这在很大程度上是由于缺乏资料。但是,随着化石被发现的频率加快,我们不久会有足够的来自大量个体的化石遗骨,来完成这项任务,而且可能从尼安德特人开始进行研究。这里不得不涉及所有人类群体都有的右手优势问题。这仅仅是因为右手是由大脑左半球控制,而语言控制也主要是在大脑左半球。左脑的专化发展,很可能是由右手优势和语言活动双重刺激的结果。在大脑的重组中,与功能对侧式有关的神经组织专化发展,可能是很重要的一步,它促进了语言的产生(Bickerton,2009)。无论如何,关于右手优势如何发展的知识,在这个问题上给了我们某种间接的启示。右手优势的问题已经在不同场合引起了讨论。有些学者认为南方古猿在大约二三百万年前,主要使用右手来击打狒狒头骨以获取食物(Schatz,1992)。也有学者考察了距今50万年的北京人洞穴中的石器,认为这些石器是适合右手使用的(王士元,2010)。然而,尽管这些研究有着诱人的时间跨度,却还不为史前史学家所广泛接受。迄今为止,关于右手优势如何发展的最早的定量证据,来自"显微物"研究。在这种研究中,旧石器时代的打火石工具,被放大几百倍之后再进行检测。长期使用右手的证据,是在英国找到的约20万年前的钻孔工具(Hurford,2007)。另一类有关的证据,是约3500年前刻有铭文的甲骨制品,这是汉字最早的例证。在过去的半个世纪里,古文字学家已经辨认出这些甲骨文中的几千个汉字。其中有上百个汉字含有一个代表"手"的象形偏旁，这个偏旁只是简单地画了一只手，而且大多数汉字偏旁画的是右手。

上述主要基于人体结构领域的证据，上限可以作为语言产生的一个"必要"条件，即在原始人身体的进化发展中具备这种条件之前，语言是不会产生的。近年来有两个发现与上限有关，一个发现是在东非一个叫作赫托的地点，发掘出几套大约16万年前的古代人化石。这些古人的人体结构，跟现代人已没有多大的差异（Hurford，1999）。另一个发现是在人体中的基因组里一个叫作FOXP2的基因，显然跟语言有关，而这个基因的形成，也大约是在16万年以前（董粤章、张韧，2009）。相应地，下限可以作为一个"充分"条件，即语言在那个时候必定已经出现。关于语言的出现之下限的讨论，通常认为是在大约四五万年前，那时随着智人的出现，爆发了大规模的创造革新。这些创新的内容包括新工具和武器的制造，栖居处的建造，洞穴墙壁上的画作，远达美洲和澳洲的迁徙。我们认为，无论是帮助个体内部的思考还是提升群体的力量，如果没有语言的使用，这一切创新都是不可能发生的。特别是，这些事实告诉我们，由于这些长途跋涉的群体一路上都要使用语言，所以语言必定在这些长途远迁之前就已经出现。如果那个时候还没有出现语言，我们就需要假定，语言是后来在几个不同的地点独立产生的——这是多源发生的，而不是单源发生的。

曾经有人赞同单源发生说，认为所有的人类语言肯定是从一个单一的祖先衍生出来的，因为它们有太多的共同点，即所谓的语言共性（Chomsky，2010）。乔姆斯基认为5万年至10万年前的某个时间节点就是语言的起源的原点。非洲大陆中的某个类人祖先意外地发生了生物学意义上的遗传突变，这一突变很可能使得这个人类语言的祖先大脑中的某个语言神经线路突然发生异常接触。偶然机会让承载单个语言信号的两个神经无意中得以发生"合并"（merge），语言便在不断地合并过程中生成各种不同的语言结构，进而为人类语言的产生提供了最早的生物学理据前提。由于这一异常突变促进了人类祖先的交流与合作，因此就作为一种基因信息通过遗传记载和传承下来，从而使得人类祖先产生了语言。尽管这种观点有一定的说服力，但它显然还不是确定无疑的。人类语言中相似的结构也可以有另外的两种解释。一种解释是，这些相似性很可能是由于人类各个种族都有着基本上相同的神经生理机制，对外部世界进行转译和编码。而且，各种语言所据以编码表达的对象，在本质上是同一个外部世界。另一种解释和语言的接触有关。经过广泛的考察我们发现，当不同的语言社团相互交往的时候，不同的语言也在来回往复地传递它们的特征。尽管某些特征的传递比其他的特征更为容易，并且在传递过程中有不同层级的制约，可是人们普遍相信，如果给定一段时间，比如说几千年，那么所有特征都可以在任何两种语言之间传递。数千年来，人类各种规模的群体、部落和小区之间相互融合，必然会在语言中产生大量的共同特征（吴文、郑红苹，2012）。因此，尽管有些实验性的证据倾向于把语言的出现追溯到下限的时间，我们也还不能断定语言是单源发生还是多源发生，更不能断定语言出现的地理中心或者源头。

（二）文化进化视野下的语言进化

语言进化始终是在一定的社会使用中发生的，但是语言使用者和语言结构分离对语言进化也产生了一些深远的影响，因此语言进化也属于文化进化的一部分。婴儿并不是生来就在大脑之中存在任何语言，所以他就面临必须学习语言这样一个巨大的任务。这就意味着他要长期依赖一个支持他的语言环境。如果一个儿童在习得语言的关键时期被剥夺了适当的语言环境，不管是由于偶然的事故还是患有疾病，那么他在以后的一生中都不可能完整地掌握语言，狼孩就是最好的例证。因此，中国有句古话："人过三十不学艺"，其隐含的前提是学艺越早越好。这句古话侧面反映了中国古贤对大脑逐渐成熟与大脑功能"侧化"思想朦胧的感知。国外，早在1959年，著名神经外科医生W. 平菲尔德（Penfield and Roberts, 1959）就提出："对于语言学习而言，9岁之后，人的大脑就变得越来越僵硬"；"10岁以后开始学习语言，很难有好结果，因为不符合生理规律"。

这种使用者及语言本身的分离，尽管给人类语言习得带来了一定的困难，但是我们得到了一个至关重要的好处，相比之下产生的习得困难则是微不足道的。如果语言在人出生之前就被固定下来而不能改变的话，那么就只有通过身体的适应性这种生物过程才能改变它。这样的过程比文化上的变化要缓慢得多（洪兰译，2004）。比如，由陆栖的爬行动物改变形体进化成鸟类需要非常漫长的时间，相比之下，在文化上只用了几百年就以飞机的形式解决了飞行的问题。语言能力无疑是建立在生物基础之上的，然而，事实上正是文化的传播使语言在精密性和适应性上具有了巨大的潜力，所以语言进化更是文化进化的结果。

在行为方式的进化中，语言的进化显然是最复杂、最强大的，并且也跟一般的有机体适应方式有所不同（Lieberman，2006）。如果飞蛾的颜色保护性不强，它就很可能会被经过的鸟儿吃掉。如果长颈鹿的脖子不够长，它就吃不到树枝高处的叶子。这里选择的单元是动物个体，即使优势基因在群体中只是出现一次，它们也能够遗传下去。

语言的进化和选择要复杂得多，它至少要涉及两个个体：发送者和接收者（Corballis，2009）。如果一个原始人用一种灵巧的方式说出"水边的洞穴里有一只狮子"，但是他的群体中没有一个能听懂他的话，那么语言的进化就不会有进展。达尔文也试着猜想：在人类语言之初，会不会有过某一只类似猿猴的动物，特别的腹智心灵，对某一种猛兽的叫声，如狮吼、虎啸、狼嗥之类，第一次做了一番模拟，为的是好让同类的猿猴知道，这种声音是怎么一回事，代表着可能发生的一种什么危险？祖贝布勒（Zuberbühler，2002）也发现尼日利亚加沙卡古姆蒂国家公园的白鼻长尾猴看到豹子接近时都会发出"Pyows"的警诫声，看到麻鹰来临时就发出"hacks"声，而将两种声音结合，就是示意同伴离开，并且这些声音都能为同伴理解。达尔文认为人类语言就是这样产生的。因此，只有同时存在一个敢于创造的发送者和至少一个有见识的接收者，语言的进化才能前进一步。

就此看来，语言的进化和其他行为的进化有一些共同之处。这种必须同时有几个个体参与的选择类型，它的成功概率比那种基于单一个体进行的选择类型的概率当然要低一些（Nowak and Natalia，2001）。当这种革新的选择成功后，就会使语言的表达方式更丰富，使得这个群体的成员们在他们的活动中变得更加协调，因此，支持语言革新的基因库也会获得一个生存的优势。回答语言是什么时候产生的这个问题，关键之处当然在于我们愿意接受把什么作为语言，因为平常我们使用语言这个词的含义是相当模糊的。假如有一个满头黑发的人，我们每次扯去他一绺头发。那么人们对于到何时可称他为"秃头"，也会有不同的意见。当前关于类人猿能否学会语言的争论在很大程度上就是基于怎样对语言进行定义。一方面有人认为，有几只黑猩猩已经掌握了语言进化的探索基础，因为它们已经学会了语言的一整套特征。如试验中，沃秀用"水—鸟"来指称鸭子，用"硬—糖"来指称坚果，等等。这种语义概括和新的组合的意义在于它们第一次指明语言符号是以一种创造性的能产方式被使用的（王士元，2008）。这种创造性行为，以及在野外和实验室对猿类进行的其他观察结果表明，猿类有很强的认知能力，使它们有可能获得比目前所表现出来的更为复杂的语言学习能力。持批评意见的人则提出反对，并指出它还没学会语言的其他一些必要特征。例如，在对沃秀进行第一次报道后的几十年里，我们还是没有取得令人信服的证据，来证明猿类能够学会那些5岁或者6岁儿童不费力气就能掌握的复杂句法。因此，很多科学家否认沃秀等类人猿真正学会了语言。我们认为不管沃秀学会了多少单词和句式表达，却没有能真正理解他的表达的同类，因此在黑猩猩中，语言始终没有得以进化。因为语言的进化必须在社会交往的使用过程中才能发生。

西方学者用语言进化来表示语言发生、发展的动态过程。语言的进化始于大约200万年前的"智人"（genus Homo），语言在当时作为一种认知适应，对于人类应对自然界带给人类的挑战（如动物掠食与森林毁坏）有很大帮助。学习与文化因素促进了人类进化过程中人际交流语法化在特定选择压力下得以发生，因而，人类大脑容量也随着人际交流语法化逐渐增加。学习与文化压力也使交流的媒介依次从手语模式发展为表情模式，最终形成了人类的语言模式（Corballis，2009）。尽管语言进化已走过了漫长的200万年的历程，然而人类探索语言进化发展的规律不过200年，领悟语言进化理论始于对语言能力发展的惊奇。在这短短200年的时间里，国内外语言进化研究已经开始达成共识，并取得了一些实质性的研究成果。

国内外研究普遍认为语言进化的实质就是语言个体发育和语言社会交往的最终结果。语言能力依赖于人的生理发育，因此，语言进化研究就涉及个体语言（个体发生的）发育，即语言进化过程就是人体结构的进化发育过程。作为人类能力的语言也是受时间影响的，不是永恒的或一成不变的。它也不是突然形成的，而是具有历史的属性的，并肯定是从原始的交流阶段发展进化而来的。人类语言进化研究必须依赖语言使用过程的相互交流，即语言进化过程就是语言的使用交往过程。概言之，语言进化的本质就是语言在社会交往中的使用发展过程和人体结构的进化发育过程合力作用下的不断发展进化，即语言进化是语言个体发育和语言社会交往的交叉结果。因此，语言进化是生物进化与文化进化的共同结果。

第五章

语言习得机制

第一节　儿童语言习得

　　人类从事的行为中，没有哪样像语言那么复杂而又平常的事了。语言已经是人类太习以为常的事，因此没有人去思考我们是怎么习得自己的母语的。达尔文主义者认为语言绝对不可能像 S. 平克等人认为的一样是一种本能，因为任何语言都必须通过学习才可能被学会。然而，语言和别的任何艺术的学习行为都存在较大的差别，因为人天生就有说话的一种潜意识的冲动，而没有哪个婴儿会有学音乐、美术，甚至酿酒、设计、修路、建桥等的冲动。

　　尽管语言学家一直未弄明白人类语言到底是如何起源、发展乃至进化的，语言学家对语言的复杂程度和精确度均没有定论，但是儿童却不会操心自己的母语如何的复杂而无法习得该语言。正常情况下儿童也不可能学不会自己的母语，不管其母语有多么的复杂；儿童更不用担心语言的不断进化而无法适应日后的语言发展，因为人的大脑和发音器官的进化可以轻而易举地辅助语言的产生，并适应语言的进化发展。在母语习得过程中，儿童的任务就是简单地用这些天生具有的大脑等身体器官通过遗传留下的特质来学会自己父母及所在社区使用的语言即可，不管是汉语、英语、法语，还是尼日利亚语、爱斯基摩语等。这是因为，语言使用经历了上千年的时间洗礼以后，自然选择已经通过适者生存的原则使得儿童的能力与该任务之间相当匹配了。因此，人类到底是怎样习得一种语言的问题确实值得我们思考。我们首先看看儿童语言习得的不同观点。

一 语言的后天习得

语言的习得与儿童需要学得其他技艺相比,尽管复杂得多,但是任何小孩均不会存在任何困难。比如,一个小孩在听到周围的人用某种语言进行交流或与他人讲话后,自己最终也能发出同样的声音,说出他自己都不知道如何学来的词或者语法结构。这对语言学家而言似乎非常令人惊讶,而父母却不认为这是一个了不起的举措,只是在孩子说话时不断给予他们鼓励或赞许,当他们听到孩子第一次说"爸爸""妈妈"的时候,通常会高兴地微笑或者给他一个亲切的拥抱。在父母眼里,孩子学会语言与学会许多其他事情没有本质的区别,如穿衣、喝水、开门、关窗,乃至打开电视、电脑、手机,这些都是通过模仿家人的行为,并对自己行为的结果进行修正直到满意的结果,即任何事情的学习均是不断强化而形成的。那么,语言学习与这些日常行为的学习有何不同呢?

这正是斯金纳等行为主义心理学家提出的观点。20 世纪初,以美国心理学家华生(John B. Watson, 1878—1958)和桑代克为首发起的行为主义革命对心理学的发展起到了巨大的影响作用。华生的心理学是以其行为主义而闻名世界的。虽然桑代克的心理学被称为联结主义,但是,就这个名词的最广泛的意义来说,也是"行为主义"。行为主义者把"刺激—反应"作为行为的基本单位,学习即"刺激—反应"之间联结的加强,教学的艺术在于如何安排学生在刺激的基础上加以强化。这种理论在教学上的应用包括程序教学、计算机辅助教学、自我教学单元、个别学习法和视听教学等多种教学模式或方式。20 世纪 50 年代行为主义心理学家斯金纳(B. F. Skinner)提出"操作性条件作用学习说"时,结构主义学派立即对之表示出了极大的热情,似乎认为在语言习得的问题上,斯金纳所勾画的行为主义框架,已足以应付了。

斯金纳的学习理论将新行为的获得看作是一个操作性条件反射的结果,在这个过程中新的行为(如狗分泌唾液)是通过环境(获得食物)对他的刺激并强化来习得的。

"在所有刺激控制的语言行为中,必须考虑三个重要的东西:刺激、反应以及强化。这三者是相辅相成的,刺激发生在反应之前,创造该反应能强化的场景;通过操作性识别过程,刺激成为该反应可能发生的场景。"(Skinner,1957)但他一开始就指出语言的社会用途是语言与无生命世界里所使用的非语言行为最重要的区别。"当人走向一个物体的时候,他会感觉自己离该物体越来越近;如果他伸手出去,就会碰到该物体。如果他抓住举起该物体或挤压拉扯该物体都会引起该物体朝相应的方向改变位置。所以这些都遵循简单的机械原理……然而,当我们语言作用于该世界的时候,如当我们向别人要水喝的时候,水要到说话者手里,需要经过包括听到这话的人的行为在内的一系列复杂的事件……事实上,这种语言行为的一大特征就是它对物质世界的控制是无力的。"(Skinner,1957)

因此,斯金纳认为虽然对语言行为来说,刺激、反应和强化之间的联系并不是那么明显和直接,但是这些联系是存在的,并且可以用来接收语言的学习和使用的。比如,他发现在每个语言团体中,某些语言行为如"等等!""嘘!"通常都会发出某种反应,如停下来或安静一会儿。当然,这种行为结果取决于他人的合作与行为。但如果出现了该结果,那个具体的语言行为就会得到强化,从而在未来类似的情况下很可能会重现。因此,和别的行为一样,语言学习完全依靠及时的强化。

从本质上来说,斯金纳关于语言学习的分析企图表明语言是受到环境影响的,就好比老鼠按杠杆(图5-1)或鸽子啄钥匙的动作可以通过给或是不给食物来控制。通过对儿童所发出的近似于大人所使用的声音、词或句子加以强化,而对不正确的语言不予以强化,儿童的语言行为慢慢地就会越来越接近他生活的环境所使用的语言了。斯金纳认为这种及时强化不仅使得儿童学会语言,而且也是人类所有行为的决定因素,包括成人的语言行为。

由于斯金纳坚持认为"强化"是理解语言行为的关键,他不得不将"强化"这个概念加以延伸,来包含与那些动物学习研究中的情况迥然不同的情形。比如,他声称许多语言行为都是"自我强化的",如"儿童会重复飞机、有轨电车、汽车、吸尘器、鸟、狗、猫等单词的发音,从而自我强化"(Skinner,1957)。"而在幼儿园里的孩子能发出从别人那里学来的声音,从而对自身的语言探索行为进行自我强化。"(Skinner,1957)斯金纳将强化这个概念延伸至更广的情况,即强化可能在说话人并不在场的情况下发生。比如,"语言行为的效果会通过让更多的人听或看而翻

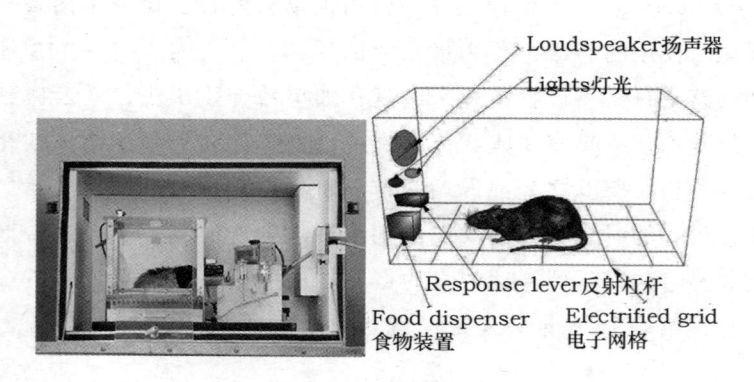

图 5-1 动物条件反射学习

资料来源：Skinner, 1957。

倍"也是对公众发言家或作家使用该语言的强化（Skinner, 1967）。

乔姆斯基（1959）在那篇享有盛名，并被人们广为引用的批判斯金纳的文章中强调，对人类行为，包括语言在内的操作性条件反射分析存在着种种的问题。他讨论了强化的作用，在引用以上和其他一些例子之后，乔姆斯基总结道："从以上例子，我们可以看到强化这个概念已经完全丧失了它原有的客观意义。在这些例子中，人不作出任何反应也能得到强化，强化刺激并不需要直接作用于被强化的人，甚至强化刺激即使不存在也会有强化出现（只要人们想想或盼望该刺激就足够了）。人们听到自己喜欢的音乐、随心所欲地说话、放任思绪或读喜欢的书，因为我们觉得这就是对我们自己的强化作用；人们书写或告诉别人一些事实，因为我们被这些行为和事实所强化，希望我们的读者或听众也能具备这些行为，这些现象表明，强化这个词行使的似乎只是一种习惯性的功能。'X 被 Y 所强化'似乎被用作'X 想要 Y''X 喜欢 Y''X 希望 Y 能这样'等的替代说法。强化这个词也没有了任何解释力，如果认为该词能比希望、喜欢等词更清楚、更客观，那就大错特错了。"（Chomsky, 1964）

有意思的是，乔姆斯基的分析和前面提到的感知控制理论一致，因为他似乎暗示人们的行为是用来满足他们内在的愿望、喜好和欲望的，而不是因为某些行为是被过去的经历所强化的结果。因此，乔姆斯基针对行为主义语言学习观提出了语言习得是天生遗传而得的观点。

二 语言的天生遗传

乔姆斯基在随后的关于语言习得著作中抨击了斯金纳和其他的学习理论，强调语言的句法结构，并指出所有正常的儿童都能熟识该结构，无论他们对语言的接触是多还是少。乔姆斯基的这些见解，以及他发展的生成语法理论给我们理解语言带来了彻底的变革。尤其是他用来解释语言某些方面的生成语法理论，只有那些接受过现代语言学正规教育的少数人才能完全理解。幸运的是，生成语法的基本理论还是比较容易理解的。

首先我们需要考虑的是，什么是句法以及句法为何是语言所必需的。人类声道结构决定了我们一次通常只能发出或听到一个声音。这就使得口语成为一个连续的媒体，即语音一个串一个，就像链上的珠子。而我们也看到了，音组合成词（对比"Pot"和"Top"）、词组合成句［对比"狗吃猪"（The dog ate the pig）和"猪吃狗"（The pig age the dog）］，不同顺序决定了不同的意思。对不同的语言来说，词序对理解词意的重要性有所不同。英语是尤其挑剔的——在英语中许多词序组合都是无意义的。

正如语言学家比克顿（Bickerton，1990）所指出的："如果将一个10个单词组成的句子重新组合，你会发现理论上讲的3628800种组合方式，但是其中只有一个组合能表达本段开头句所要表达的意思。也就是说其他的3628799种组合都是不正确的。我们怎么知道的呢？我们的老师和父母并没有告诉我们。唯一可能的是我们拥有某种建构句子的配方。这个配方很复杂全面，能自动剔除组合一个10个单词的句子的3628799种错误组合方式，只留下了正确的那个。每种语言的配方所要剔除的不正确的句子比宇宙中的原子还多，而世界上至少有5000种不同的语言。"

尽管许多语言对词序的要求都不如英语那么严格，然而它们至少需要基本音按某些顺序组词，即便它们对单词组句的顺序要求更加灵活。句法是控制语言中单词的组合顺序，以及给这些组合赋予意义的那些原则。用乔姆斯基的话来说，我们不是通过死记硬背的方式来记住单词和句子，从而生成符合语法的句子，也不是通过学习组成句子的基本结构句式，然后以此为模型来创造新的句子。相反，我们知道一些抽象的语法规则，并用它们来生成一些新的、从未听说过的句子。乔姆斯基提出的英语生成句法的几个规则。

规则1：S→NP + VP

规则2：S→Det + N

规则3：S→V + NP

规则1规定句子（S）可以由一个名词短语（NP）和一个动词短语（VP）组成。在规则2中名词短语定义为一个限定词（Det），如"a" "the" "this"或者"that"加上一个名词。而规则3将动词短语（V）定义为动词（V）加上一个名词短语。我们学会这些和其他的一些规则，包括用于将一个句子用作一个名词短语的循环规则，如"我看见约翰扔球（I saw John throw the ball）"。一旦我们学会哪些词是属于哪一类，我们就能生成无数的句子，如"地震毁掉了那个城市（The earthquake destroyed the city）"或"那只狗的耳朵很大（That dog has big ears）"。此外，转换规则将一个句子转化成几个相关的句子，因此"地震毁掉了那个城市（The earthquake destroyed the city）"可以转换成"地震毁掉了那个城市吗？（Did the earthquake destroyed the city?）"或被动句"那个城市被地震毁掉了（The city was destroyed by the earthquake）"。

这些规则是如此的复杂，因此孩子学会语言是一个很大的成就。拿一个简单的句子"你看见我的玩具枪了吗？（Did you see my toy?）"为例。要生成这个问句，孩子必须知道这种是非（Yes-No）问句是从相应的肯定句转化而来的——将第一个助动词移到主语前面，或者在原句无助动词的情况下在主语后面加一个助动词。这规则相当复杂，然而每个讲英语、会问是非问句的孩子似乎都知道这个规则。而父母并没有直接将这些规则教给子女们，因为很少有父母能说出这些规则，而即使父母能讲述这些规则，三四岁的孩子通常也是无法理解的。

更神奇的是，乔姆斯基指出孩子听到的语言例子并不足以帮助他们归纳这些暗含的生成规则。孩子们听到的只是语言极少的部分，而且经常会由于注意力不集中或记忆误差、说话者的口误、句子中途被打断以及其他的干扰，使孩子们听到的许多句子的结构并不完整。再加上周围的机器声、电视机和飞机声音，其他的噪音，孩子听到发音清楚、语法正确的句子的时候非常少。乔姆斯基称为"刺激的贫乏",意思是孩子听到的语言并不清楚、准确,也缺乏结构,不足以使孩子从中归纳演绎,学会其暗含的生成规则。

同时,孩子生成语法规则也不只局限于他们所听到的,比如,许多生活在英语环境的孩子用"breaked""drawed""holded""cutted"等词,尽管他们从来没有听大人说过这些词。然而,尽管他们会犯错误,但许多其他可能的错误他们却从来没有犯过。比如,从来没有听到某个孩子将"爸爸在厨房里(Daddy is in the kitchen)"变问句的时候说成"厨房在里爸爸吗?(∗Kitchen the in the is Daddy?)"。

乔姆斯基以及许多受他理论影响的语言学家和儿童语言研究者因而总结:儿童不可能通过斯金纳提出的操作性条件反射,也不可能通过当今心理学公认的学习方法来习得语言。而所有正常的儿童,无论智力如何,到四岁的时候基本都能熟练掌握他们所接触的语言。乔姆斯基认为这一事实说明,许多关于语言的知识都是人类生理天赋的一部分,尽管不同语言的发音、单词和语法结构都有所不同,这些差异只是主旋律的变异而已,而该主旋律是所有天然语言所共有的,即"普遍语法"。在乔姆斯基看来,普遍语法知识和婴儿脸上的鼻子一样,都是他生理遗传的一部分。

事实上,乔姆斯基认为既然语言不能通过环境传授获得,那么在很大程度上它一定是天生的。他和与他有相同想法的语言学家同时也承认,孩子必须要接触语言才能获得该语言,但是只是需要极小的程度、偶然的接触就能激发该语言的习得。在这一方面,口头语言能力和数学、阅读等能力有所不同。后者通常需要一些特殊经历来促进其发展,如正规学习及长时间的练习,即便如此,许多孩子和大人仍然不能获得这些学术能力。

乔姆斯基并非唯一主张人类语言认知能力天生论的人。心理语言学家兼哲学家福多(Fodor)多年来一直认为人类的概念知识都是天生的。只是乔姆斯基强调的是句法知识的天生性。福多认为像三角形、狗、自由等概念及其含义肯定都是天生的,因为人们无法学到他们以前未知的概念。这一说法和柏拉图在与米诺谈论时提出的观点是一致的。对福多来说,学习实际就是用自身经历对一堆具体的想法进行选择,从而对信仰定位。这一观点看似与学习和认知发展的选择论一致，又是有局限性的。

如果进化本身可以看成是一种生物体在演变过程中获取对环境的认知的学习方式，那么我们就有这样一套学习理论，即自然选择，能解释像生物体和生物体器官这样复杂且具有适应性的系统是如何从更为简单、更为贫乏的系统进化而来的。

事实上，这种关于"新的、更丰富的概念知识是无法被建构的，而必须是已经存在、与生俱来"的观点必将挑战福多的哲学逻辑。很明显，像红色、母亲、能量守恒、反问句等概念在某个时期（如宇宙大爆炸以后的第一秒）是不存在的，然而在当今人们的思维中这些概念明显是人类的复杂功能特性。但如果福多所说的无法"从理论贫乏的系统跃进理念丰富的系统"是对的，那么他一定也认为生物进化是不可能的。一旦我们承认积累盲目变异选择的进化过程事实上导致了更为复杂的系统从简单系统进化而来，观点、思维和理念的积累变异和选择的进化过程是人类认知发展的一个重要且普遍的部分，那么福多关于学习是不可能的论断就有问题了。

L. 比克哈（Bickhard, 1991）对福多的观点做了这样的批判："然而，如果知识的体现物不能出现，那么知识就不能实现。过分狭隘地强调这一点就会导致福多的天生论，即学习和发展都不能建构新出现的知识的体现物，因此，那些基本的体现知识的原子必须在基因中已经存在。不幸的是，这一结论并不成立。如果不能出现知识的体现物，那么不仅不能在发展中出现也不能再进化。这一问题实质上是一个逻辑问题，而不是针对某个个体的发展而出现。而福多的天生论没有觉察到这个基本问题，如果知识的体现物不能出现，那么他就不可能存在，在这一方面，进化和发展没什么两样。而在另一方面，如果知识的体现物出现了，那么那些不能接受其出现的学习和发展模式就有问题，在纠正了这些模式后，那些知识的体现物就应该如进化一样在个体身上出现。不管是哪种情况，福多的天生论都不成立。"

但进化中可能出现的情况并不一定会在个体短短的一生中出现。人的心脏和胳膊通过长时间生物体间的选择才得以进化。然而，没有人能学会在有生之年再长出一个心脏或胳膊，因为这些生理结构是由基因决定的，在人的一生中是不会改变的。相比之下，语言和概念知识所需要的认知能力取决于大脑的结构，而大脑在个体发育中具有极大的适应性。大脑具有通过神经键变异和选择来做调节性变化的能力。因此，生物体内部的选择可以导致新的语言和概念知识的出现。

当然，这些推理不能证明乔姆斯基和福多关于语言和概念知识是与生俱来的说法是错误的，但至少驳斥了他们和其他认知语言天生论关于知识的天生论的观点。如果人类基因能通过人类进化、生物体间的选择来获取这些知识，那么大脑就有可能通过生物体内神经键的选择来获取同样的知识。

三 语言习得是一个选择过程

不可否认，乔姆斯基和福多关于语言习得观点很为当代语言学家和认知科学家所推崇，然而，反对他们观点的也大有人在。这些人大多数是心理学家，他们更多的是从语言功能、儿童语言习得和语言的实际使用的角度，而不是从语言学的角度去看待该问题。这些心理学家中大多数人都或多或少地采用了语言学习的选择观。

我们以单词学习为例来看看语言学习到底是怎样一个过程。儿童学习新的单词及其意思是如此之快，以至于初看起来这似乎就是一个简单地建立所听到的新单词和所能感受到的和大人指出来的物体（猫）、品质（白色）、关系（在……以下）、行动或状态（吃）之间的联结。但仔细想想，我们发现学习单词并非那么简单。

奎因（Quine）指出决定单词意义存在着许多的固有困难。他举了一位语言学家到一个说陌生语言的国度去旅游的例子（Quine，1960）。在旅游的过程中，这位语言学家发现当人们看到一个毛茸茸的长耳朵小哺乳动物时说"gavagai"这个单词，因此他认为"gavagai"相当于英语中的"rabbit（兔子）"一词。但仔细想想，他意识到"gavagai"这个词其实也可以指动物、哺乳动物、头、毛、像兔子形状的、跳的或者与兔子完全没有关系的东西，如一天中的那个时刻。"gavagai"甚至可以用来指长得像兔子的人，或者是诅咒有一个花园出现害虫的诅咒语。奎因指出无论这个语言学家收集多少证据，他也无法确定这两个来自不同语言的词的相同意思。

孩子在学语言时也面临同样的难题。即使母亲指着一个动物是"cat"（猫），孩子怎么能确定这个单词"cat"是指动物本身，还是动物的颜色、毛、它在地毯上的位置、猫加上它所坐的地毯、猫的叫声或挠它痒痒的动作。由于任何单词的意思都有无限的可能性，那么大人为孩子提供信息，将单词的意思如实地传授给孩子的可能性也就微乎其微了。由于孩子不能直接获取大人头脑中的这些概念和意思，他只能猜测这个词"cat"是指他头脑里某个已有的概念，但他永远无法肯定到底是哪个概念。当我们听到孩子叫一只小狗"cat"（猫），或更可笑的，叫前来拜访的社区大婶"妈妈"，我们可以肯定孩子们是在进行种种猜测，并得出一些无根据的临时的结论。

我们将儿童猜测词意和科学家测试理论（比如，水是否必须到100℃才能沸腾）相比较。对科学家而言，再多的证据也不能完全证明某个理论。我们可以用煤气、电阻或太阳能发出的热来加热水，不同的热源对沸点没有任何影响。我们可以在钢、铁、石头或塑料容器中加热水，或在一天中不同的时间，在月亮的不同周期做实验来获取该理论额外的证据。这些发现或许都支持该理论，但他们永远不能证明该理论。事实上，在海拔2000米的高度重复进行用精确温度计测量加热水的实验会发现这个理论是错误的，因为水的沸点取决于空气压力，所以海拔越高，沸点越低。

孩子学单词及其意思也是同样的道理。如果一个人在没有兄弟姐妹的家庭中成长，多年以后会有无数的证据向他表明，"妈妈"这个单词指的是那个总是在他身边，给他喂食、穿衣、洗澡并拥抱他的特殊的女人。想象一下，这个小朋友在五岁第一次去幼儿园听到别的孩子用"妈妈"这个单词来指一个他从来没有见过的女人的时候有多么惊讶！他不得不否定他关于"妈妈"这个词的意思的那个"有很多证据"的假设。最终他将放弃这个假设，而建立一个新的假设：妈妈不是指某个特殊的人，也不是指某群人，而是指一个人与另一个人的特殊关系。当然，当他听到或读到奶牛、狗或猫是小牛、小狗、小猫的妈妈时，即使是新的假设，他也不得不加以更正。

尽管学习单词意思必须经历一个理论建构、否定或修正的过程，儿童所拥有的词意通常是正确或非常接近大人的意思的，因为他们不需要试验多少次就能得到人们所接受的意思。如果不是这样的话，在短短几年时间轻而易举地学会新单词对孩子来说将会是一个巨大的压力。

A. 坎贝尔（1973）认为儿童在猜测新词的意思时能得到帮助，这个帮助来自他们天生的观点：单词是指环境中更容易识别的稳定的部分。他将这一特性称作实体（entitativity）。因为，儿童感受到的茶杯是一个单个的实体，能与周围环境分离开独立使用，因此儿童认为会有一个单词来指茶杯，而不是一个单词来指茶杯加茶杯的柄或底。同样，儿童也认为"cat"更有可能是指他们看到的走在地毯上的动物，而不是猫和地毯的组合，或猫的头或尾。正如 S. 平克（1994）在谈论奎因所举的"gavagai"一例时所指出的一样："人类对事物的猜测生来就有某些限制，他们只对周围世界以及生活在世界上的实体相互作用的机制做出猜测。我们认为一个正在学习单词的儿童，在他的头脑里会把这个世界分为两大类：单个的、有界限的、有内聚力的物体和这些物体正在进行的行为。儿童将同样的事物组合成同一类别。我们还认为儿童生来就知道语言里有指代各种名称的单词和指代各种动作的单词，即动词和名词。那么兔子的躯干、兔子走过的地毯、断断续续的猎兔和其他对该画面的描述都不会被当做是 gavagai 可能的原因。"

这些和其他许多策略对制约或导向儿童对词语意思的猜测都极为有用，但无论是儿童还是大人都无法确定他对该词的理解和别人的理解完全相同。即便是查字典也不能使他们绝对安心，因为字典只是通过别的单词的意思来定义该单词，而那些单词自身的意思也是未经证实的。但与别人的语言交流越多，他就越能确定所持有的意思也是大家共有的，因为这种与他人交流给他们提供了否定、修正词意的机会，从而使他们对词意的理解不断精确。随着孩子单词量的不断增加，已经掌握的词能帮助他们找到新的词的意思。

获取单词的意思对掌握句法也很重要。麻省理工学院语言学家兼科学家 S. 平克和布鲁姆合作的一篇关于语言进化的论文中指出孩子们很难学会英语中许多异于基本句法的结构、令人疑惑的特例。

例句1：Beth sold the cookie to Eric.

例句2：Beth sold Eric the cookies.

例句3：Beth pulled the cookies to Eric.

例句4：* Beth pulled Eric the cookies.

从前两句可以看出，英语这两种不同的语法结构可以含直接宾语（the cookies）和间接宾语（Eric）。我们可以将直接宾语放在动词的后面，再接"to"和间接宾语。我们可以去掉介词"to"而只是将这两个宾语的位置调换。但需要注意的是，尽管第二种结构对动词 sold 来说是可以接受的，但对动词"pulled"（例句4）来说，就不那么正确了。尽管这两个词在例句1和例句3中的用法一致。

从以下几个例子，我们可以看出这一现象并不是孤立的。

例句5：Christopher kicked Erin.

例句6：Erin was kicked by Christopher.

例句7：Chirstopher resembled Erin.

例句8：* Erin was resembled by Christopher.

在此列举的是主动语态和被动语态的句子。例句5是主动语态，动作的执行者放在动词前面，而动作的接受者放在动词的后面。但是在例句6的被动语态中，动作的接受者放在动词的前面（添加助动词"was"），而动作的执行者放在动词的后面（添加介词"by"）。无数动词用在例句5和例句6的结构中都能生成合乎语法的句子，如"loved""heard""kissed"等。但由于种种原因，"resembled"这个动词的被动语态（例句8）却不合乎英语语法。

如果孩子完全通过听和记忆句子来学习语言，而从来不说他们没有听过的句子，那么这些特殊就会很麻烦。但无数的研究和观察表明孩子在语言学习中并不保守。我们已经提到他们会用从来没有从大人那儿听过的动词过去式，如"* cutted""* drawed""* breaked"等。以下几个句子里也能表明孩子具有极大的创造性，他们会积极去寻找并运用英语语法的规则。

例句9：* How was it Shoelaced?

例句10：* Jay said me no.

例句11：* I'm gonna pour it with water.

因此，孩子们不但在语言学习上不保守，反倒相当具有创造力，因此并不局限于他们所听到的词和句子。如果 S. 平克所说是正确的，孩子不能从大人那儿获取任何关于他们所说的那些句子是否合乎语言规则的有用信息，那么大人并不说这些不合乎语法规则的句子这一事实就是人类学习最令人费解的谜。如果孩子们得不到任何关于他们所说的句子是否是正确的信息，那么他们如何能消灭掉那些不合乎语法的句子呢？这一问题被称为语言的"可学性"问题。

S. 平克试着解答此问题，指出以上列举的句法特例并非无规律可循，而是取决于动词意思以及句法结构的意义上的些微差别。比如，所谓的间接宾语能在动词表明所属关系的转变时使用，如例句2，但却不能在指标识动作的动词中使用，如例句4。如果动词暗含着对某个物体施力，那么就可以使用被动语态，如"Adam was bit by Anne"和例句6，但却不能用在别的情况，如"Money is lacked by matilda"和例句8。

从 S. 平克的推理中，我们可以看出掌握单词的意思对生成合乎语法规则的句子极为重要。那么他认为人们是如何学会单词的意思的呢？引用他的话，"我们需要表明孩子能够对东西的意思作出任何可能的假设，并且他们能够通过观察该动词如何在各种情况下使用，排除任何不正确的假设"（Pinker，1989）。S. 平克在讨论词素的学习上时听起来更像达尔文的选择论。"随着孩子的不断地在一系列的句子里测试该词素，不断地摒弃所有不正确的假设，设想任何正确的假设……只有那些正确的假设能保留下来"（Pinker，1989）。

至于孩子是如何"学掉"（抛弃）那些由于过度概括而错误的动词形态的，如"*Drawed""Hitted"等，S. 平克用独到的见解给予了解释。他认为孩子认为同一个意思只能有一种表达方式，因此当孩子们听到大人说"Nicholes drew a nice picture"，他们明白大人是指画画的过去式，因为"drew"这个单词和"*drawed"表达的是同一个意思，因此他们最终会用前者来取代后者（Pinker，1989）。

尽管 S. 平克不会这样来描述他的理论，但他的理论实际上是在提出一个过程，孩子们对听到的语言结构能生成许多猜想，然后不需要大人指出哪些句子是不正确的，即不需要负面证据，自己就能消除那些不正确的猜测。要做到这一点，孩子必须对动词意义上的细微差别非常敏感。这一能力是如此的惊人以至于 S. 平克觉得这种"词汇句法"概念只可能是天生的，是大脑的语言成分的一个独立部分，与其他认知能力无关，即便如此，总的来说，S. 平克的理论仍可理解为一种选择论。因为，这个天生的只是通过生物进化中人类自然选择而得来的,并与形成假设和消除假设来达到大人的语言能力的选择认知过程相互作用。

如果 S. 平克的语言学习理论可以看作是一种不明显的选择论,那么美国心理语言学家贝茨(Elizebeth Bates)和麦克维尼(Brian MacWhinney)(1987)所提出的竞争模式则显然是一种选择论。竞争模式理论指出儿童学习单词意思和语法要经历三个必要的阶段:"首先,孩子要发展表达的功能。我们将其称作'功能习得'。然后孩子要将语言功能与语言形式进行匹配,我们将这一过程称作'臆想'。在此之后就进入竞争阶段,在该阶段语言形式将得以缩减或扩大。"

在功能习得阶段,孩子们给周围的物体、动作以及关系赋予意义。在他能理解指代这些意义的语言,并用这些语言去表达这些意义以前,他必须要发展这些意义功能。

然后他将听到的语言与这些意义功能连接起来。由于在语言学习早期,他只能猜测单词、短语和句子的意思,因此这个阶段被称作"臆想"。这些最初的猜测有可能完全错误,但随着孩子学会越来越多的单词意思,这些知识可能帮助他们去发现新词的意思,就好比在填字游戏中最后几个词总是比最初几个词容易一样。当然,这些臆想只是对单词(或语法形式)意思的初步猜测而已,是随后进行的选择所必需的变异源泉。

选择是在竞争的过程中完成的,在这一过程中,单词和语法形式竞争表达意思,而其基础假设是不同的形式表达不同的意思,如果发现区别,那么这两个形式中有一个肯定是错的。而在这种情况下,孩子就会自动修正自己之前的假设,服从大人语言规则摒弃另一种假设。

这种竞争不仅发生在单词的意思的学习上。不同的语言使用不同的方式来表达语法关系,而孩子也必须学会这些句法规则。在英语中,句内单词的顺序决定主语和宾语所承担的角色,因此在句子 "The food ate the dog(食物吃狗)"中,食物通常会被理解为是吃东西的那方,尽管这听起来没有实际意义。有可能是狗掉进了一桶热酸酱里了。但是同样的句子结构在某些语言,如西班牙语中则很容易理解为"The dog ate the food(狗把食物吃了)"。贝茨和麦克维尼就儿童母语学习以及学生与成人的第二外语学习做了大量的研究,发现学习者依靠某些线索来分清相互竞争的词、意思和句法形式。

从以上的描述中我们可以看出竞争模式是一种选择论。尽管贝茨和麦克维尼并没有明确使用该词,但他们所提出的竞争的过程明显是一个选择的过程,孩子会对所听到的语言的意思和形式做出各种猜测,当不同的词和句型竞争各种意思和功能的时候,他们通过积累选择最终将这些猜测予以精确化,使其更为准确,最终习得合乎语法规则的语言表达形式。

第二节 生物语言学视野下的语言习得

中国有句古话,"人过三十不学艺",其隐含的前提是学艺越早越好。这句古话有一定的道理,也从侧面反映了中国古贤对大脑逐渐成熟与大脑功能"侧化"思想朦胧的感知。国外相关研究却始于对语言学习生物机制的兴趣。早在1959年,著名神经外科医生W. 平菲尔德(Penfield and Roberts, 1959)就提出,"对于语言学习而言,9岁之后,人的大脑就变得越来越僵硬";"10岁以后开始学习语言,很难有好结果,因为不符合生理规律"。尽管所有的人都感性地意识到过了青春期以后再想学好一门语言就很困难了,但H. 列雷伯格(1967)提出"语言习得关键期"以后却招致了全面的反驳。W. 平菲尔德和H. 列雷伯格把语言学习遇到的困惑归因于"关键期",但没有说明儿童语言学习为何会有"关键期"。他们为儿童语言学习困难找出了"病症",但并没有找到"病因"或者"病根",难以开出一剂有效的"药方",故受到学者的质疑。近年来,随着生物语言学研究的深入,越来越多的证据表明语言习得关键期主要与人的大脑生物机制有直接或间接的关联。根据生物语言学进化发育观(吴文、郑红苹,2012),援引相关生物语言学研究成果,本书认为人的个体发育过程中的确会经历一个语言学习最佳时期的"儿童语言习得关键期",其根本原因可能是在人脑语言区发育过程中某种神经组织细胞因肌体成熟而死亡或减少。

一 大脑研究与语言习得

教育的目的在培养健全的人,确切地说是"发展人健全的大脑"。教育心理的核心议题即学习、记忆、思考、情感、社会和创造力等，这些无不依赖大脑的协调与控制。20世纪八九十年代，人类才开始探索心智的黑箱，从神经生理的基础来解释学习的历程，经由核磁共振造影（MRI）、正电子断层扫描（PET）、功能性核磁共振成像（fMRI）、脑电波图（EEG）、脑磁波图（MEG）、穿颅脑磁激术（TMS）等技术，探究大脑学习、解决任务的历程变化。这些新发现推动了学界对这块神秘而充满潜能领域的关注，各国纷纷建立跨学科的研究组织。比如，美国前总统布什于1990年宣布20世纪的最后十年为"大脑的十年"（Decade of the Brain），并由国家科学基金会资助"以脑研究为基础的学习研究"；欧盟也通过了"EC欧洲脑十年"计划；新加坡政府于2002年宣布采纳认知神经科学研究成果作为规划教育政策的参考；日本于1996年提出"脑科学时代"发展计划，文部省建议把认知神经科学研究成果应用于儿童及青少年。这股潮流加深了我们对心智起源的认识，激发了对现存教育观点的反思。

通常而言，语言习得都以哲学、社会学、心理学与教师个人经验为理论出发点，语言教学从"教师中心"走向"儿童中心"、从"分科教学"走向"统整教学"。中国新一轮基础教育新课程试图改进传统语言教学的缺失，但理念背后的科学证据却相对薄弱。顾瑞恩和罗斯切尔（Gruhn and Rauscher）认为以脑为基础的教育（brain-based education），不仅有助于协助教育者从客观角度探讨问题、解释以经验为基础的教学常识，也能防止教育者发展出负面的教学态度，促使教师采取更有效的教学，以促进符合大脑发育规律的教学活动的顺利开展。

（一）大脑的发育与变化

神经系统的分化源自胚胎期的外胚层。妊娠第三周起，胚胎在脊索（notochord）的诱导下，逐渐分化出神经板—神经褶—神经沟，最后形成神经管。此阶段，神经元以每分钟25万个的速率大量制造，并在神经胶质细胞的引导下，离开脑室壁移至皮质特定区位，直到六层皮质全部占满。七个月到九个月左右，神经细胞联系路径虽不明确，但脑的结构已大致形成。当新生儿来到世上时，脑部已产生与成人数量相当的神经元，同时开始大量制造突触联结，形成复杂网路，三岁幼儿突触联结的数量可达成人的两倍。

伴随突触的新生，幼儿部分的反射动作也跟着消失，神经科学家观察到某些能力（如视觉）的进展与视觉皮质重组的时间一致，然而两者的因果关系尚无法断定。突触形成的速率在皮质各区不尽相同，例如，听觉（颞叶）突触在初生后 3 个月达到高峰，视觉皮质约在第 12 个月达到高峰，额叶皮质则在 2 岁到 3 岁间达到高峰。整体来说，大量增长的突触联结保留大脑接受各类刺激的可能性，突触的修剪则增加神经元联系的效率。

除突触迅速的增生，神经元也历经另一项重大的改变——髓鞘化，借由寡树突胶细胞（oligodendrocyte cell）在轴突上包覆着髓磷脂，隔绝轴突间的交叉干扰、增进讯息的传递速率。髓鞘化在大脑各部位的速度也不相同，感觉皮质的髓鞘化比运动区的皮质早形成，运动区又比联结区早完成，这点特性使婴幼儿在感官的发展先于动作的发展。

综上所述，神经元在大量制造突触联结后，将持续经历反复的联结与修剪直至青春期，但在生命初期进行得最激烈，突触相互竞争，遵循着用尽废退的原则。神经元发展的特性引发语言教育上三项重要的议题：关键期、可塑性、丰富性。

（二）学习关键期与皮质可塑性的启示

最早提出学习关键期概念的是著名神经外科医生 W. 平菲尔德和罗伯特。1959 年，W. 平菲尔德和罗伯特在对失语症的研究中发现了青春期以后语言学习就会相当的困难，为语言习得关键期提供了科学证据和有效解释。他们认为脑神经系统的差异是引起儿童学习语言存在优势的主要原因。青春期以前的儿童大脑分化前有一种功能转换机制。例如，当青春期前如果儿童左半脑言语中枢因意外情况受损，那么他的语言能力可能会在右半脑得到一定的补偿，但如果这种损伤发生在青春期以后，这种补偿就难以恢复了。基于此，他们得出结论：儿童的语言学习与大脑发育有关（刘骏，2004）。

后来，学习关键期由两组诺贝尔医学奖得主：劳伦兹·R. 威斯尔（Wiesel）和 F. 胡贝尔（Hubel, 1965）经由不同的实验获得验证。劳伦兹对幼雏的尾随反应研究，提出铭印（imprinting）的概念：刚孵化的幼雏，在出生后的关键 24 小时，会形印首见移动物（通常是幼雏的父母）的声音、动作，产生情感的联结（Snyder, 1999）。该研究也为遗传和环境孰轻孰重的争论下了最好的注解：遗传的预设规划了个体学习特定事物的动力，经验则为既定基因开展的催化剂。

R. 威斯尔和 F. 胡贝尔（1965）则将微电极插入幼猫的视觉皮质，观察三周大幼猫视觉讯息处理的方式，随后缝合幼猫的其中一只眼，原本眼睛结构正常的幼猫，竟因短期视觉剥夺导致相应视觉区的神经联结退化，缝合再拆线的眼睛再也无法发挥正常功能，此实验使科学家推导出两项结论：关键时期的特定感官经验是至关紧要的，若未能把握学习的机会之窗，将永远失去某些能力；成熟后的大脑皮质将固定不变。

F. 埃里克森（Eriksson）等人（1998）却发现在成人海马回齿回（dante gyrus）的神经元有再生现象；H. 梅仁尼奇（Merzenich, 2001）也观察到大脑地图因练习行为而改变，这不仅打破了医界的百年教条：成人大脑的神经路径不变、神经元死亡后不会再生，更为成人教育、终身学习提供了神经生理的基础。作者认为，劳伦兹、F. 胡贝尔和威斯尔的关键期研究，其实也反映了大脑运作的部分弹性：幼雏因环境改变而无法依附生母，却自动尾随劳伦兹；幼猫无法收讯的视觉皮质并未荒废，转而处理另一只眼睛传送的讯息。神经科学家发现某些特定的感官经验，如视觉、语音辨认的能力，的确有关键的发展时期，却非不可逆转之历程，积极介入的补救训练，还是能改善部分的能力的。现今神经科学家较常运用"敏感期"（sensitive periods）一词，说明个体适应环境变化与学习新技能的弹性。

以 H. 梅仁尼奇的研究为例，他以猴子、失读症（dyslexic）孩子为对象，观察到大脑因变动的环境改变既有的皮质功能地图，即便是成人，依然具备某种程度的可塑性，因此，练习增加神经元的效率：梅仁尼奇等从猴子学习正确触碰转盘的实验发现，当猴子接受训练后，手指指尖对应在大脑皮质的面积变大，但在精熟后，同一任务只要运用较少的神经元就可执行，练习增进神经元反应的效率；专注力提升皮质改变的持久性：梅仁尼奇观察到唯当猴子专注完成任务时，大脑皮质才会有长久的改变，漫不经心或缺乏动机的学习，皮质只有暂时性的变化，改变却不长久；回馈加强传导路径的固化：学习中的回馈与增强促使大脑分泌多巴胺，使个体感受获得报偿的喜悦，促成目标行为的神经回路固化，增强联结孩子因学习而改变的皮质地图。

（三）环境丰富性的争议

神经元的用进废退原则、大脑可塑性、敏感期的概念，一致指向大脑成长与环境的关系。伊利诺伊大学的格林鲁夫（Greenough）实验比较了丰富环境组的老鼠与环境剥夺组的老鼠，发现那些群居、处于复杂环境（可玩滚轮与爬梯）的老鼠，比单独养在笼子里的老鼠能更快速地在迷津测验中定位，感官知觉的神经元也多出 25% 的突触；W. 雅各布、H. 斯卡尔和 S. 思科贝尔（Jacobs, Schall and Scheibel, 1993）也指出，长期参与高难度活动的学生，神经网路联结多于未参与高难度活动的学生。一时间，家庭、学校如何增进丰富性成为社会的焦点。然而给予更多的刺激真能提高幼儿的智能吗？目前研究仅观察到在过度剥夺的恶劣环境（如教保质量不佳的孤儿院）有损幼儿情绪、社会、认知的发展，却未支持极丰富的环境能显著提高幼儿的发展，处于贫乏环境的幼儿，相对会比处在正常环境的幼儿，更能从丰富的刺激中获益。

教育者反需留意过多学习压力对儿童的负面影响。脑科学研究指出，压力促使身体分泌大量的类固醇荷尔蒙——可体松（cortisol），抑制免疫系统和身体成长，长期大量的可体松导致海马回神经元萎缩、死亡，降低记忆力，甚至无法辨别事情的重要性（Gazzaniga, 1988；Jacobs and Nadel, 1985）。总言之，大脑需要适度的挑战，却不是无止境的填鸭，过度丰富的课程学习与讯息刺激，带来的不一定是学习效益，反而是不良的压力，教育者宜在刺激与压力间取得平衡。

（四）大脑发展特性对语言习得的启示

英国经验主义的代表——洛克（Lock）曾提出人类的心智是一块白板的假设，这样的看法隐含两项思维：其一，学习的素材与环境是重要的；其二，假定人类被动地接受讯息输入。但从大脑神经科学来看，这样的观点仅部分正确，外界讯息输入确有其重要性，但大脑不是被动的复杂处理器，而能主动筛选过滤整合讯息、不断自动更新与自我提升。综合以上研究，本书提出以下几点对语言习得的启示（表 5-1）。

表 5-1　　　　　　　　　大脑发展对语言习得的启示

脑科学研究的发现	教育启示与语言习得指引
刚出生的婴儿，其神经元就会开始大量制造突触联结，三岁幼儿突触联结的数量可达成人的两倍。	启示：学前幼儿是人生学习的高峰期。 指导：在满足幼儿基本需求上，提供丰富但适量、多元而适性的探索语言课程。
大脑皮质在不同阶段以不同速度成长，感官（视觉、听觉、触觉等）皮质区的发展先于额叶的发展。	启示：依循幼儿大脑发展的特性提供合宜的语言刺激。 指导：幼儿宜从实体的感官经验建立对世界的理解。
专注的学习造成大脑皮质长久的改变。	启示：课程设计应考量学生的动机与主动性。 指导：鼓励学生自发性地寻找问题、主动解决问题，引发延续学生探究的兴趣
长期压力促进可体松的分泌，抵制思考与记忆保留的能力。	启示：考量课程分量的妥适性与学习环境的气氛。 指导：安排合理的教学进度，保留学习弹性，营造关怀、降低焦虑的气氛与正向的师生关系。
频繁的练习，活化神经元间的通路，提升神经元联结的效率。	启示：教学中应提供学生反复练习的机会。 指导：同一教材，宜通过不同的教学策略（团讨、游戏、扮演等）提供学生练习的机会。
回馈与增强多巴胺的分泌，促成目标行为的神经回路固化。	启示：教学中能积极地响应学生的需求与问题。 指导：教师在正向的学习气氛中，通过师生间、同学间与自我的回馈方式，协助学生澄清概念。

（五）小结

近年来，随着生物语言学等跨学科研究的深入，越来越多的证据表明学习主要与人的大脑生物机制发育、成熟有直接或间接的关联。首先，根据生物语言学进化—发育观，结合现有研究成果，笔者认为刚出生的婴儿已具备与成人数量相当的神经元，发展重点在形成与其他神经元交会的突触网络；由于各区皮质成长速率不同，因此感官皮质比组织思考皮质优先成熟，感官训练应先于思考学习。其次，突触的存留取决于突触被激活的频率与程度，因此，学生乐于投入、经常练习的学习总是被优先保留。教学应从孩子熟悉的事物为起始，从微系统中的生活能力培养扩展至大系统的社会适应。再次，本书认为学习终身有用，部分感官如视觉、语音辨认的能力，虽有较佳的教育时机，但成人大脑仍具可塑性，人们不应因错失敏感期而忽略提供学生学习的机会。最后，环境刺激是大脑成长的滋养，人类终其一生都会随着经验改变大脑皮质地图，不断学习与适应环境是大脑的本质。学习过程的增强与回馈将促发多巴胺的分泌，巩固学习的联结，特别是立即、具体、多元的回馈。

二 儿童语言习得关键期

（一）儿童语言习得关键期介说

所谓儿童语言习得关键期（Critical Period）是指在儿童身体生理发育、成长、发展过程中的某个特定阶段，儿童在没有正式进入学校进行学习以前，没有任何外部学习干预，也没有父母特殊训练或教授的条件下，自然而然地、快速地习得自己的母语。1959年，W. 平菲尔德认为脑神经系统在青春期前后的差异是儿童学习语言的优势的原因。青春期以前的儿童大脑神经系统似乎有一种转换机制，如果左半脑言语中枢神经因意外受损，青春期以前的儿童语言功能则能在右半脑神经系统中得到补偿，但如果意外损伤发生在青春期以后，语言功能性恢复就不那么容易。据此，他们得出结论：儿童的语言学习与大脑发育有关。之后的几年，哈佛大学 H. 列雷伯格教授受到 W. 平菲尔德等人研究成果的影响，进一步深入研究了大脑发育与语言习得的关系，并提出了著名的"语言习得关键期假说"（Critical Period Hypothesis），对第二语言习得研究产生了巨大的影响。

对于语言学习的关键期，H. 列雷伯格（1967）在《语言的生物基础》一书中论述说："语言研究跟许多领域的探索相关，比如，心理学、人类学、哲学以及医学。它侵占了人文科学的领地，也侵占了社会科学和自然科学的疆域。"H. 列雷伯格从生物学的角度提出：正常发育的儿童一般都会在 12 个月到 30 个月期间开始说话的原因在于，说话需要一定的生理基础，如口腔、鼻腔、咽喉等的发育，只有这些生理成熟以后，儿童才能开始说话。H. 列雷伯格指出，语言学习作为儿童发育关键事件总是伴随了生理成熟的其他事件的，比如，站立、行走等，这些重大事件都有一种同步发育的关系。除此之外，儿童大脑的发育也是影响儿童语言习得的另一个重要因素之一。有证据显示人的大脑在出生以后就开始迅速地发育，大约到 24 个月时，其大脑就已经达到成熟值的 60%；青春期前后（大约 12、13 岁），儿童大脑成熟值就已经达到了成人大脑 100% 的水平。大脑逐渐成熟的过程与大脑功能"侧化"密切相关。新生儿的左右脑具有同样的潜力，功能还没有分化。3 岁到 5 岁时，左右脑的功能方面已经各具优势，处理语言主要成了左脑的任务。青春期前后，大脑功能"侧化"彻底完成。不过，在此之前，大脑仍具有一定的可塑性，其功能也可以重组。另一方面，右脑损伤对儿童语言造成的损害比对成人语言机能造成的损害要更加严重。因此年龄对语言学习有诸多限制。开始的时候因为生理不成熟，语言学习很难进行；青春期之后，大脑失去了可塑性，不能进行功能重组，语言习得也不能达到正常的水平，至少不像青春期之前那么容易（刘颂浩，2004）。因此，H. 列雷伯格就把 2 岁到 13 岁这段时期称为"儿童语言习得关键期"（Critical Period for language acquisition）。当然，儿童语言习得关键期的具体时段仍为研究人员争论的话题，如克拉申（1973）认为关键期仅在 5 岁以前，W. 平菲尔德（1975）则认为关键期可以延续至 9 岁左右，S. 平克（1994）提出关键期为 6 岁至青春期，而江森和纽波特（Johnson and Newport，1989，1991）把关键期界定为 2 岁至 15 岁。

（二）儿童语言习得关键期辩说

自从 W. 平菲尔德和罗伯特（1959）讨论大脑会逐渐失去可塑性，H. 列雷伯格（1967）提出儿童语言习得关键期假说以来，引来了不少研究人员的关注和争论。20 世纪六七十年代，围绕儿童学习外语是否比成人存在优势这一话题，全世界语言学界，尤其是二语习得领域展开了激烈的争论。有学者认为成人与儿童在二语学习初期各有所长，比如儿童在语音方面具有较强的优势，但成人在语法、词汇等方面优于儿童，并通过实证证据加以证明。克拉伸（Krashen，1979）等通过长期研究发现，儿童语言习得和成人在"初始速度"和"最终水平"上各有差异；研究结果表明，成年学习者刚开始在二语词法与句法的习得方面具有一定的优势，即成人学习这两个方面的初始速度较快，但随着时间的后移，二语的最终水平随着开始学习的年龄大小逐渐呈现负相关（王立非、李瑛，2002）。虽然儿童语言习得关键期假说支持和反对双方都努力找出证据说服对方，但是双方均未能给出一个有力的证据征服对方。

支持关键期假说的证据主要有三个领域的研究：一是神经语言学研究，二是心理学研究，三是心理语言学研究（刘振前，2003）。神经语言学根据相关神经图像表明第一语言和第二语言在大脑中的表征和存储部位是不相同的。行为和功能性核磁共振成像研究表明，由于开始学习第二语言的时间早晚有别，语言功能的不同方面和神经表征都表现出不同的效果。鉴于学者们对于二语习得行为分析研究，以及基于电生理和功能磁共振造影相关结果表明，掌管语言加工的某些神经子系统甚至在童年早期就受到成熟变化的制约，影响在青春期后开始的第二语言学习（刘振前，2003；刘骏，2004）。

为了进一步解释和探索儿童语言习得关键期，心理学研究人员从工作记忆容量发展的角度为儿童语言习得关键期做出了不同的解释。何福特和科比（Hurford and Kirby, 1999）通过模拟实验得出结论：第一，语言习得进化机制的关键期应该就是在青春期前后；第二，社会的语言规模自我调整保证了儿童在关键期内能够学会（假定习得速度相对稳定）。何福特等人还根据研究画出了语言习得具体而形象的量变曲线。儿童语言发展时需要的语言总量也可以通过特定语言的习得量变曲线加以量化。研究表明这种语言的最大规模（最大值）确确实实发生在青春期前后，这个时期前后是人能够习得的最大范围（刘振前，2003）。

除此之外，心理语言学家江森与 E. 纽波特（1989）和江森（1992）也对语言习得进行过实证研究。他们的研究成果成为最具有权威性和科学性的标志性成果，几乎成为讨论年龄问题的文章不得不引证的权威研究结果之一（刘振前，2004；黄怀飞，2005）。江森与纽波特在实证研究中让 3—39 岁移居美国、母语为汉语或者朝鲜语的受试者以句法判断为作业任务，并对他们进行测试。通过大量科学研究，江森与纽波特得出结论：只要小孩是 7 岁前就移居美国的，在测试中他们的语言水平与美国本土出生并成长起来的居民没有显著性差异，如果小孩是7—15岁移民到美国的，尽管他们的语言水平相当不错，但是他们的语言就能明显显示出年龄给学习带来的衰退痕迹，如果小孩是15岁以后移民到美国的，那么他们的英语语言水平就与美国人具有明显的差距。

反对关键期假说的研究人员针对证明儿童语言习得关键期存在必须满足的四个条件做出了全面的反驳。第一，儿童语言习得关键期应该有明确的开始和结束的时间，为什么克拉申、W. 平菲尔德、S. 平克以及江森和纽波特给出了不同的结论？第二，关键期结束时的第二语言习得应该有明显的断层，而比利斯多可和哈库塔（Bialystok and Hakuta，1999）借用美国人口普查资料结果研究显示，在以中文和西班牙语为母语的移民人口中，英语水平随着开始学习语言年龄的增大而持续降低，但是这个持续水平并没有在青春期前后有断层现象出现。第三，如果语言习得关键期真的存在的话，我们应该能找到证据，能够显示出儿童在其语言关键期内的第二语言习得与语言关键期之后的语言习得有本质的差异，但是哈库塔（1999）的研究结果却否认了这种本质差异。第四，如果存在儿童语言习得关键期的话，儿童语言习得在关键期内依靠的应该是生理发育，而不应该受环境因素的影响，而索妮和阿格尼霍地（Sawhney and Agnihoti，1998）以及汉娜（Khanna，1998）研究发现环境因素对语言学习的作用远比年龄的作用大（刘振前，2003；刘骏，2004）。尽管招致这些质疑，作者坚持生物语言学进化发育观认为人的发育过程中会经历语言学习最佳的"关键期"，"儿童语言习得关键期"可能是由于人脑语言区发育过程中某种神经组织细胞因肌体成熟而死亡或减少造成的。

（三）生物语言学视野下的儿童语言习得关键期解说

H. 列雷伯格认为"就语言获得而言，我们可以谈到一个关键的时期。它的开端，受成熟程度的缺欠的限制。它的终结，则似乎同适应能力和脑的语言功能侧化的完成……相联系"（Lenniberg，1967）。H. 列雷伯格（Lenneberg，1967）所说"脑的语言功能侧化的完成"，也就是意识到了脑的语言机能的丧失，但他并没有论及其原因，也就是说他并没有找到儿童语言习得关键期的"病因"或"病根"。S. 平克浪漫地试图从基因进化的观点来解释语言的关键期，他把学习语言的机制想成一个预算很拮据的"剧团"，所有的道具、布景、戏服要不断地回收，大脑消耗我们身体 1/5 的氧,绝大部分的卡路里,在语言学习完成后,这个机制就被回收,改作他用。既然语言学习是本能,他就和生物界其他的机制一样,我们学第二语言的口音是我们婴儿期语言机能卓越的代价。S. 平克富有想象的比喻使作者联想到了 S. 常伊克斯(Changeux,1985)提到的早在 1906 年人们首次发现胚胎神经组织的神经元出现退化并死亡的现象。S. 常伊克斯(1985)还发现了人脑发育过程中脑细胞成群死亡的现象。"通常只有少数某些种类的部分神经元死亡。然而,有一次有一个种类所有的脑细胞都死了。这些特殊的神经元处于大脑皮层的表层,和锥体细胞不同,他们的神经轴突和树突与脑皮层表面平行。这种细胞最初是在人类胚胎里发现的,随后在其他哺乳动物的胚胎里也发现了。然而,在任何成年动物里都找不到这种细胞。""儿童语言习得关键期"是否与人脑布洛卡区(Broca's area)和韦尼克区(Wernicke area)的某种神经组织细胞的死亡或者减少有关?常伊克斯发现的成群死亡的脑细胞中会不会也包括青春期前使语言习得容易的"语言习得细胞"?

带着这个疑问,作者查阅了生物学科其他相关的研究。V. 鸿博格(Viktor Hamburger,1975)在对鸡的胚胎发育研究中发现鸡的胚胎细胞的脊髓某处有 2 万余个神经元,而成年鸡该处却只剩下了 1 万 2 千个,即只有 60% 左右的神经元存活下来了。然而,胚胎细胞的脊髓处神经元的死亡与鸡的平衡功能发育具有高度的相关性。

根据 V. 鸿博格的研究可以推论动物机体某些功能发育可能会以神经细胞的死亡或减少作为代价。在"儿童语言习得关键期",人可以在没有外部干预、不需要教授的条件下,轻松、快速地学习语言的现象会不会也是因为在身体发育期间布罗卡区或者韦尔尼克区的神经元细胞在青春期之后就死亡或大量减少呢?作者尽管没有直接找到国内外对语言区的神经元细胞的研究,但是西班牙神经学家卡加尔(Ramón y Cajal)(Changeux,1985)在 1909 年对猫的视神经的研究鼓励我们朝着这个方向思考。1909 年,卡加尔研究发现刚出生的猫的视觉柱有来自双眼的神经轴突,不像成年猫那样只有连接一只眼球的轴突。对初生猫来说,在生成最终的立体视觉过程中,这些神经轴突最初具有的大多数连接都会消失。在视觉系统中,所有连接到不该连接的眼上的轴突都将消失,而连接正确的轴突则得以保存;轴突消失的过程正是猫的特殊视觉系统发育、形成的过程。该研究证实猫的视神经发育过程中出现过大量神经轴突消亡或减少的过程，该消亡与减少过程正是猫的特殊的视觉系统得以发展并最终得以形成的关键时期。人的语言习得过程和猫的视神经形成过程是否也一样？

芝加哥大学的胡腾罗切尔（Peter Huttenlocher，1984）对人脑发展的研究发现进一步让作者大胆地做出了推测。胡腾罗切尔研究发现"神经键密度的增加以及脑皮层体积的扩展表明婴儿出生后前脑的神经键急速增加。到两岁时，神经键的密度达到最大，在这个时候，脑皮层的其他部位也停止生长，脑的重量达到成人水平。随后，神经键密度减少，在青春期达到最高值的60%"。相关研究表明神经键的密集使正在发育的大脑具有很大的弹性，能学习许多成人发育完全的脑很难或无法学的技能，如语言学习。胡腾罗切尔的研究结论和语言习得关键期不期而合，他的研究虽说不能直接论证作者的假说，但是可以从侧面反映出语言习得可能是人脑语言区的某种脑细胞消亡或减少所致。除此之外，加拿大儿童语言学家维克和迪斯（Janet Werker and Richard Tees，1984）发现1岁前的儿童能辨别任何人类语言的声音，而在1岁以后，渐渐丧失了辨别非母语语音的能力。这一发现亦从侧面证实了人的大脑发育是一个逐渐丧失神经键连接的过程，即语言习得功能也是逐渐退化的过程，为我们探索"儿童语言习得关键期"也提供了有力的证据。胡腾罗切尔、维克和迪斯的发现与卡加尔、V. 鸿博格等的研究殊途同归，为探索儿童语言习得关键期提供了科学的线索。因此，作者推测人从两岁到青春期期间，人脑的语言组织区可能存在许多有助于人类语言学习的神经细胞或组织；随着人年龄增长、机体的成熟，某种有助于人类习得语言的神经细胞或组织（如神经键）也随之消亡或者减少，因此人类只要过了青春期再去学习语言就不那么容易了。

1981年诺贝尔奖获得者F. 胡贝尔和威斯尔（Schatz，1992）的研究更为我们合理解释"美国女孩金妮被父母残忍地隔绝了与外界所有正常接触，在13岁时被人们发现并帮助她与外界接触，但她最终还是没能发展她的语言机能"提供了相似的科学佐证。F. 胡贝尔和威斯尔在20世纪70年代的研究中，将新生猫的一只眼的眼睑合上，一个星期后发现猫眼睛与大脑第四皮层的连接有所改变。将大脑皮层与闭着的那只眼睛相连接的神经轴突明显减少，而连接睁着的那只眼的轴突异乎寻常的多。如果将猫的一只眼睛在它刚出生的时候就缝合起来，在几个月后即使将线拆开，这只眼也会永远失明。因此，视神经的研究表明视神经在过了"视力关键期"以后发育起来就很困难了；而语言发育过了"儿童语言习得关键期"以后语言习得也不能达到正常的水平，至少不像青春期之前那么容易了。结合卡加尔和V. 鸿博格等人的研究，作者更加坚定地推测"儿童语言习得关键期"可能是由于人脑语言区的神经细胞的减少或者死亡造成的。

根据生物语言学研究对儿童语言习得关键期成因的推测，反对儿童语言习得关键期的研究人员提出的四个疑惑也并不难回答。第一，儿童语言习得关键期的开始和结束的时间会因人而异；不同的人，大脑发育进度并非完全一致，即人脑语言区神经细胞死亡或减少速率各异，因此，研究人员无法严格界定关键期的具体起始时间。第二，而至于反驳人员提出的关键期结束时的第二语言习得应该有明显的断层，作者推定的原因是人脑的语言组织区内帮助人类习得语言的神经元细胞是随着人年龄增长、机体的成熟逐渐减少或者消亡的，而不是一天两天突变的结果，犹如人类语言本身的进化一样。第三，儿童语言习得关键期主要是语言组织区神经细胞逐渐减少引起的，过了青春期以后，大脑语言组织区可能依然存在少量的语言学习神经元细胞（Peter Huttenlocher 的研究表明青春期的神经键减少到60%），只是量的问题，在此期间语言习得只是具有一定优势，而不可能如反驳者所言的具有本质的区别。第四，根据进化认识论的观点以及拉蒙·伊·卡扎尔的研究，语言组织区内的神经细胞消亡过程就是在语言环境中进行选择的过程，因此环境因素当然会对第二语言习得产生很大影响。

从两岁到青春期期间，人脑的语言组织区可能存在许多有助于人类语言学习的神经元细胞或者神经轴突；随着人年龄增长、机体的成熟，那些有助于人类习得语言的神经元细胞也随之消亡或者减少，因此人类只要过了青春期再去学习语言就不那么容易了。虽然作者查找了相关脑科学和神经科学的相似研究，但仍无研究人员给出直接的科学证据证明人类儿童语言习得关键期到底是哪一种"语言习得细胞"的减少或消亡所致，故需要进一步的科学研究以证实作者的假说。因此，本书只是基于进化发育观做出了一个大胆推测,希望相关学科的学者共勉,以求生物语言学及相关科学研究人员更多的科学实证证据。作者也将沿此推测继续向前摸索。

第三节　儿童语言习得机制

儿童语言习得是人类的发音器官和说话能力在人类进化发育过程中逐渐形成的区别于其他动物独有的属性,而且将会一代一代遗传下去。我们认为儿童语言习得机制主要包括三个方面,即儿童语言习得的生理机制、心理机制和环境机制。这三个机制相辅相成、缺一不可,只有在三个机制共同作用下,儿童才有可能习得某一种语言,否则将不可能习得人类习以为常的语言。

一　儿童语言习得的生理机制

谈到儿童语言习得的生理机制,大家首先想到的就是语言学习与年龄的关系。自 19 世纪以来,年龄一直是双语学习的重要研究变量之一。詹尼斯(1978)的法—英的双语学习实验、科迪克(1980)的波兰—俄语的双语学习实验以及维德和兰博(1979)的高音与字义的实验都提出学龄前已习得第二语言的学习者是利用左脑在学习,而 12 岁以后才学会第二语言的学习者是利用右脑在学习的推论。洼西和迪斯(1981)认为,专门处理较低阶的语言活动(辨音、腔调)的脑部神经,在孩童时期就发展成熟,专门处理认知能力、较高阶的语言活动(句法、语意)的脑部神经,一直到成人期才完全成熟发展。

所以,儿童学习第二语言比成人容易发展出类似母语者的辨音能力与发音或腔调(Krashen, Scarcella and Long, 1982)。到了较大年龄才接触第二语言,虽无法发展出类似母语者的辨音能力与发音,但其阅读与写作的能力一样可以发展得很好(因为句法、语意能力到 25 岁左右发展结束)。简言之,小孩语言学习优势是针对语言学习的特殊能力而言。

近年来随着正电子断层扫描和功能性核磁共振造影技术的发明,神经语言学家更仔细地侦测到正常人小区域的脑部活动与语言学习间的关系。他们发现(Kim and Hirsch, 1997)从幼儿期就开始的双语或多语学习是利用大脑中同一个区域来学习,较晚开始学习第二语言的学童必须运用额外的大脑区域来处理非母语的学习,因而其语言的学习效果也比不上第一语言的学习。这更支持了早期学习双语的优势。至于何时是母语学习区与第二语言学习区开始分开的时间点?母语学习区与第二语言学习区分开的时间点大约是7.3岁(Kim and Hirsch,1997),也就是学习者在7.3岁之前学习两种或多种语言所使用的脑部学习区是重叠地或甚至是完全同一个区域。由此可知只要孩子在7.3岁之前就着手同时学习任何语言,都有很大的机会发展出近似母语者的听、说能力。

不过这并不意味着孩子在7.3岁之后就无法学习第二语言。大脑有其可塑性,虽然感受外语言的神经树状突已经萎缩,但周遭相关联的神经细胞会过来协助,就如同音乐老师请假时可能请其他老师代课,代课老师可以进行简易的唱游活动,但绝对无法像音乐老师那样专业且驾轻就熟。这也说明孩子较大年龄才开始学习第二语言,其语言学习区和母语的学习区有一大段距离,而很小就开始学习第二语言者,其第二语言的学习区与母语的学习区几乎是零距离。

人类之所以能学会和使用语言,其根本在于其独特的生理结构,包括人类大脑、发音器官乃至神经机制等。人类语言与动物语言最直接和根本的区别在于人类可以清晰、正确地用声音表达其思想,并通过文字记载的语言将人类文化代代相传。在某种程度上,本部分论及的儿童语言习得主要指儿童如何用语言表达自己的思想,即有效地运用语言的音形义恰当地表达自己内心的思想、顺畅地交流彼此的心声等。

(一) 发音器官

人类发音器官由肺 (liver)、喉咙 (larynx)、口腔 (oral cavity)、鼻腔 (nasal cavity) 四个主要部分组成。语音由调节气体在发音器官的流动状态产生。语音学家称气流的调节机制,或者叫气流机制 (air-stream mechanism)。气体可以由口腔外向内流动而构成语音,如吸气音 (implosive),但是很少语言使用吸气音,绝大多数的语音由肺呼出 (pulmonic egressive)。以上的发音器官可以归纳成三个部分:喉咙、口腔、鼻腔。我们将各部分器官的主要功能分述如下。

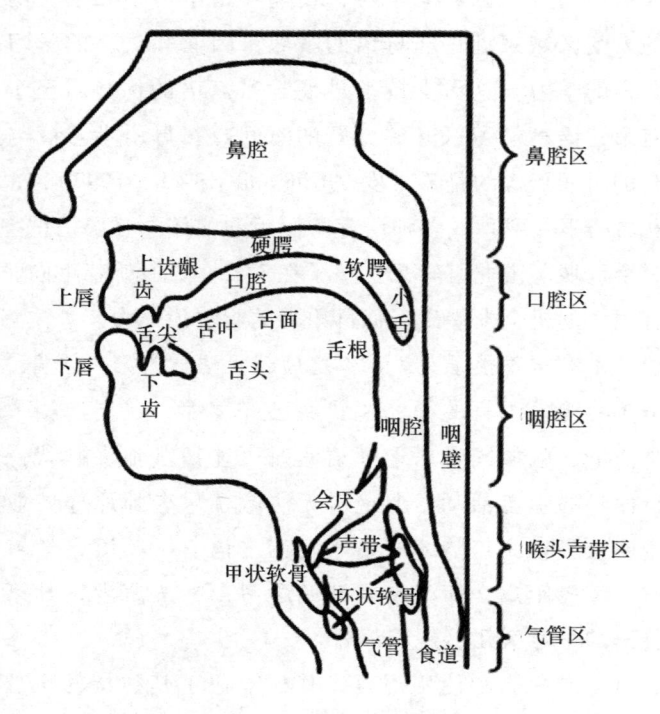

图 5-2　人类发音器官

资料来源：谢国平，2014。

1. 喉咙部分的调音机制

喉咙部分包括肺、气管、喉咙。肺部气体加压时，气流向外移动，经由气管（trachea，俗称 windpipe）向体外呼出，第一个受到喉咙的调节。喉咙在喉结（adam's apple）的地方，调节声音的器官是声带（vocal cord），其通道谓之声门（glottis）。

声门可以配合声带的颤动时机，控制浊音（voiced）或清音（voiceless），浊音在汉语音韵学通称浊音，清音通称清音，此外也可以发出喉塞音或其他喉化音。

喉咙还可以调节声调的频率，发出高调或低调。声带拉得越紧声调越高，越放松声调越低。喉咙可以配合肺部调节气流控制声带颤动的时间控制音的长短，发出长音或短音；也可以控制音量大小，发出强音或弱音。

喉咙控制声带颤动的调节机制叫作发声（phonation）。气流离开喉咙进入声道（vocal tract）。通过喉腔（pharynx）之后，分叉为两个通道：口腔（oral tract）和鼻腔（nasal tract）。

2. 口腔部分的调音机制

气流由肺部流出，经过喉咙、喉腔，然后到了口腔，整个通道谓之声道（vocal tract）。利用声道各个不同部位的阻挠状态或形状变化发出不同的语音，谓之调音（articulation），其所动用的调音器官叫作调音器（articulators）。声道俗称口腔，但狭义的口腔（oral tract）只包括小舌以上的部分，小舌到喉咙狭小的通道别称为喉腔（pharynx）。

调音器可以分为两大类：上腭部位是固定的，叫作被动调音器（passive articulators）；下腭部位的舌和唇等调音器是活动的，叫作主动调音器（active articulators）。只有口腔部分的调音器才分主动或被动，喉咙、鼻腔则不分被动或主动。

下腭（jaw/mandible）可以做前后左右的水平运动，最大移动距离10毫米，不过这种移动对语音的调节没有什么贡献（Clark and Yallop，1990）。下腭的调音机制主要是可以做垂直运动，调节口腔的开合、张开，最大可以打开40毫米的空隙。元音的开口度靠下腭的垂直运动调节，声母的塞音、擦音、塞擦音等开口度的微调需要配合唇和舌的肌肉来调节。

下唇可以在上唇和上齿之间移动，和上唇发出双唇音（bilabial），和上齿发出唇齿音（labiodental）。上唇也可以和下齿发音，不过太麻烦了，世界上的语言可能没有这样的语音。双唇可以做成圆拢状，发出圆唇音（rounded），主要作为修饰元音成圆唇元音，但也可以作为修饰声母音值的次要特征。唇也可以做成扁平状，发出展唇音（unrounded）。唇的这个动作虽然简单，其调节作用却需要约20条肌肉的合作才能完成（Clark and Yallop，1990）。

舌头的运动最灵活，它连接四条肌肉，不同的运动使用不同的肌肉控制（Clark and Yallop，1990）。它可以做向前或向后的移动，也可以变换舌头的形状做出拱起、卷起，或变成圆筒状使空气由舌的旁边流出。

舌头向前可以伸到上齿，发出齿音（dental），最长可以伸到上唇，但世界上的语言可能没有所谓唇舌音。舌可以后缩，压迫喉腔发出喉腔声母（pharyngeal consonant），压缩喉腔以修饰音值的作用叫作喉腔化（pharyngealization）。

舌头可以把某一部分翘起来或拱起来，和上齿或上腭的某一部分发出不同发音部位的不同声母。可以把舌叶拱起，发出前元音，把舌背拱起，发出后元音；也可以微调舌头和上颚的通道，发出塞音或擦音。舌尖可以稍微翘起，发出凹下音（grooved）；也可以向上卷起，发出卷舌音（retroflex）。

舌头可以做成圆筒状，圆筒的一边或两边留下空隙，让气流从空隙中流出，发出边音（lateral）；舌头也可以变得软软的，当气流通过的时候，发生颤动，发出颤音（trill）。

3. 鼻腔部分的调音机制

鼻腔部分能够活动的部分只有软腭（velum），软腭上升可以关闭鼻腔，鼻腔封闭，发出口音（oral）；两腭下降，鼻腔开放，发出鼻音（nasal）。

鼻腔开放时口腔封闭，发出鼻辅音（nasal consonant），鼻腔和口腔同时开放时，发出鼻元音（nasal vowel）。

人类与其他动物的发音器官有相同之处，如嘴、唇、舌头、牙齿和腭等。但人类之所以能发出与其他动物不同的声音，并能通过不同声音表达各种各样的想法和意思，主要是人的发音器官和其他动物的发音器官有许多不同之处。某些动物，如黑猩猩及一些高级哺乳动物，虽然可以通过咆哮、尖叫或者怒吼等声音表达情感，甚至部分小鸟以歌声找配偶，但只有人类才能发出一个个清晰的音节。这些有限的音节可以搭配成成千上万个声音组合，使语言成为人类独有的符号系统。儿童语言习得与人类长期进化的发音器官有不可分割的关联。

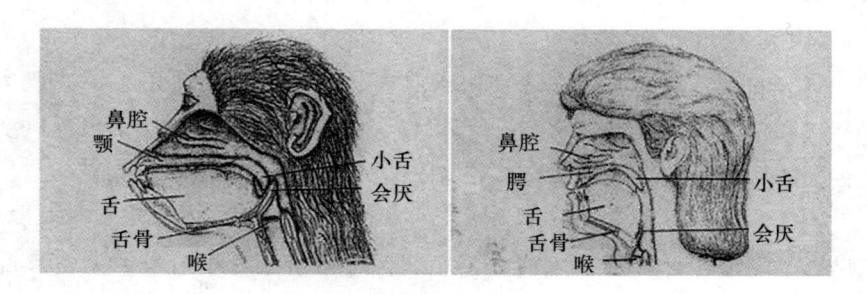

图 5-3　人与黑猩猩的发音器官

资料来源：Genetti，2014。

黑猩猩在血缘上是与人类最亲近的物种，但是他的发音器官远不如人类的完善。从图中可以看出，黑猩猩的声带位置比人类的高，从解剖学的角度看，要高于 1—2 根颈椎骨，因此他的会厌容易与小舌相连，这样他的气流主要从鼻腔呼出，那么鼻腔就成了黑猩猩发音的主要共鸣器。与人类的口腔相比，鼻腔的活动空间就要小得多。

人类的发音器官却不一样，由于声带较低，会厌可以垂下来，气流可以自然而然地从口腔通过，人类就可以通过口腔内的舌头、牙齿、颚以及唇等发音器官发出清晰的声音。因此，在人类的发音器官里，口腔、鼻腔乃至咽喉都是重要的共鸣器，这样就扩展了人类声音的音域。

（二）大脑

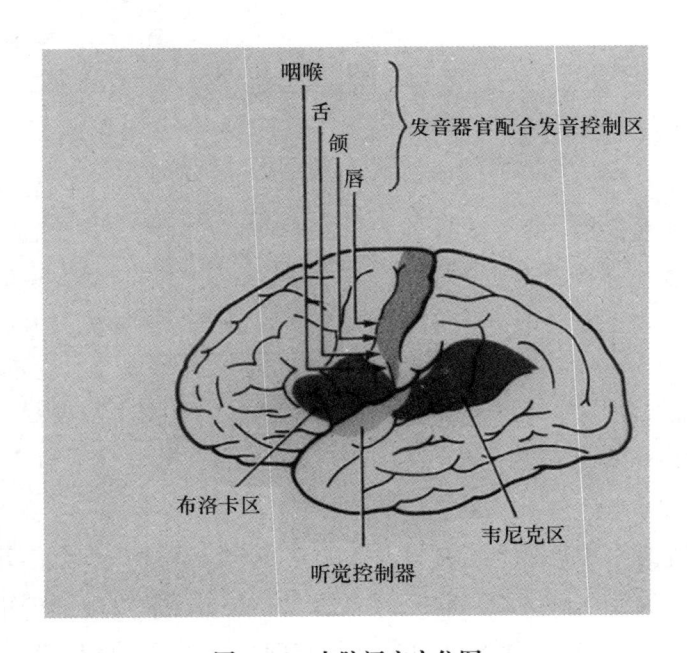

图 5-4　大脑语言定位图

资料来源：Gennetti, 2014。

1. 脑叶（Lobe）与功能区

人的大脑按照其功能可分为四个区域，其中包括额叶（frontal）：中央沟前，与推理、计划、某些语言与运动、情绪以及问题解决有关；顶叶（parietal）：中央沟后，与触觉、压力、温度以及疼痛有关；颞叶

(temporal)：外侧裂，与知觉、听觉刺激辨识以及记忆（海马回，hippocampus）有关；枕叶（occipital）：脑后侧，与视觉有关。

2. 语言区

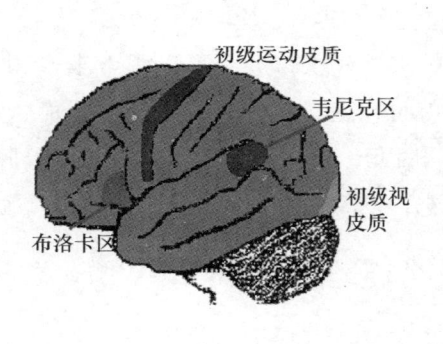

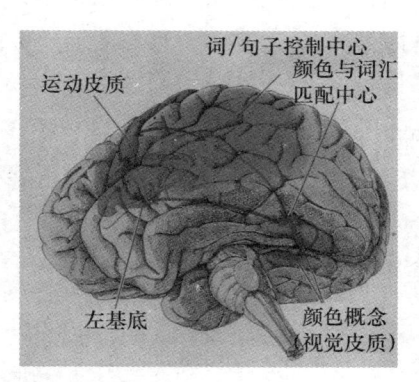

图 5-5　人脑语言区及连接

资料来源：王士元，2008。

人类大脑的语言区主要包括布洛卡区：额叶下方，与使用语词有关，布洛卡区损伤会造成 B 型失语——无法讲话，无法用字词，说话缓慢并且不连贯；韦尼克区：颞叶后方，与了解、组织语意有关，韦尼克区损伤造成 W 型失语——无法了解语言内容；神经纤维束（Arcuate fasciculus）：连接两区，讯息（视觉或听觉）先到韦尼克区再到布洛卡区，神经纤维损伤会造成 A 型失语——讲话杂乱无章且无法复诵字词。

3. 半球与侧化

大脑半球从中央分成右脑以及左脑两半球，透过一条由亿万条神经纤维组成的宽带（称为胼胝体）沟通讯息，每一个脑半球都进化来执行某些行为。身体左侧的感觉讯息传递至右脑，右侧感觉讯息传递至左脑。一般人的脑是左右并用，透过胼胝体来分享资讯。右脑对于空间能力、脸孔辨识、视觉心像以及音乐具有优势；左脑则在评估、数学与逻辑上具有优势。90% 的人使用右手书写、吃东西、丢球（right hand dominant），其余 10% 的人是左撇子。95% 的右撇子语言的优势脑是左脑，左撇子中也有 60%—70% 的人是由左脑掌管语言。斯泊里（Sperry）及加桑尼佳（1981 年诺贝尔奖得主）以脑部分割实验证实切除胼胝体的受试者可以行走、阅读、谈话、从事体育竞赛，以及进行手术前会做的任何事。病人直视前方银幕的一点，若一个汤匙的图案在点的右方闪现，病人可辨识出汤匙，并且说是汤匙。假若是在点的左侧闪现，病人会说什么也没看到。当病人被要求选出一样左手专用的物件时，可以正确地选出汤匙（触觉讯息传至看到汤匙的右半脑），但当被问到这个东西是什么时却无法说出来，因为右脑不司语言。另一项实验是复合图，图中左边是一位女士的脸孔，右边是一位男士的脸孔，病人凝视额头中央的点。当被要求由完整的图片中指出先前所看到的脸孔时，病人通常会选女人的脸孔。假如病患需要说出这张图所呈现的是男人或女人，病患会说是男人，左右脑对不同的反应有主导权。这个案例说明，右脑是脸孔辨识的优势脑，左脑则是语言的优势脑。

医师进行脑部手术时为避免伤及语言区，常采用瓦达测试（Wada Test），将快速麻醉剂注入进左侧或右侧的颈动脉，于是会有一侧的脑半球会被暂时性麻痹。如果是左脑主导语言的人，左脑半球被麻痹会出现哑口无语的状况，但如果右脑半球被麻痹，他们仍旧能够言语以及回答问题。

（三）脑神经运作机制

大脑是由万亿个特化的神经细胞（神经元）所组成，每一个神经细胞有细胞体、一或两个轴突（传送）、近万个树突（接收）三个部分，轴突末端细分为多个发送端（神经末梢），与另一个神经细胞的树突间有个称为突触的小空隙（王士元，2011）。

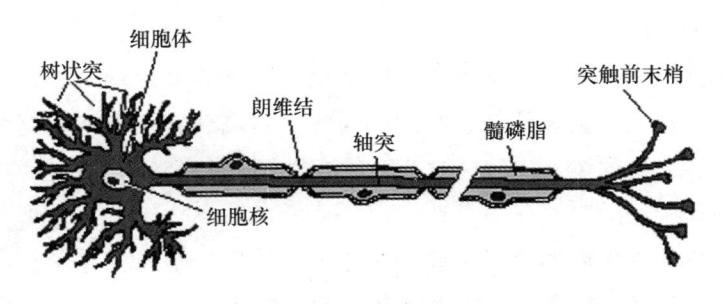

图 5—6　脑神经运作

资料来源：王士元，2011。

神经系统以低电压脉冲引发化学物质传导与扩散的方式传送讯息。

神经元起始讯息以电脉冲的方式在轴突中传导至发送端，引发化学物质（神经传导物）流到突触，借扩散作用传送到下个神经元的树突，再引发一个神经脉冲继续传送，反复循环直到讯息到达目标位置。当神经脉冲传到下个神经元时，神经传导物会被回收再使用。

神经元传电部分的结构类似电线，中央是轴突，外面包裹着一层叫髓鞘的物质（由神经胶细胞组成），有绝缘的作用，和电线不同的是，髓鞘是一节一节的。髓鞘间的裸露处称为兰氏结，脉冲在兰氏结上跳跃式的传导可以使讯息的传递更加迅速，最快约每秒100米。

刚出生的婴儿脑中已经有一生所需的神经细胞，之后增加的是树突、神经纤维束和突触。大脑接受外界的刺激越多，树突就越茂密，神经间的联结越密集，讯息也传达得越快。

人类受精卵一分钟生长25个神经元，受孕一周后神经管便形成，后来分化成中央神经系统，一端变成脑，另一端变成脊椎。脑干最先形成，掌管心跳与呼吸，然后小脑出现，掌管动作与运动，受孕五周时，大脑皮质开始出现，是思维和知觉运作的地方。

这些细胞形成后便迁移到特定区域，一种方式是新细胞把旧细胞挤向外围，视丘、海马回及脑干都是用这种方式形成的；另一种方式是新细胞越过旧细胞往外扩张，大脑皮质和一些皮质下组织就是用这种方法形成的，这些神经细胞要走到它们的目的地后才长出轴突来。

我们的左右眼视神经在视觉皮质第四层上各有各的领域，每一个神经只负责一只眼睛，不管另一只眼睛，但是刚出生时，神经元对两眼的刺激是做同等的反应的。

假如把新生老鼠的视觉皮质神经细胞移植到感觉运动区去，或把感觉运动区的神经细胞移植到枕叶去，这些新移民到新社会就立刻改头换面以新社会居民的姿态出现。这显示脑功能是由神经细胞所在的位置决定的，而非神经细胞本身。

大脑单侧受损后的学习实验（王士元，2011）显示：先学会一个视觉辨识作业，然后把单侧脑的颞叶前下部（专门负责物体辨认）破坏掉，结果发现颞叶前下部受损的部分在物体辨识上很差，但颞叶前下部旁边的颞枕区区域会取而代之，颞枕区会增长新的神经回路来取代被破坏的，若再把颞枕区破坏掉后做测试，发现能由视觉辨识。这显示脑部功能区若有损坏,邻近的脑神经细胞会主动转化其功能递补。

(四) 语言的神经机制

在母亲子宫中录音时,母亲的声音是所有人声中最清楚的,所以,婴儿最习惯母亲的声音。一个月大的婴儿能够区分出 [p] [t] [k] 三个发音位置不同的子音。四个月大的婴儿在语音知觉的分类上就已经跟大人一样。五个月的婴儿就开始发 [i] [u] [a] 的母音。青春期以后再学第二语言的人,他的第二语中心与第一语中心在布罗卡区的位置有较大的距离(大约3.5毫米),而很早就学第二外国语的话,他的第一语和第二语几乎是在同样的位置上。很小的婴儿就喜欢母亲用所谓的婴儿语说话,又叫母亲语,是全世界母亲对儿女说话的方式:声音的频率比较高,而且语调的抑扬顿挫特别的明显。母亲清楚的发音方式可以帮助婴儿把声音归类,他们会主动去模仿如何发这个音。婴儿的牙牙语就是为练习他所听到的与所发音之间的关系。即使天生聋的孩子,他在七八个月时也会牙牙语,但是因为他无法听到自己的声音,所以一阵子后就停止这个动作了。在怀孕六个月的时候,胎儿左脑颞叶的听觉皮质区的地方比右边的大,很多人认为这是语言到左脑去的原因,其实这个说法是不对的。

在实验法上用双听(将两个不同的声音同时输入两个不同的耳朵)的方式来推测半球优势时,通常输入到右耳的语音讯息会听得比较清楚,保存得也比较久,因为左脑是处理语言的,耳朵与它相对的那个脑半球的神经联结比较强而与同一边脑半球的联结比较弱。基于这种不对称,左耳在听音乐时就比较强,因为音乐是右脑的机制在处理的。

语言是由序列的基本音组成的,假如把一个音节录音带一直剪短,当把母音全部剪去时,子音就突然不见了,也就是说子音是不能单独存在的。音节是所有语言结构的根本,音节的辨识是所有语言都有的。实验结果发现婴儿可以处理多音节语音,将他们分割成基本音节。婴儿不但可以听出音节,而且和视觉一样,有知觉守恒(perceptual constancy)能力:听到一个音节的头 20 毫秒时(不到一个自然音节的十分之一的时间),就能辨认出子音和母音来。所有行为中最简单的就是习惯化,因为大脑资源是有限的,如果能减少对熟悉物体的注意力,我们就可以有更多的资源去注意新的刺激,可使我们集中精力去专注新的可能是危险的信号，增加我们的生存概率。

(五) 语言中枢间的神经链接机制

19世纪末，学者里奇特因（Lichtheim）提出语言链接模式（connectionist model of language），此模式在接下来的一百多年间，成为说明大脑如何处理语言理解与语言产出的主要模式。在此模式中他认为布洛卡区、韦尼克区和负责处理听觉理解和字义的存储概念中心区（concept centre）三区之间是相互链接的，因此语言功能的受损，可能起因于其中一区域损伤或某两个区域之间通路链接的受损。事实上，里奇特因对于概念中心区的精确位置的界定并不清楚。一直到20世纪60年代，心理学家格希温德才将概念中心区做了清楚的界定，他将概念中心区细分成动作概念、感官概念两部分，前者位于额叶（frontal lobe），后者位于左下方顶叶（left inferior parietal lobe）。以上论及的概念中心区、布洛卡区、韦尼克区三区域损伤或某两个区域之间通路链接的受损（见图5-7），将分别产生传导型失语症（conduction aphasia）、动作型跨皮质失语症（motor trans-cortical aphasia）、感官型跨皮质失语症（sensory trans-cortical aphasia）与整体型失语症（global aphasia）（Bear，Connors and Paradiso，2006）。

1. 传导型失语症：若负责听觉理解的韦尼克区和负责语言输出的布罗卡区均无损伤，但此两区域之间的连接通道，即弓状神经束受损，则会发生传导性失语症，亦即听觉理解和说话能力良好，但丧失复诵能力。

2. 感官型跨皮质失语症：感官型跨皮质失语症类似前述的韦尼克型失语症，主要在听觉理解方面产生困难。

3. 动作型跨皮质失语症：动作型跨皮质失语症就像布罗卡型失语症一样，常无法流畅地说话表达。

4. 整体型失语症：里奇特因系统中的许多部分如果受到了广泛的损害，则会造成整体型失语症。

二　儿童语言习得的认知机制

(一) 感知机制

语言的习得起源于儿童对语言的感知。在婴儿语音感知的研究中，埃马克等发现年幼受试者生来就拥有相当丰富的感知机制，相当适合人类语言的特征，所以他们已经准备好要适应即将面临的语言世界了。

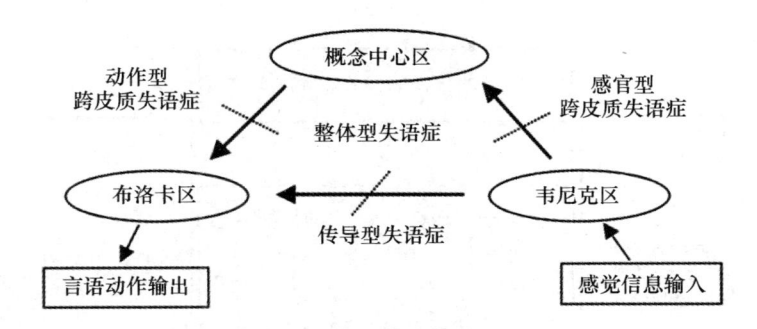

图 5 - 7　语言中枢间的链接机制

资料来源：Bear, Connors and Paradiso, 2006。

库勒（Kuhl）等人提出了一个语音感知的新模型——母语磁体扩展模型（Native Language Magnet-Expanded，NLM-e）（Kuhl et al., 2008），用以解释婴儿早期的语音感知发展历程以及母语特异性感知的形成过程（见图 5 - 8）。在这一模型中，婴儿的语音感知发展被分为了四个阶段，分别为最初的感知阶段、母语特异性感知的形成阶段、母语特异性感知的固化阶段和最终的完成阶段。在母语特异性感知形成的初期，统计学习机制在其中发挥了重要作用。在这一阶段的后期，功能性重组的重要性逐渐增加，最终取代统计学习机制成为语音感知的最重要机制。而在母语特异性感知的整个形成过程中，婴儿指向语言、社会互动及其带来的注意和唤醒水平的提升、环境中的功能性信息等社会性线索共同对这一过程产生着影响。在统计学习机制和社会性线索的共同作用下，婴儿对元音和辅音的感知以不同的模式完成了母语特异化过程。最终，婴儿的大脑在大量母语经验的作用下发生了改变，而这种对母语的特异性感知也以神经环路的形式被固定下来。

这一模型为我们提供了一种婴儿语音感知发展的宏观描述，并指明了发展过程中的主要学习机制和一些重要影响因素，为以后的研究提供了一个较为全面的概念框架，也明确了进一步研究的方向。但这一模型并不能说明婴儿语音感知发展过程中的所有问题，也并不是唯一可能的解释，还有很多问题有待进一步探讨。如社会性线索与统计学习机制之间是如何发生相互作用的，各种社会性线索之间又存在怎样的交互影响等。

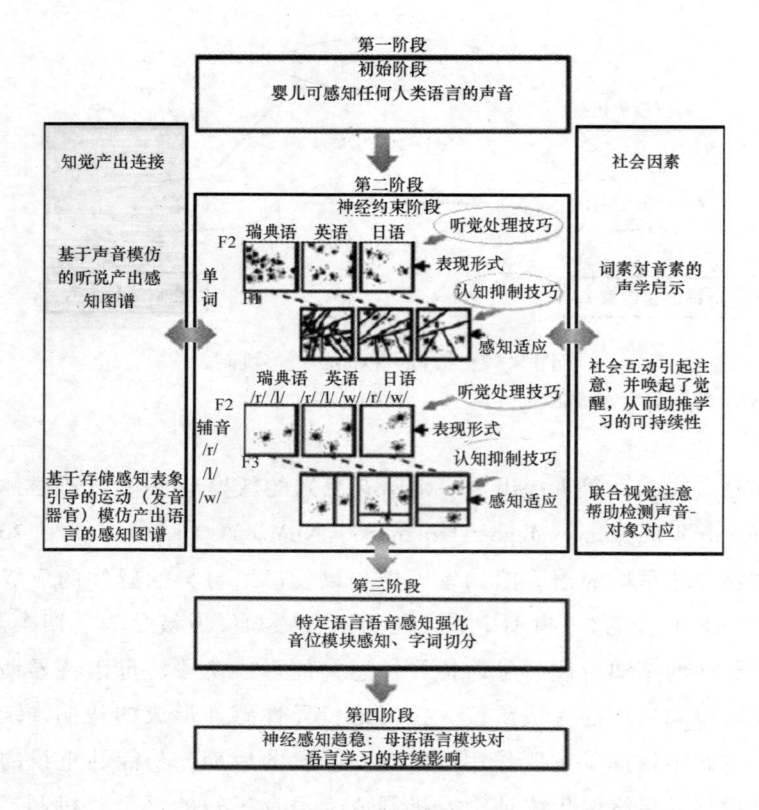

图 5-8 语言感知模型

资料来源：Kuhl et al., 2008。

（二）内化机制

在感知语言的基础上，大脑还需对感知的语言知识进行内化。语言知识内化指知识学习者将外显知识转化为内隐知识的过程。二语习得者可借由不断的语言学习与操练，例如，课程讲习、手册研发、专家系统训练以及从做中学（learning by doing），将感到的外显语言知识内化为本身知识（Earl and Scott, 1999）。

学习者在将外显知识转换为内隐知识的过程中，亦可能产生知识不完全内化，并对学习者的知识学习效能造成进一步影响。在许多情况下，外显知识本身往往隐含了不同的知识类型，如叙述性知识（declarative knowledge）、程序性知识（procedural knowledge）、因果性知识（casual knowledge) 与背景性知识 (specific knowledge) (Zack, 1999; Alavi and Leidner, 2001), 且不同类型的知识往往有不同的学习方式 (Collins, 1993; Blackler, 1995), 且内化的质量也不尽相同。对语言学习者来说, 若学习的是叙述性知识, 如该语言文化语境下的专有的名称, 则学习者较易于仅凭借自己的文化知识对其外显知识进行学习, 即能将知识内化为本身知识; 但若学习的是程序性知识, 则仅借由语法操练的学习, 未必能有效地将此程序性知识内化为本身知识, 而必须透过从做中学 (learning by doing) 方能习得此类知识 (Nonaka, 1991; Brookings, 2000)。此外, 若学习者学习的为因果性知识, 如为何要以此方式进行语言学习, 则往往需仰赖心智模式的推理分析, 亦即由分析中学习 (learning by analysis) 才能获得此类知识 (Blackler, 1995)。故若学习者在学习外显知识时, 在此语言理论本身隐含不同知识类型的情况下, 若未能配合适当的学习策略, 则未必能将外显知识有效内化为本身知识。一旦此情况发生, 在外显知识转换为内隐知识时, 即可能产生知识的不完全内化现象, 故很难真正习得地道的外语语言, 尤其是语用知识。

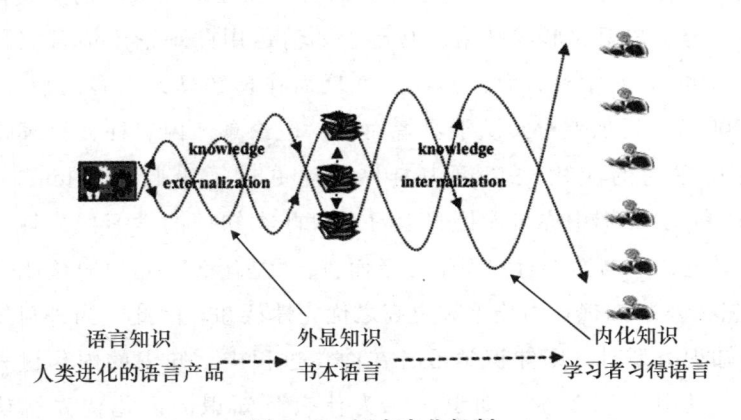

图 5-9 语言内化机制

资料来源: Earl and Scott, 1999。

故对语言的学习者而言, 当学习的外显知识涵盖不同的知识类型时, 则内化的难度认知亦可能不同。对学习者而言, "是什么" 知识为一种叙述性知识, 当所学习的外显知识为叙述性知识时, 学习者往往较易于理解与掌握 (Collins, 1993; Liao et al., 2010)。至于如何进一步运用理论知识于实际问题解决上，则属于"怎么办"知识，即一种程序性知识，在缺乏实务演练前提下，学习者仅借由文字的理解，未必能将此外显知识完全地内化为本身知识能力，往往须配合实务演练方能进一步掌握（Brookings, 2000）。在此情况下，学习者对"怎么办"知识的内化难度认知，即可能高于"是什么"知识。最后，若学习者学习的为理论知识的形成脉络，亦即"为什么"知识，则仅借由文字陈述知识持有者的思考逻辑，不代表学习者能复制此思考逻辑，进而具备形成新知识的能力，而往往需在分析中学习，才能具备此观念性能力（Blackler, 1995）。故对学习者而言，"为什么"知识的内化难度认知，应高于"是什么"知识。本书推论对知识学习者而言，不同的知识类型，其内化难度认知应该有所不同，其中"怎么办"与"为什么"知识的内化难度认知应高于"是什么"知识。因此，当外显知识隐含不同知识类型时，则知识学习者在内化过程中，知识的内化难度认知不同，其中"怎么办"知识与"为什么"知识的内化难度认知较"是什么"知识为高。

此外，往往先有理论知识的形成脉络"为什么"，才能形成进一步的具体理论内容"是什么"。而对学习者而言，往往最先吸收的是具体的理论内容，至于知识的形成脉络，乃至于如何运用此理论于语言实际语境上"怎么办"，对学习者而言其优先性反而在理解理论内容之后（Sternberg, 2003）。再加上对知识学习者而言，理论具体内容往往比理论形成脉络以及理论的应用技巧更为具体，且更易于吸收（Collins, 1993; Kim, 1993），无形中亦可能提升学习者对此类知识的学习优先性。故基于前述讨论，本书推论对知识学习者而言，"是什么"知识应该比"为什么""怎么办"知识在内化上有更高之优先性认知。因此，当外显知识隐含不同知识类型时，则知识学习者在内化过程中，知识的内化优先性认知不同，其中"怎么办"知识与"为什么"知识的内化优先性认知较"是什么"知识为低。

因此，我们认为语言内化是从对"是什么"等资料的收集，将部分语言知识归纳、整理推导出"怎么办"知识，即知道语言在具体的语境中到底该怎样运用，最后通过认知推理形成"为什么"的理论形成过程。语言习得的内化更强调将"是什么"等外在化知识系统转化为"为什么"和"怎么办"的内在化知识体系，即将语言知识内化为人的语言认知或

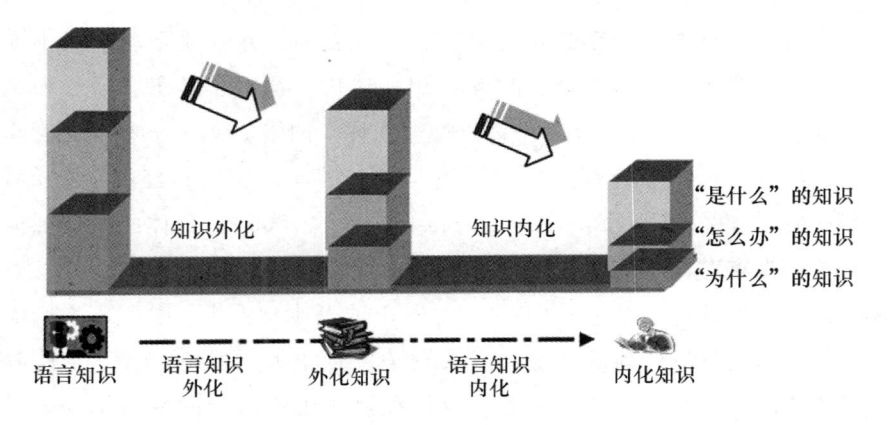

图 5-10　语言内化消耗过程

资料来源：Earl and Scott, 1999。

语言能力。因此，习得也只有将外显知识内化以后，才能真正称作语言的习得。

（三）突现机制

语言突现（emergence）指系统中一种从未出现过的结构和功能的突然出现，亦指一些子系统经过有机组合产生出具有新功能或整体性系统的过程，是自组织系统信息量增加与组织水平提高的过程。自组织理论则用突现一词来涵盖其普遍性，并探讨其内部机制，包括突现的性质、突现的方式、突现与自稳定的相互作用。

语言突现的性质包括人类语言乃至个体语言习得的突然性（由不起眼的杂音变成重要资讯）；语言进化过程和儿童语言学习过程的间断性；语言产生过程的不可预测性。

语言突现的方式（见第一章第三节）主要有协同机制，即子系统采取共同的行为来突现一个目标；超综合系统，即子系统间环环相扣、相衍相生的循环反应；信息控制性突现，即突现与自稳定的相互作用、相互矛盾、相互相依。如果语言突现过于频繁就会使系统发散，自稳定过强会使系统信息难以增长，因此突现必须依赖于自稳定作用，自稳定又必须依赖于突现。

语言是一个多主体的、复杂的、动态的、适应的系统突现出的特征的总和，语言学习是特征突现的过程。语言这个复杂系统是在有交流愿望的人与被人讨论的世界的互动中生态的构成的，并且他是一个在不同层次（由上到下依次为会话、相互作用、建构、词汇、形态、语音和神经、脑、身体）、不同集合（个体、社会团体、网络、文化）和不同时间范畴（进化、新生、发育、相互作用、神经横向作用、神经纵向作用）不断适应的复杂系统（Ellis and Larsen-freeman，2006）。具体的语言如何突现呢？麦克温妮认为"关于语言突现尚无完整的描述，但突现论已对很多语言现象进行了描述"（1999）。发音过程涉及舌头、喉头等发音器官的运动。儿童早期的发音受到成人有关发音很大的影响。音系结构是由对声道的生理制约而突现的。普拉特和柯罗用连通论的网络结构表明了有多少儿童早期的发音特点是从这些网络加工材料的过程中突现的（1999）。史密斯认为儿童学习新词是"在一般的学习过程中使用特殊的学习机制"进行的。她所进行的一系列实验表明，起初儿童对新词的词义只是瞎猜，在学到更多的语言后，儿童猜词义的倾向性才逐渐明确。在这种能力突现后，儿童才使用语言框架猜测新词的词性。贝茨和古德曼使用同样的方法，发现儿童的句法形式是在词汇学习过程中突现的。所以，他们认为"语法是从词汇中突现的"（乐眉云，2003）。

20 世纪 80 年代，B. 麦克温妮等学者提出语言学习突现论。这一理论认为："语言表达是从大脑到社会各个层面相互作用而突现发生的。当人类暴露在作为社会环境一部分的语言材料中时，简单的学习机制（mechanism）就在从感知、肌肉运动到认知的各个系统中及各系统间运行；这就足以促使复杂的语言表达突现发生。"（乐眉云，2003）语言学习是一个复杂的多种元素在各层次上突现的动态过程，而发展则是突现的过程。有理论认为语言结构是在社会模式、输入模式和源于认知的生物学压力三者相互作用下突现的，而二语习得突现理论者认为语言是其相互作用约束出现的结构（MacWhinney，1999）。简单学习机制互相作用突现出复杂的语言表征（Ellis，1998）。语言发展和语言使用的模式既非天生语言学习机制所得，亦非语言输入激活所致，而是在语言行为的主体和主体所处的环境相互作用中突现出来的（Larsen-Freeman and Cameron，2007）。故突现理论者认为语言学习和语言使用应被理解为一个复杂动态过程，该过程的系统规则起源于使用该语言的人、大脑、自我、社会和文化的互动。

三 儿童语言习得的环境机制

儿童语言的发展与学习，除了需仰赖正常的脑部发育与功能外，还须靠后天环境中适当的语言刺激与经验学习，让儿童的语言系统得以有效运作。

虽然婴儿天生对各种不同声音具有高度的敏感度，但有些不易在其生活周遭听到的声音（如外语），会随着年龄的增长而消失。因为接受外语语音的神经细胞（树状突与突轴）逐渐萎缩、消失，因而外语与幼儿神经细胞的连接就愈松散，讯息的传递也就愈慢。这就造成婴儿只对自己母语的声音敏感，而逐渐忽略母语中没有或不需区别的音，所以婴儿愈是浸浴在自己的母语当中，愈容易失去对其他语言的辨音能力，他所发出的音也愈局限在他从周遭所听到的话。简言之，单一语言环境长大的孩子，其脑部的语言机制只感受单一语言，对其母语没有的语音，就逐渐失去其辨音能力，如 12 个月大的日本婴儿可以区别英文中 [r] 和 [l]（这是日本语言中没有的音）的读音，但是大部分的日本成人却无法辨别（Mann and Liberman, 1983）。总之，单一语言的学习（如全中文或全美语）会造成幼儿部分语言神经的萎缩，牺牲其对不同语音的辨识能力。所以，为人父母应尽可能提供各种不同语音（多种语言）的输入，以保持幼儿语言神经细胞的活跃及其学习新语言的潜能。因此，语言习得环境机制就是在于提倡多样化语言习得环境的创设，坚持通过语言运用促进语言习得。

（一）支持性的家庭互动情境

家庭互动情境是指在自然、具有安全感的环境中，使孩子有正常的情绪发展与沟通动机，并布置情境，选择适当的玩具或教材，操弄玩具，制造机会诱发语言表达，在过程中，强调对话式的互动，促进父母与孩子之间的均衡式沟通。

1. 阅读

为了促进儿童语言的输入量，照顾者可以频繁跟孩子一起阅读叙述性故事书及信息类书籍，通过阅读尽可能输入更多的语言信息，以更好地激活儿童语言习得的生理机制。

2. 讲故事

通过讲故事可以促进儿童在故事情节中更好地理解语言，激活儿童语言表达的愿望。讲故事可包括不同类型的故事（如真实故事、有趣的故事、自编的故事、童话、传说）。

3. 对话

语言学习的输入与输出都具有重要的作用，对话活动涵盖与孩子不同形式的口语互动，包括个人经历、共同的回忆及对孩子有兴趣的话题的讨论。通过对话，可以促进儿童语言表达与思维连贯。

4. 唱歌

唱或听歌，哪怕只是摇篮曲都会对儿童语言习得具有极大的促进作用。

5. 观看教育性质的电视节目

随着科技的发展，语言学习的途径渐趋多元化，让儿童观看为儿童而设、具有教育目的（如解释事物）的电视节目，同样可以促进儿童语言习得。

这些语言学习环境着重丰富性、互动性、沟通与分享，是生活的一部分，也需要时间及心力进入及丰富孩子的生命，更是儿童语言习得环境机制最重要的组成部分。

（二）宽松式的学校教学环境

对英语作为外语的中国而言，学校是英语习得的最为重要的学习环境，因此宽松的学校教学环境对语言习得具有至关重要的作用。

1. 学校语言教学的物理环境

学校语言教学的物理环境主要包括上课地点：室内和室外。本书特别强调语言教学在室外上课。在室外上课的优点包括自然光线充足、空气流通舒畅，语言学校环境非常宽松，有助于学生在轻松愉快的环境中习得语言。在室外上课的缺点有人为噪音、学生容易受周遭事物影响、风力影响课文翻阅。

也有学者研究发现在室内上课的学习成效优于室外上课，因为学生比较容易专心学习。目前而言，中国学校语言教学环境依然以室内为主。我们认为室内语言教学物理环境至少应包括以下内容。教室设计：教室是学生最主要的学习空间，所以教室的设计会影响学生的语言学习成效

(Cotterell，1984）。桌椅摆设：桌椅是辅助上课的工具，在不同的语言教学（听力、口语等）下可借由变化桌椅的摆设来达到教学的目的，对学习成效也有所影响。室内采光：光线对语言阅读有很大的影响。叶明翰（2010）英语阅读是日常生活中主要的视觉作业行为之一，要达到良好的阅读环境，维持照明品质是非常重要的一个因素。提高照度与色温度可有效提升外语阅读时的明视性与工作效能，且外语阅读的疲倦感也较低。

教室内的语言学习，主要的目的在培养语言的沟通能力。如何在语言教室营造真实的社会语言情境，让学生以流畅、得体的语言，主动、积极地参与沟通互动，是外语教学的目标。教师应该利用合适的教材、有效的教法来帮助学生提高学习效果。国内外有许多的研究显示，文化性的教材，沟通的教学模式和认知学习策略教学对于增强语言能力和学习效果有实质上的帮助（Scarcella and Oxford，1992）。

2. 学校语言教学的教育环境

学校语言教学的教育环境主要指老师设计激发学生语言学习的教学场景，让学生在玩中学，在完成任务的过程中不知不觉地、自然而然地习得语言的特点，从而提高语言习得的效率。

（1）有趣教学用具的安排机制

在环境中要能有效地利用孩子喜欢的教具和活动。幼儿最有可能从他们感兴趣的事物中开始想要与人沟通。因此，提高孩子对教具的兴趣，可增加孩子在环境中使用语言的机会及老师教学语言的时机。老师们通常能够知道每一个孩子喜欢的玩具和教具有哪些。老师可以利用平日的教学会议，讨论出一份简要的幼儿喜爱物清单，或是在自由游戏活动时间，有系统地观察孩子的选择。家长通常也能告诉老师哪些玩具或活动是孩子喜爱的。

一旦孩子喜欢的玩具确定了之后，老师就可以利用环境中的物品来制作玩具或教具来提高孩子的兴趣。例如，有一个孩子很喜爱串珠子，那么各式各样不同形状的珠子和线轴都可以拿来利用或是做成教具。假如今日所面对的孩子是发展迟缓或无行为能力的幼儿的话，那么确认喜爱什么样的玩具和教具就特别重要。对于教具和活动的变化，成人安排时需谨慎小心地检视，且确保孩子能保持兴趣。例如，一个无行为能力的幼儿喜爱各式各样会发出叽叽喳喳声音的玩具，那他就可以享受这些玩具的变化，但他也有可能不喜爱那种会发出相似声音的玩具。所以，不论在任何时间，让玩具能轮流出现使用，这也是一个激起孩子对旧玩具感兴趣的好方法，那会让玩具再度出现时，看起来就好像是另一个新玩具般地吸引孩子的学习。

（2）力所不能及的兴趣活动吸引机制

老师可以放置一些幼儿看得到却拿不到的合意的东西，此种状况下将能激励幼儿主动提出要求去获得这些东西。这些物质可放在架子上，或透明的储物箱中或更简单地放在孩子够不到的桌边。当幼儿于群体活动时，就可增加幼儿利用口头上或非口头上的方式表达的机会，每当孩子们要求某一特定东西时，无形中就创造了一个语言教学的机会，同时也强化了幼儿所指定东西的认知能力。因此一位老师要使用鼓励语言表达和提供能引起孩童反应的东西，并要有效地强化这些反应。这种策略的有效性要被强化，可借由"物品的展示""命名和留意"的方式等待孩子们提出要求。例如，在点心时间或烹调活动前，老师可将要烹调的东西放在桌边即孩子够不到的另一边，鼓励孩子们提出想要的东西。能力较低的孩子可能只借着手指或凝视来表达要求，而更多训练有素的孩子们可能会被鼓励使用符号、文字甚至完整的句子来表达要求。

老师们不要一次对孩子们使用太多的沟通要求（即一次给太多指令或要求），这会使孩子感到挫折。在每次活动中，老师要在要求东西答询方式及独自游戏的方式间，谨慎地拿捏与孩子间的互动状态，以免造成反效果。

（3）激发兴趣的教学奖励刺激机制

有时候提供少部分却令幼儿喜欢的材料，如积木、蜡笔或饼干等，是安排环境促进沟通的一种极佳的策略。当孩子享受一个活动的乐趣时，可得到成人控制数量的材料，使得孩子要完成这个活动，却只拥有所需材料的部分。当孩子使用最初供给的材料完成活动时，很可能会要求更多一些。教师可以提供一个有创造性的有趣的材料情境，鼓励孩子在布置好的自然环境中，表达他们对额外的材料的需求。举例来说，在点心时间，成人借着提供少量果汁，一部分的饼干，来鼓励孩子，而不是将饼干一次全部给孩子（效果不好）。一个喜欢注视老师吹泡泡的孩子，可趁机鼓励其需求欲。如果老师吹一个或两个泡泡，然后再等待孩子来要求更多，此时也就创造了一个让孩子学习与人沟通表达的好时机。一旦孩子用其未成熟的语言要求更多时，老师便可利用时机扩展与延伸其语言，塑造与激发孩子们沟通的欲望，提供实用而有效的语言学习。

（4）可供选择的教学环境安排机制

为了鼓励孩子适应不同的情境去学习语言，教师可以在活动和素材上把两种或两种以上的方式先呈现给小孩，同时可以先采用"非口头"上的方式，一旦孩子有机会选择自己较喜欢的项目，便鼓励孩子做选择。例如，大人拿着两个不同玩具（像一个黄色大倾卸车和一个红色小积木），以期待孩子用口头上或非口头的选择（要求），如果孩子用非口头的要求，大人可以去激励他们用言语表达（"告诉我你想要什么"），或是简单示范，如如何回应（"黄色卡车"）孩子口语的需求可以沿用他们语言的延伸（"你想要黄色卡车"），或用实物让他们做2选1的选择（"请给我黄色卡车"）。

（5）及时有效的协助策略安排机制

创造一个儿童可能需要大人协助的情境，以增加他们表达所需的可能性，也就是提供具有吸引力的教材但儿童需要协助才能使用或完成的情境，可以鼓励孩子主动寻求大人或同伴的帮助。例如，一个需要上发条的玩具、一个需要协助才可上去玩的秋千，或一瓶未开封的泡泡罐，这些题材都是可以提供一个非语言的提示而需要寻求协助的例子。

儿童时期是发展语言沟通的黄金时光，而语言的学习应是在一切自然的情景之下才有意义，安排一个自然、生活化、有趣、相对实用的语言沟通环境将是所有关心儿童语言能力问题的人士应注重的课题。尤其当孩子们对环境的安排有反应时，大人应回应孩子们沟通的企图，且最好是能立即的、支持性以及以正面的情感的回应，这些将深深影响儿童沟通的意图与学习。正如所有自然主义的教学过程的运用，安排一个有利于儿童的语言沟通环境应该是无时无刻、无所不在、值得推广、受肯定的，而且是为增加孩子们的语言使用能力和他们与大人的互动而设计的。

第四节　儿童到底怎样习得语言

　　一般人大概很少问到人类语言的来源这样的问题。如果相信有亚当和夏娃存在的人，这个问题会更难、更复杂。他们讲的是什么话啊？像这种问题叫语源学。现在语言学家发现许多语言有亲戚关系，就把他们归类为一个语系（language family）。比如，有印欧语系、汉藏语系、阿尔泰语系、南岛语系等，但是在这些语系形成以前人类讲什么话呢？这个问题人们以前就争论过了。所有的假设当时都无法通过事实来验证，科学家之间谁也不能说服谁。为避免再发生这样毫无结果的争论，国外有家语言学会在章程中明文规定，凡入会者一律不得谈论语言的起源。但本书不谈这种历时（diachronic）的语言发生学，而是讨论在看不到亚当和夏娃的情况下，代代之间可考的语言发生的问题。本书主张人类一开始大多是从爸爸、妈妈那里学到语言的，后来是从兄、姊或同辈那边让所得到的语言更精密化。语言怎么得来的？从听开始。而这个听其实很像电脑下载程式一样，记忆体是格式化过的，所接收的外在语言也是有其精密结构的。人类学话不是鹦鹉学话，人脑中有语言习得装置可以重新组合语言。

　　乔姆斯基在20世纪70年代就开始探讨语言是什么？人为什么会说话？人怎样学会说话的？人的语言能力和语言知识到底是什么？他认为，当时盛行的结构主义语法和行为主义（刺激—反应论）无法解释五六岁儿童可掌握母语的这个现象。儿童从很有限的外在语料（data）中学到一套完整的语法知识，能用有限手段表达无限的思想。而且尽管母语习得环境悬殊，他们达到水平却大致相同。人学会说话就几乎像学会走路一样。所以乔姆斯基主张语言天赋论。换句话说，天下所有儿童天生具有一种学习语言的能力，乔姆斯基称之为语言习得机制（Language acquisition Device，LAD）。儿童生来就有基本的语法关系和语法范畴的知识，这种知识是普遍的（universal）。

　　这样推算下去就是人类有普遍语法。这个就是后来乔姆斯基所说的原则部份。比如，高中生做电流及灯泡实验一样，电流的串联和并联是可以做多种开关组合的，也就是可以设参数的，这样不同的参数就可以造成我们现在的个别语法。个别语法就是各语言区域接触语言素材的孩子内化了的语法规则,这是无意识的语言知识,称为"语言能力"(competence)与"语言行为"(performance)相对。这样,乔姆斯基理论最初就被大家归类为生成语法。因为他主张人类可以用有限衍生无限的表达。

一 婴儿从听父母的声音学得语言

这一小节,我们要讨论语音输入的问题,首先必须讲讲我们的内耳。我们的耳朵的内耳是很不简单的东西。内耳的样子像豆子那么大,长得像蜗牛,所以也叫耳蜗,如图5-11(a)所示。这耳蜗里面充满绒毛和淋巴液,就好像海草在海水中直立一样。把耳蜗拉直,如图5-11(b)所示,我们可以想象是一架钢琴的键盘(王士元,2011)。外面空气中的声音经过外耳,会打到耳膜,中耳鼓膜的震动引起三块小骨——锥骨、镫骨和钻骨上下震动,将声音传到内耳,内耳可产生神经冲动,冲动沿听神经转为神经能,把声音的信息传到大脑。这样讲是很抽象的。我们换句话说,本来声波在空气中运动,现在就在不同介质——淋巴液上产生波。关键就在这绒毛会和来袭的声波共振(摆动),绒毛底部一来一往的摩擦就产生微电波,绒毛下面的神经丛通到大脑,就把这电波传过去。传过去就是语言编码的动作了。

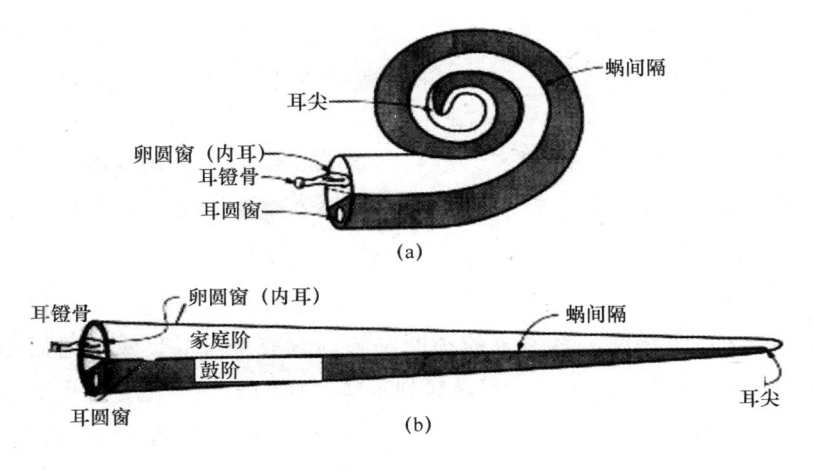

图 5-11 耳蜗结构图

资料来源:王士元,2011。

耳蜗绒毛的共振是物理性的，而这共振不是没有规则的。我们每一语音都不是单音，不像在钢琴上单单按一个键。我们的语音，每一切段（segment）就好像是大合唱的一小段。我们再回到把耳蜗比喻成钢琴键盘的例子。会弹钢琴的人知道他的左手是不能乱按的，那是要有和弦知识的。"Do Mi Sol"是其中一组，"Do Fa Ra"又是另一组。我们可以推敲，一段语音进来，某些绒毛起共振，另一段不同语音进来，不同的某些绒毛又起共振，共振的绒毛有些是共用的。这样是慢动作分解了，实际上，听话时，语音会一直进来，耳蜗就一直忙个不停。但是这些音段在耳蜗的"消化、分类"下，被一组一组地存在记忆槽里。所以美国小孩听到[pig]和[big]他们就知道不一样，就可以区辨了，这就是所谓有声子音和无声子音的区别。就这样，语音的系统就慢慢建立了。

　　汉语有声调的问题，这也是由耳蜗那边处理的。像汉语的四声和轻声，耳蜗运作久了就把它们固定下来了。我们常看到一种可怜的情况是讲英语的人，他们本来是习惯轻重组合的语言（stress language）的，如tea，teacher，today，tomorrow（重音画底线）。他们的耳蜗一直是处理轻重音的，突然叫他们的成年人来学汉语，那是要他们的命一样痛苦（极端的例外我们要排除在外）。因为他们的耳蜗不认识，没经历过这种有调的语言（tone language）。如果叫他们学闽南语，理论上会更惨，因为还牵涉变调，闽南语中两个字的词组，前一字一定变调。很多人母语不是闽南语的，虽生在台湾很久至今闽南语仍是讲得不好，变调的困难是其中一大原因。

　　老年人重听或耳背的问题，也和耳蜗有关。大部分是频率高的声音他先听不到。这样，所收到的声音组合就会有问题。可是一句话里头的高频音总是很多的，所以沟通就会有问题。渐渐的老人家就会沉默下来，比较不喜欢讲话。反过来说，中国人学英语，实在也不是容易的事。举一个小例子：会讲闽、客方言的小朋友脑内就有 p、t、k 做韵尾的知识"灌"在他们的记忆体里了；但是碰到不是这样的韵尾，比方说用 l、ch、ge、sh 做结尾的字，他们就常会有语误的。"wash"常念成"washy"[wa-ㄒㄩ]，"watch"常念成"watchy"[wa-ㄑㄩ]，"doll"便成[大了]，念的时候错误区还加上汉语的第3声调。但是，请注意，"腔调"

只是一个模糊的统称，我们可以说"腔调"是一个人的母语（L1）在学第二语（L2）时所造成的固定干扰（王士元，2006）。

另外，人工电子耳也提供了我们看语言形成的一个窗口。王永庆（2001）生前曾提供病患装人工电子耳的服务（电子耳如图 5-12 所示）。

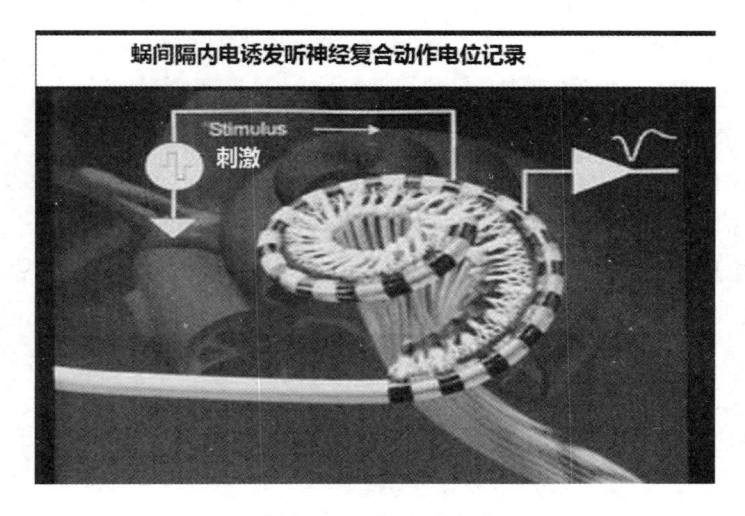

图 5-12 人工电子耳

资料来源：王士元，2011。

人工电子耳当然是仿照自然人的内耳而设计的。大家可以看到图上那些密密麻麻的小电线。如果一个天生聋人和一个 20 岁因工伤而聋掉的人同时装入这电子耳，后者会比较成功。而且经过训练之后恢复和适应得比较快。如果，电子耳装在天生聋人身上，他不会装上就能讲话，他才刚刚听得到声音，他等于一个小孩开始牙牙学语。所以天生聋人装电子耳是很麻烦的事，失败率也是高的。那我们要问这两种人脑内有何区别？我们说天生聋人的语法是空白的，而 20 岁因工伤聋掉的人，他受伤前脑里面已灌好了他的母语的语法。天生聋人当然也有会手语的，但那是另外一种"程式语言"，学术上称"视觉语言"（sign language）。

二　人类从哭开始练习语言

人类从不会讲话到会牙牙学语，其间已经存储了很多东西在他的小脑袋。但是，他的初试啼声却是哭的动作。我们得承认小孩三四个月的哭声，那种大哭是因为饥饿。但一个 1 岁多（或更早）的小孩，他们的哭声已有所不同。他开始玩弄声音，哭声是他们最先练习语音的方式。撒娇的哭、抗议的哭、要东西的哭、拒绝吃药的哭等，这些让他练习（reproduce）他所存储的语言记忆。他们开始注意舌头动一下，会有不同的效果。特别是英语的轻重（stress），汉语的调高变化（tone），日语的音高（pitch）。这些各语言最特殊的地方，他们在早期就得到了。你很难听到一个重庆长大的小孩讲话，却讲得像外国人学中文那种怪腔怪调。他也许词汇不多，他的调值却是极其准确的。试想一个婴儿饿了哭着要喝奶，但却不能区分"喝奶"和"奶"这两个词语的声音模式，只能靠哭声提醒父母自己饥饿的心理感受。此时，对于想喝奶的儿童而言，两者的意义是一样的。然而，随着年龄的增加，儿童开始将语句切割，"奶"就可以用在需求以外的语境中，"喝"也可以用在儿童世界中的其他语境中了，如"喝水"。

三　乔姆斯基理论处理语法与语言习得

耳蜗之后到脑的那一段，至今仍是个谜。现在有一些学者正在研究，这些人被称为脑神经语言学家。台湾学者曾志朗教授、阳明大学洪兰教授和他们的研究群是很早投入这方面研究的专家学者。他们常做实验，对象是不同脑伤的人，车祸的、中风的都是他们的发音人（informants），而且车祸还要分撞伤哪一区域。他们设计各种实验，看不同脑伤的人有何不同反应。他们出了一些书，都非常有贡献。但是，本书认为人的脑哪里能研究得完？有一些是超越人类极限的。这时，语言的认知理论其实是很重要的也是很有帮助的。乔姆斯基的理论就有这样的诠释性。

如果想知道乔姆斯基理论细节，上谷歌一查就有了。但是本书不想这样引介他和他全部的理论。作者只想借着一些例子，简单介绍局部很漂亮的地方。前面我们提到耳蜗处理语音的输入编码，其实人脑不止做这种工作而已。或者我们可以说，人脑内是在下载某一种语言的操作程式，我们可称之为语法。但要研究人脑对语言的处理，外在世界的"语言"难道不值得我们好好深入探讨吗？更何况人类有那么多语言。下面是乔姆斯基"用有限的手段无限运用的例子"之一。

他用马尔可夫过程模型来处理"The man comes."和"The men come."如图5-13所示。

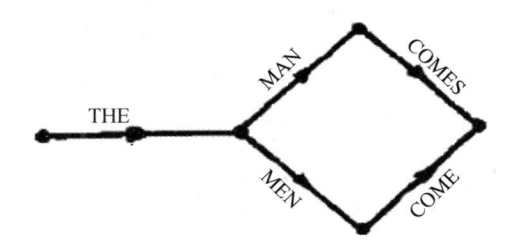

图 5-13 马尔可夫过程模型分析图

这是用很简洁的手段来解释第三人称单数动词现在式要加 s（或 es），很轻易地区辨了第三人称单数和非第三人称单数（注：这不是上述所说的语音区辨，原则却相似。这样的区辨乃是基于语言的语法上的需要。但这方面，中文是不需要的。这有个术语叫"主语和动词的一致"（Subject-Verb Agreement）。语言很奇怪的是你要的我不要，我要的你却不用。像中文的量词，如一头牛、一匹马、一座山、一双筷子等，这些外国人会觉得非常的困难。他们最后都用万用量词"个"来代替。我们再看看乔姆斯基的巧妙处理。

乔姆斯基加上了一个回路（closed loop）就可以产生"The old man comes."和"The old men come."

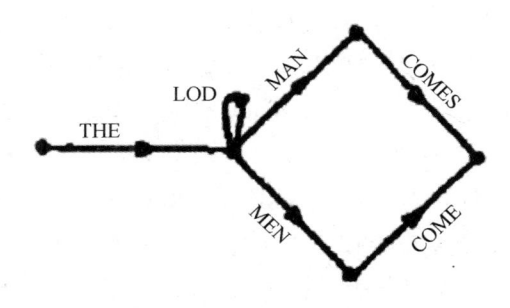

图 5-14 乔姆斯基分析图

从这里我们就可以嗅出乔姆斯基那种想化繁为简和以有限衍生无限的思想。所以他也提出了一种词组律（phrase structure rules）。

(i) Sentence NP（名词词组）＋VP（动词词组）
(ii) NP T ＋ N
(iii) VP V ＋ NP
(iv) T the
(v) N man，ball etc.
(vi) V hit，took，etc.

这样的"公式"如果加上"递归"（recursive）规定，那就能衍生无限的句子。

Sentence
NP ＋ VP （i）
T ＋ N ＋ VP （ii）
The ＋ N ＋ Verb ＋ NP （iii）
The ＋ man ＋ hit ＋ NP （iv）
The ＋ man ＋ hit ＋ T ＋ N （v）
The ＋ man ＋ hit ＋ the ＋ N （vi）
The ＋ man ＋ hit ＋ the ＋ ball （vii）

我们用中文举个平行的例子。

a. 他私奔了。
b. 张三认为［他私奔了。］
c. 李四相信［张三认为［他私奔了。］］
d. 王五不承认［李四相信［张三认为［他私奔了。］］］

这样造句子下去是没完没了的。不过以简化繁总是做到了。乔姆斯基还把这样线性的结构（linear structure）转为树图，变成非线性的结构（nonlinear structure），如图 5-15 所示。

好像神灯巨人许你可以有三个愿望。你只要在第三个愿望回答说：我第三个愿望是我希望还能有下一个愿望。这样，愿望就变无穷了。同理，递归规则让句子无限衍生。这符合人类得到和生成语言的过程。小孩子能得到的语料并不多，妈妈简单的话重复又重复，但是在语料刺激贫乏之下，小孩总是能偶而给你惊喜，讲出他自己和你连听都没听过的

```
            ┌─────── S ───────┐
       ┌─ NP ─┐         ┌── VP ──┐
       D     N         Verb    ┌─ NP ─┐
                                D     N
       the   man        hit    the   ball
```

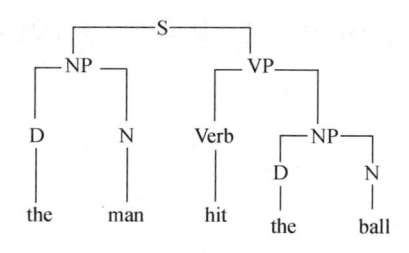

图 5-15 树状分析图

句子。

为什么中文可以 VV 相连，英文却不可以？这个问题可以用参数不同来解释。中文被归类为 PRO-drop 语言。简单讲就是主语可以不说出来。英文不是，英文是在限定句主语一定要说出来的语言。

例 1：a. 有一本书在桌上。

b. *_ _ _ is a book on the table. （*星号表示不合语法）

上面那句英文句子是错的，必须加个假主词 there 给它。我们不知道为何它要"假"，讲不出来。因为它只是占个位置。如果后面不是个名词，是个句子，还会另用 it 来做假主词。

例 2：a. There is a book on the table.

b. I think it is impossible for man to fly in the air.

这个假主词令人想起关公的头。关羽下葬的时候是没有头的，特地刻个假头装上去再下葬。这个是假头，上面的句子中的 there 和 it 是假主词。这个当然和我们这小节要讨论的主题有关。中文的"他来看我"，表面看起来是 VV 相连，其实是

例 3：他来 [_ 看我]。

这个空白地方是有意思的，比如，下列两句。

例 4：a. 他答应我洗碗。他答应我 [_ 洗碗]。他洗

b. 他吩咐我洗碗。他吩咐我 [_ 洗碗]。我洗

我们把上面这两句再重新分析一下。

例 5：a. 他答应我洗碗。他 i 答应我 [_ PROi 洗碗]。他洗

b. 他吩咐我洗碗。他吩咐我 j [_ PROj_ 洗碗]。我洗

这些 PRO 叫做空代号，它是空的，是隐形的，它的语法功能是代名用。上面的中文句子含 VV 结构的，其实就是含了两个句子在其中。如例 6 = 例 3。

例 6：他来 [PROi 看我]。

我们甚至还可以看到 VVV 结构。

例 7：他答应会来看我。

不过这句话分析起来是这样的。

例 8：他答应 [_ 会来 [_ 看我]]。

上面例句里的空格不用也不能讲出来。

中文 VV 可相连，但英语就不行了。

例 9：a. *He promised see me.

b. *He comes see me.

看起来 VV 在英语里大多数是行不通的，但为什么呢？我们来分析一下。

例 10：*He promised [_ see me].

这里包孕句内有一个空格，是空代号 PRO，但这样不行，里面是限定句（finite sentence），不能没有主语。上面讲过英语不是 PRO-drop 语言，英文是在限定句内主语一定要说出来的语言。要让它合乎语法，除非是改为非限定句。

例 11：He promised to see me.

"非限定"就是没有时态（tense）。再深入分析就是它本来是 "He promised [for him to see me]."。

另外一个改法是让包孕句也有时态（tense），比如，"He promised [that he would see me.]"。但这两样讲法都很啰唆。因为外面的主语和包孕句的主语是同一个。如果两主语不相同，那就一定要表现出来。

例 12：a. He promised [that you would lend me some money.]

b. He promised [for her to pay me that money.]

所以，从上面的解释来看，中英两种语言，参数不同，我们看 PRO 是隐形的，自然中文里头就会有 VV 相连的状况，这也是造成中国人学英语困难的一大障碍。

四 儿童语言习得过程模型

对于大部分的儿童来说，学习语言和学习与这个世界有关的事物，以及如何与这个世界互动是不可分割的——儿童会学会每个物体可以做哪些运动（关于物体的可视线索，例如，罐在抓起来的同时可以喝里面的东西。这是儿童子在延伸自己有效性的同时，通过与周围的环境的互动建立一套基本常用动作库，并以此作为基础，建立更进一步的动作）。儿童学会说话（或是打手语）同时也学会这些环境的功能性含义（物体、事件、物理位置），并知道这和动作的机会是不可分割的。在某些例子中，儿童会在学会指称动作的单词之前，就先学会动作，有些时候则会先认得动作和单词，过了很久（如果真的会发生的话）自己才精通这个动作（像是"小鸟飞"一样）。

儿童的有效性范围会随着他透过参与新的活动获得的技巧而发展，随之而来的还有越来越了解自己的身体和其他人一样。因此，儿童可能会学会照顾者一样的动作，试图达到类似的好处或避开危险。在早期，照顾者自己会透过注意力的引导，使得婴儿在要注意什么、要做什么、什么时候要做上，得到关键的练习。不过这种指示的清楚程度，会随着文化差异而有所不同。除此之外，这些活动会让儿童能够抓到利用语言沟通的重要前提——例如，知道单词有所指称、单词对于信息的接受者会有影响。这一切都符合符号表现、有意图的沟通，以及同位的特质，这些也是语言先备性的标准。

儿童能自己透过尝试与犯错误而学会某些事。然而，透过引导儿童注意自己的有效性环境中可视线索之间的关系，照顾者就能大幅度缩减儿童学习的摸索空间，接着加强他们学习的速度和程度。年幼的儿童在发展出一套基本动作以及一套基本的组合技巧时，也会获得这些技巧的基础。儿童需要很多年的时间才能拥有正常人脑的神经元机制，并能在使用人类语言的社群中，流利地使用特定语言并与人互动。本书想以一个特定的语言模型为例说明个体将定义自己所归属的社群的社会基模内化的可能程度。当然，人类语言的多元性正清楚地表示，不论人类语言是以多大程度的生物普世性为基础而统一在一起的，大部分定义任何一种特定语言的条件，都根植在经过进化的文化过程而非生物过程。儿童是如何从说话者可互相理解对方的社群所使用的语句中，提取出模式形成基模，让自己版本的语言得以内化的呢？

在描述语言习得的过程时，我们强调沟通是最重要的因素，并企图说明沟通可以带来一套能用于描述规则的系统的发展——不论这套语法是不是在语言产生与感知的机制中扮演因果关系的角色。本书希望介绍的语言习得模型是威戈·希尔（Hill, 1983）不以内在的句法种类与限制出发，而是观察到儿童有沟通的欲望，并且喜欢从模仿声音开始，渐渐模仿单词和句子而建构起来的儿童语言习得过程模型。

威戈·希尔利用他从一个 2 岁儿童身上收集到的资料建立模型。她记录了这个儿童如何将自己听见的片段内化，以自身目前关注的东西为基础，建立起我们现在所谓的结构。经过一段时间后，其中一个结构会和其他结构合并，有些会误用，有些会变得复杂，儿童使用的词汇也会增加，陆陆续续透过这些结构的发展而被分类。然而，这些都相当符合我们的基模理论基础：当一个 2 岁的儿童"重复"一个句子时，并不是在逐字地重复句子，也不会随机地省略里面的单词。相反地，儿童的行为和这里的假设非常一致：他的脑子中已经有某些模型，在吸收输入句子和产生简化的重复句时，牵涉的是一个以基模为基础的主动过程。

威戈·希尔研究的是 2 岁的小女孩克莱尔。她对成人的句子会有反应。研究频率为一周一次，连续 9 周，借此得到明确的资料，以平衡文献中的一般发现。很有意思的是克莱尔的语句每周都有改变，无法用一个整体的模型来概括"两岁小女孩的语言"。因为这个小孩每周都有不同的表现，这个模型必有微调，也就是每个句子可能都会改变儿童内在的构造。这是"新皮亚杰理论"，以皮亚杰的基模改变理论为基础，但是分析得更细，而不是用固定的阶段来说明儿童经历的过程。出生的时候，儿童就已经具备很多复杂的神经网络，能提供"天生基模"，让儿童能吮吸、抓取、呼吸、排泄、感觉痛楚与不适，还有学会在某些情况下持续某个特定动作，在其他情况下停止其他动作，让自己感觉愉快。一旦儿童开始习得新的基模，就会改变旧基模的信息环境，使旧基模接着改变。因此，不会有一套固定的原始动作——在生活某一阶段是基本的基模，可能会在之后的阶段里被纳入比较频繁的基模中，继而消失。

当然，语言靠的是某些天生的基质（不管是什么，就是让人脑达到语言先备的东西）。我们也知道，如果脑的某些部分受伤，语言也会在某些特定的方面出现衰退。现在要判断的是，大脑具有高度适应性的基质，给了儿童什么样的初步构造：是给儿童名词和动词的概念，或是某种普遍原则与参数，还是赋予了儿童辨识抽象声音模式，并将模式与其他种类的视觉刺激或动作模式连接起来的能力？

威戈·希尔的模型显示，至少就儿童语言发展中某些有限的部分而言，基模改变的一般机制可以在不需以乔姆斯基的普遍语法所假定的语言普遍性为基础的情况下，产生越来越丰富的语言。

一开始儿童只会使用单词，但是这样的单词绝对可以发挥全句子的作用——一个完整语句当中的片段，对于儿童来说没有个别的意义。因此，像"要牛奶"以及"牛奶"这两个词语的声音模式对于想喝牛奶的儿童来说，两者的意义是一样的——但是这个阶段，"牛奶"对于儿童来说，除了是"喝牛奶"这种消耗动作的一部分之外，没有其他意义。然而，到了最后，儿童会开始将语句切割，"牛奶"就可以用于在需求以外的语境中，"要"也可以用在儿童世界中的其他语境中。

威戈·希尔曾经研究了儿童的"语法"从"两个单词"的阶段开始可能经历了什么样的改变。威戈·希尔也不用成人语法的特征来描述自己假设的这套语法，虽然儿童的语言还是会使用成人的语法，最终也会越来越接近，但这个阶段是还没有出现的。威戈·希尔所谓的语法包括了能表示关系的结构。一开始，每个结构都由一个不变的单词（关系词）以及一个填空词组成。以"要牛奶"为例，"要"是关系词，"牛奶"就是填空词。在这样的研究中，威戈·希尔构建了儿童语言习得的过程模型。这个模型显示儿童可能渐渐习惯产生一两个字（词）组成的句子，只要儿童知道自己想要的物体的词汇标签，那个词就可能取代"牛奶"。因此，儿童可以表达要苹果、要积木、要玩具等，语句的数量会少于他同时知道的物体词汇的数量。在这个节点"要"这个关系词的意义限制了填空词的数量——仅限于"能要的东西"这个语义类别的单词，因此数量很少。

这个模型始于为每个关系词形成不同的结构——因此是不同的语义类型。编码在结构里的概念会表达儿童注意的关系，可能是和她的需求有关，或者能描述运动的时间，或者是能吸引儿童注意的改变。随着儿童将成人语句的片段与他的环境中注意到的情况连接起来,表达此类关系的结构就进入语法中,而词汇中的项目,会根据这些字能怎么和关系词组合的方式被标记。这样一来,单词的类别会根据使用单词的潜力而被建立起来,利用单词的分类的过程,构造得以类化。

这个模型的初始"两岁儿童语法",包含单词的基本基模、概念的基本基模,以及能提供一套语法的一些基本结构。这种语法的特征是他具有儿童根据经验搭配的众多简单模式,而非语法学家在描述成人语言时,会用到的那一套庞大的一般规则。所谓"内建"的并不是语法规则,而是儿童能形成类别,并且试着将输入的单词与现有结构配对,利用结构产生反应的过程。这个模型特别解释了类似"动词""名词"的这些种类,是如何透过单词的发展累积提升成多样的类别,而不是自己生理上在特定的普遍语法中被强加为天生的种类。

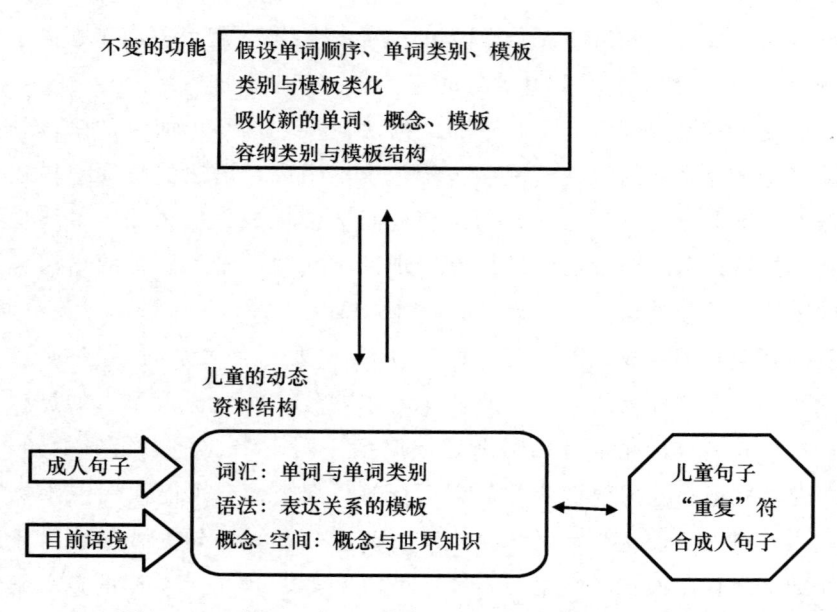

```
不变的功能   假设单词顺序、单词类别、模板
            类别与模板类化
            吸收新的单词、概念、模板
            容纳类别与模板结构

            儿童的动态
            资料结构

成人句子 →   词汇:单词与单词类别         儿童句子
            语法:表达关系的模板    ↔   "重复"符
目前语境 →   概念-空间:概念与世界知识     合成人句子
```

图 5-16　威戈·希尔"语言习得过程模型"的基本元素
资料来源:Hill,1983。

图 5-16 显示了威戈·希尔模型包含的那些元素。这个模型将输入的成人句子和说出这些句子的实体语境中的指示(相关的时候由建立模型

者提供）放在一起。这个模型输出的是像儿童会说的句子，而这些句子会根据模型语言能力的当时状态，重复或是回应成人的输入。儿童的知识是透过动态资料结构来呈现的，而这些动态资料结构会编码儿童的词汇、儿童的语法，儿童的概念性知识，以及对话的实体语境。这个模型有一套基本词汇、一组概念，且两个之间互有连接。

这个模型使用语言经验（也就是输入句子的过程）来建立语法，这个语法一开始只是单调的语法，但最后进化成可以用一套递归、与语境无关的片段语构造规则描述的语法。这个模型体现了五个假设：这名儿童有可以谈论关系的基模；这名儿童有针对单词顺序，并且在语句中使用单词顺序的基模；这名儿童会采取联系与删除的过程，例如，在面对两个单词结构连续出现的情况时，他会删除同样的单词，因此不会真的出现重复的单词，而是产生出三个单词结构；这名儿童会形成概念的类别与单词的类别；这名儿童在分类的过程后会导致储存的信息被重新分类。

我们假定有一个透过单词使用的分类过程，使用方式类似的单词被分类为相同的类别，因此这个类别里的成员会延伸出某些使用模式的单词类别的成员，一开始的语法有一组结构，有一个"关系"和一个"空格"组成，还不具备之后会出现现在尚未存在的成人语法特征。威戈·希尔观察到克莱尔曾在一个很短暂的阶段中，连续使用两个内含一个相同单词的双单词结构"little bear baby bear（小熊宝宝熊）"。但这个结构很快就变成了三单词的结构"little baby bear（小熊宝宝）"。

这种有重复词语的四单词语句阶段出现的时间非常短暂，因此假设三单词语句的出现过程是透过两个双单词结构"little bear"和"baby bear"的连续出现；再打破这个连续关系，透过删除先出现的重复单词，形成单独的三个单词句。马泰（Mathei, 1979）的研究提供了一些证据显示，连续句最能体现小孩子这种三单词句的语意：他发现小孩会把"第二颗绿球"理解为"第二颗，而是绿色的球"。事实上，当很多儿童面对一排的球，而且发现第二颗不是绿色的时候，会重新安排球的顺序，好让情景符合他们对这些文字的理解。

面对像"爸爸把那个玩具给那个男孩"这种成人句子时，这个模型刚开始可能只会用一个单词做回应，例如，"玩具"。随后，相同的句子又再重现，可能会使得这个模型获得一个"给玩具"的结构，"给"被分类为是关键词，"玩具"是填空词。然而，这个句子的另一种表现，可能会使得模型学会"爸爸给"的不同顺序，其中"爸爸"被当作填空词，最后可能学会"填空词 + 给 + 填空词"这样的结构，得到"爸爸给玩具"。在每一种输入的表现中所学到的东西，会根据模型的语言经验以及目前为止已经学过了什么而决定。因此，学习是一个高度动态的过程。相同的输入句每次呈现给模型，使不同的结构以及额外的词汇类别信息都可能会受到应用或调整。

模型刚开始形成的时候，是没有单词类别信息的，但是听见"妈妈给那个玩具""莉莉给那本书""王平给那个拼图"这样的句子，最后会导致这个模型把玩具、书、拼图都放在关系词"给"所能使用的单词类别。注意，如果输入的句子远比这里举的例句复杂，也没有差别。如果这个模型的重点放在"给"这个字，那么像是"妈妈去店里买日用品时给莉莉那个玩具"这样的句子，会和先前使用的短句有相同的效果。威廉·詹姆斯（William James）所谓的"闹哄哄的一团困惑"（buzzing, blooming confusion），就是我们所谓可忽视的细节。借由这个过程，单词类别会从这个模型制造语言的能力中衍生出来。这个过程会带来单词类别的多重重复与交错。这个模型需要单词分类与结构分类的基模才能成长，但是实际的类别还是很有弹性的。类化的过程最后也会让关键词得以分类，并可能因此使得像是现在进行式的"giving"和"bringing"成为关键词，并且跟类似句法特质的单词分在同一类别。随着学习开始发生，会出现语法与词汇的连续重新组织。因此，早期的结构会成长，成为更有力的结构，成为比以普遍语法为基础的观点更有弹性的语法观点。这样一来，模型显示语言这个一开始以认知知识为基础的方法，能成长为一个句法系统，最后会越来越独立于他的语意和认知基础。

因此，威戈·希尔的模型提供了一组特别的内在机制，能驱使儿童习得语言的某个主体。然而，这些机制没有解释语言最终是如何成为递归的，也就是某种语言结构能在越来越复杂的结构中，重复纳入较简单的构造形式。威戈·希尔大致描绘了那些机制可能的样貌，但并没有深入研究。深入阐释这个模型似乎也会迫使人类建立乔姆斯基所谓天生的那些结构。既然人类能学习货真价实的语言，而其他生物不行，那么我们必须得到的结论是，婴儿被赋予比其他动物都要强的语言学习能力，而且是让以结构为基础的语言学习变得可能的能力。

第六章

结　　语

　　人类有语言，其他生物没有。这是生物与文化的进化结果。人类有语言是因为人类的大脑和其他生物不同，人类有语言也是因为人类生活的社会环境与其他生物不一样。但是，蜜蜂真的没有语言吗？人猿不也学会了手语吗？蜜蜂的舞蹈可以告诉其他蜜蜂已发现的花粉源头。巴诺布猿（又称作侏儒黑猩猩）曾经学会听口语英语，程度大约相当于两岁的小孩。但是，如果说到将大量的符号做出新的、复杂的组合（例如句子），让其他个体了解其意义（最好这个句子也真的有意义），那就非人类不可了。除此之外，人类的语言不只有话语（speech），还包括伴随话语出现的姿态。失聪者使用的手语（sign language）也是一种语言。人类的语言虽然是建立于我们灵长类近亲的沟通系统上，却也和它们的系统有着截然不同的差异。

　　语言也存在进化发展吗？达尔文的进化论的关键概念就是有机体会改变，而由此造成的某些变异体，繁殖成功的机会比较大；语言也不例外。如果让细菌在医院自由移动，随机的变异会让某些细菌对抗生素的抵抗力特别强，所以这些抵抗力特别强的细菌，繁殖得会比较成功，而其他菌株可能比较容易死亡，这也没有什么好意外的。因此，过了一段时间后，细菌的组成就会和原始的形式完全不同。达尔文敏锐地了解到，随机的变异与繁殖成功两者结合，会使得过去没出现过的生物得以出现，所以经历许多世代的变异与天择，就能够使得全新的物种诞生。进化并不只是搅乱一池春水，而是增加某些物种的族群数量，减少其他物种的族群数量。有些物种会灭绝，而新物种也会崛起。我们谈到人类语言的生物进化，即是父母会将人类语言基因里累积的改变传给小孩，使得基因模式出现相当的改变，有别于祖先的基因，带来了语言的崛起。

语言的进化也需要关注文化的进化。我们所谓的文化，并不是指像是庞大的法国文化那样，所有"法国性"的层面都是由小小的因果关系所决定的那种文化。我们所谓的文化是有很多层面的，包括食物、教育态度、对历史的诠释、建筑、禁忌、礼节的规范等，这一切全都反应了一个民族的历史。有些层面会互相造成强烈的影响，有些则相对独立。举例来说，在奶酪方面的优异传统，可能和法国的语言或建筑沾不上边，却和一般人心目中的美食有关，而且又能进一步和酿酒的传统联结，接着和农业产生关联。

所以当我们说到文化进化的时候，作者指的是塑造出人类文化各个层面的那些过程，而这些过程相对并不受人类生物学影响。因此我们可能会问，从事狩猎与采集的原始人是怎么变成农夫的？四散的部族是怎么聚集形成城市的？拉丁人又是怎么让包括巴西葡萄牙语与罗马尼亚语在内的各种罗曼语（Romance language）崛起的？关键在于，我们不能期待自己能了解大脑是如何改变，使得人类"习得"语言的，除非我们能了解，这个所谓"习得"的过程其实牵涉历史的改变，也就是文化的进化，而不只是生物基质的进化而已。因此，我们要看大脑和大脑的进化。如果我们说人类的大脑和青蛙、老鼠或猴子的脑不一样，这到底是什么意思？难道只是因为人脑比较大，所以人类比青蛙聪明？鲸鱼的脑比人类还大，而青蛙的眼舌协调能力比人类还好。不同的大脑可能擅长不同的事，但大小却是它们之间唯一的差别。

只有人类的大脑是"具有先天语言能力的"（language-ready，也称为语言先备）。换句话说，一般的人类小孩都能学会一种语言：有开放式的词汇，整合支配单字阶层式组合的句法，形成较大的结构，能随心所欲自由表达新颖的意义，但是其他物种的幼兽都没有这个能力。的确，人类不仅能学会现有的语言，还能主动塑造出新的语言，在新兴手语的研究里就充分展现出了这一点。句法（syntax）是告诉我们单字可以怎么组合成特定语言句子的一套规则；语意（semantics）指的是这些单字和句子的意义。但是句法规则是否内建在人类大脑里？我们的语言能力（就像我们开车或是上网的能力一样）并非是直接藏在我们的基因里的，我们认为语言能力也是文化发展利用先前的生物进化所带来的结果。

这种观点明确显示，如果我们在讨论大脑时，不讨论大脑让同一家族或族群的生物得以彼此互动时扮演的社交角色，以及大脑使小孩学会一个群体文化进化的果实时扮演的适应性角色，那么这样的讨论就不算完整。随着亚比（Arbib，2012）在猕猴控制手部的大脑区域发现了镜像神经元，我们对于大脑如何达到社交互动的功能，也有了新层面的理解。亚比等人认为语言不只包括话语：我们在讲话时还会用到脸、声音、手；失聪者能使用手语，在没有使用声音的情况下，完整表达人类情感的细腻之处。他还提出语言先备的能力如何进化成一种多模块系统，这也解释了原始语言如何与原始手语（protosign）这种姿态上的沟通方式一同进化，为原始话语（protospeech）提供骨架，将示意动作（pantomime）的语意开放性转换成一套共通的、惯例化的符号系统。原始手语和原始话语接着一同进化，成为一个不断扩张的螺旋，产生神经回路与社会结构，使现代的语言得以出现。

当然，由于语言，尤其是话语不会给我们的语言研究留下任何可以追踪的痕迹，因此语言的起源、进化与发展从物种语言进化的层面加以讨论难以有所突破，尽管考古学家和人类学家对此进行过大量卓有成效的努力。然而，按照达尔文的观点，儿童语言习得的过程重演了人类语言进化的历程，研究儿童语言习得将有助于推导出人类语言进化的历程。因此，生物语言学研究希望在儿童语言习得与人类语言进化研究上搭起一座桥梁，以便更好地理解人类的语言。

参考文献

Abraham, W. (1988), *Terminologie zur neueren Linguistik*, Tübingen: Niemeyer.

Adams, Marilyn Jager. (1998), *Phonemic Awareness in Young Children: a Classroom Curriculum*, Baltimore, Md.: P. H. Brookes.

Aitchison, J. (1989), *The Articulate Mammal: An Introduction to Psycholinguistics*, London: Unwin Hyman Inc..

Artchison, J. (2000), *The Seeds of Speech: Language Origin and Evolution*, Beijing: Foreign Language Teaching and Research Press.

Angela D. Friederici, Christian J. Fiebach, et al. (2006), "Processing Linguistic Complexity and Grammaticality in the Left Frontal Cortex", *Cerebral-Cortex December*, Vol. 16, No. 2.

Arbib, M. (2012), *How the Brian got Language: the Mirror System Hypothesis*, Oxford: OUP.

Aslin, R. N., Saffran, J. R. & Newport, E. L. (1999), "Statistical Learning in Linguistic and Nonlinguistic Domains", in *The Emergence of Language*, B. MacWhinney (ed.), Mahwah NJ: Lawrence Erlbaum Associates, P 359-380.

Balter, M. (2010), "Animal Communication Helps Reveal Roots of Language", *Science*, Vol. 328, No. 4.

Barsalou, L. W. (1999), "Perceptual Symbol Systems", *Behavioral and Brain Sciences*, Vol. 22, No. 3.

Bates, E. & Goodman, J. C. (1999), "On the Emergence of Grammar from the Lexicon", in MacWhinney, B. (ed.), *The Emergence of Language*,

Mahwah New Jersey: Lawrence Erlbaum Associates, Publishers.

Berwick, R. C. & N. Chomsky (2011), "The Biolinguistic Program: The Current State of it Development", in Di Sciullo, A. M & C. Boeckx (eds.), *The Biolinguistic Enterprise. New Perspectives on the Evolution and Nature of the Human Language Faculty*, Oxford: Oxford University Press, pp. 29 – 51.

Bever T. G. & Poeppel D. (2010), "Analysis by Synthesis: A (re –) E-merging Program of Research for Language and Vision", *Biolinguistics*, Vol. 4, No, 2 – 3.

Bichakjian, B. H. (2002), *Language in a Darwinian Perspective*, Frankfurt: Peter Lang, 2002.

Bickerton, D. (2009), Szathmáry E. *Biological Foundations and Origin of Syntax*, Cambridge, MA: MIT Press.

Bickerton, Derek. (2009), "Adam's tongue. How humans made language. How language made humans", New York: Hill & Wang. Corballis, M. C., *The Evolution of Language*, Annuals of the New York Academy of Science, Vol. 1156, No. 18.

Boeckx, C. (2006), *Linguistic Minimalism: Origins, Concepts, Methods, and Aims*, Oxford: Oxford University Press.

Boeckx, C., "Biolinguistics: A Brief Guide for the Perplexed", 《语言科学》2011 年第 5 期。

Boeckx, C. & Kleanthes K. Grohmann (2013), *The Cambridge Handbook of Biolinguistics*, Cambridge University Press.

Bolhuis, J. J. (1991), "Mechanisms of Avian Imprinting: A Review", *Biological Reviews*, Vol. 66, No. 4.

Botha, Rudolf P. & Knight, Chris (2009), *The Prehistory of Language*, Oxford: Oxford University Press.

Boutla, M. T. Supalla, E. L. Newport, et al, (2004), "Short-term Memory span: Insights from Sign Language", *Nature Neuroscience*, Vol. 7, No. 9.

Brown, K. (2006), *The Encyclopaedia of Language and Linguistics* Amsterdam: Elsevier.

Bybee, J. & Hopper, P. (2001), *Frequency and the Emergence of Linguistic Structure* [*Typological tudies in Language* 45], Amsterdam: John Benjamins.

Campbell, N. A., Reece, J. B. & Mitchell, L. G. (1999), *Biology*, 5th eds., Menlo Park CA: Addison Wesley.

Campbell, R. & Peyton, J. K. (1998), "Heritage Students: A Valuable Language Resource", *ERIC Review*, Vol. 12, No. 1.

Cangelosi A., Parisi D. (2002), *Simulating the Evolution of Language*, London: Springer-Verlag.

Cangelosi A., Smith A. D. M., Smith K. (2006), *The Evolution of Language: Proceedings of the 6th International Conference*, Singapore: World Scientific Press.

Cartmill, E. (2007), Do ape gestures have specific meanings? Shifting the focus from flexibility to semanticit y. In Andrew M. Smith, Marieke Schouwstra & Bart de Boer (eds).

Catherine, Hayes (1951), *The Ape in Our House*, New York: Harper.

Chomsky, N. (1957), *Syntactic Structures*, Mouton: The Hague.

Chomsky, N. (1959), "Review of B F Skinner's Verbal Behavior", *Language*, Vol. 19, No. 1.

Chomsky, N. (1963), "Formal Properties of Grammars", In R. B. R. Luce & E. Galanter (eds), *Handbook of Mathematical Psychology*, Vol. 2, Wiley.

Chomsky, N. (1965), *Aspect of the Theory of Syntax*, MA: MIT Press.

Chomsky, N. (1975), *Language and Mind*, London: OUP.

Chomsky, N. (1975), *Reflections of Language*, New York: Temple Smith.

Chomsky, N. (1981), *Lectures on Government and Binding*, Cinnaminson NJ: Foris.

Chomsky, N., "On Phases", In C. Oteroetal (2005), *Foundational Issues in Linguistic Theory*, Cambridge, MA: MIT Press.

Chomsky, N. & Lasnik, H. (1993), "The Theory of Principles and Parameters", In J. Jacobs, A. von Stechow, W. Sternefeld & T. Vennemann (eds), *Syntax: An International Handbook of Contemporary Research*, Vol. 1, Berlin: Walter de Gruyter, pp. 506 – 569.

Chomsky, N. (1995), *The Minimalist Program*, Cambridge MA: The MIT Press.

Chomsky N. (1996), *Lectures on Government and Binding*, New York: Mouton de Gruyter, 1981.

Chomsky, N. (2002)《语言与脑》,《语言科学》第 1 期。

Chomsky, N. (2004), "The biolinguistic Perspective after Fifty Years", *Quaderni del Dipartimento di Linguistica - Università di Firenze*, Vol. 14, No. 3.

Chomsky, N. (2005), "Three factors in Language Design", *Linguistic Inquiry*, Vol. 9, No. 1.

Chomsky, N. (2006), "Approaching UG from Below", in Uli Sauerland & Hans-Martin Gärtner (eds.), *Interfaces + Recursion = Language? Chomsky's Minimalism and the View from Syntax Semantics*, Berlin: Mouton de Gruyter, pp. 1 – 29.

Chomsky, N. (2007), "Of Minds and Language", *Biolinguistics*, Vol. 1, No. 1.

Chomsky, N. (2007), "Biolinguistic Explorations: Design, Development, Evolution", *International Journal of Philosophical Studies*, Vol. 15, No. 1.

Chomsky, N. (2008), "The Biolinguistic Program: Where does It Stand Today?" *Language*, Vol. 89, No. 2.

Chomsky, N. (2010), "Some Simple Evo Devo Theses: How True Might They be for Language?" in Richard K. Larson, Viviane Déprez & Hiroko Yamakido (eds.), *The Evolution of Language: Biolinguistic Perspectives*, 45 – 62, Cambridge: Cambridge University Press.

Chow, K. L. (2005), "Speech and Language-a Human Trait Defined by Molecular Genetics", in: Minett J. W., Wang W. S. Y. (eds.), *Language Acquisition, Change & Emergence: Essays in Evolutionary Linguistics*.

Christiansen, M. H. & Kirby S. (2003), "Language Evolution: Consensus and controversies", *Trends Cogn Sci*, Vol. 91, No. 7.

Christiansen, M. H., Chater N. (2008), "Language as Shaped by the Brain", *Behav Brain Sci*, Vol. 31, No. 5.

Clark, A. & Lappin, S. (2011), *Linguistic Nativism and the Poverty of the Stimulus*, Malden, MA: Wiley-Blackwell.

Clark, E. V. (2003), *First Language Acquisition*, Cambridge: Cambridge University Press.

Cook & Kasper (2006), "Editorial: This Special Issue", *Applied Linguistics*, (4): 554-557.

Corballis, M. C. (2002), *From Hand to Mouth: The Origins of Language*, Princeton, NJ: Princeton University Press.

Corballis, M. C. (2007), "Recursion, Language, and Starlings", *Cogn Sci*, Vol. 31, No. 4.

Corballis, M. C. (2009), "The Evolution of Language", *Annuals of the New York Academy of Science*, Vol. 1156, No. 19.

Tranel, C. Martin, H. Damasio, T. J. Grabowski & R. Hichwa (2005), "Effects of Nounverb Homonymy on the Neural Correlates of Naming Concrete Entities and Actions", *Brain and Language*, Vol. 45, No. 5.

Darwin, C. (1871), *The Descent of Man and Selecton in Relation to Sex*, London: John Murray.

De Bot, K. (2008), "Introduction: Second Language Development as a Dynamic Process", *The Modern Language Journal*, Vol. 92, No. 2.

De Vries, M., M. Christiansen & K. Petersson (2011), "Learning Recursion: Multiple Nested and Crossed Dependencies", *Biolinguistics*, Vol. 4, No. 1-2.

Di Sciullo, A. M. & C. Boeckx (eds.) (2011), *The Biolinguistic Enterprise, New Perspectives on the Evolution and Nature of the Human Language Faculty*, Oxford: Oxford University Press.

Dosmonde, W. H. (1967), "Mead, George Herbert", in Paul Edwards (ed), *The Encyclopedia of Philosophy*. New York: The Macmillan Co. and The Free Press.

Edelman, G. (1987), *Neural Darwinism: The Theory of Neuronal Group Se-*

lection, New York NY: Basic Books.

Elisa, Pellegrino, (2011), "Investigations on the Referential Status of Biolinguistics: a Comparative Overview of Publications and Lexicography", *Lingue E Linguaggio*, Vol. 17, No. 1.

Elissa L. Newport, Marc D. Hauser, Geertrui Spaepen, et al. (2004), "Learning at a Distance II. Statistical Learning of Non-adjacent Dependencies in a Non-human Primate", *Cognitive Psychology*, Vol. 49, No. 4.

Ellis, N. & D. Larsen-freeman (2006), "Language Emergence: Implications for Applied Linguistics-Introduction to the Special Issue", *Applied Linguistics*, Vol. 69, No. 4.

Ellis, N. (1998), "Emergentism, Connectionism, and Language learning", *Language Learning*, Vol. 68, No. 4.

Elman J., Bates E., Johnson M. H., Karmiloff-Smith A., Parisi D. & Plunkett P. (1996), *Rethinking Innateness: A Connectionist Perspective on Development*, Cambridge, MA: MIT Press.

Elman, J. L., E. A. Bates, M. H. Johnson, A. Karmiloff-Smith, D. Parisi & K. Plunkett. (1996), *Rethinking Innateness: A Connectionist Perspective on Development*, Cambridge, MA: MIT Press.

Farrar, F. W. (1870), "Philosophy and Darwinism", *Nature*, Vol. 21, No. 3.

Ferraris, M. (1996), *History of Hermeneutics*, Turin: Einaudi.

Fitch, T, M. Hauser & N. Chomsky (2005), "The Eolution of the Language Faculty: Clarifications and Implications", *Cognition*, Vol. 97, No. 3.

Fitch, W. T. (2009), "Fossil Cues to the Evolution of Speech", in R. P. Botha and C. Knight (es), *The Cradle of Language*, Oxford: Oxford University Press.

Fitch, W. T. (2010), *The Evolution of Language*, New York: Cambridge Ungiersity Press.

Fitch, W. T., Hauser, M. D. & Chomsky, N. (2005), "The evolution of the Language Faculty: Clarifications and Implications", *Cognition*, Vol. 97, No. 3.

Fitch, T. (2011), "Deep Homology in the Biology and Evolution of Language", in Di Sciullo M. A. and C. Boecks (eds), *The Biolinguistic Enterprise, New Perspectives on the Evolution and Nature of the Human Language Faculty*, Oxford: Oxford University Press, pp. 135 – 168.

Friederici, A. J. Bahlmann, R. Friedrich & Makuuchi. (2011), "The Neural Basis of Recursion and Complex Syntactic HierarchyMakuuchi", *Biolinguistics*, Vol. 5, No. 1.

Friederici, Angela D., Jörg Bahlmann, Stefan Heim, et al. (2006), "The Brain Differentiates Human and Non-human Grammars: Functional Localization and Structural Connectivity", *PNAS*, Vol. 103, No. 7.

Fromkin, V. Rodman, R. (1998), *An Introduction to Language*, Harcourt Brace College.

Fujita, K. (2003), "Progress in Biolinguistics-Geneses of Language—A View from Generative Grammar", *Viva Origino*, Vol. 31, No. 2.

Gabrielliz, A. (1989), *Grande dizionario illustrato della lingua italiana*, edited by A. Gabrielli, vol. 2, Milan: Mondador.

Gadamer, H. G. (1976), *Hegel's Dialectic: Five Hermeneutical Studies*, trans. by P. Christopher Smith (from Gadamer 1971), New Haven: Yale University Press.

Galán J. M., Izquierdo L. R., Izquierdo S. S., Santos J. I., del Olmo R., López-Paredes A. & Edmons B. (2009), "Errors and artefacts in Agent-based Modeling", *Journal of Artificial Societies and Social Simulation*. Available at: http://jasss.soc.surrey.ac.uk/12/1/1.html.

Galantucci B. (2005), "An Experimental Study of the emergence of Human communication systems", *Cogn Sci*, Vol. 29, No. 5.

Gardner, R. A. & Gardner, B. T. (1969), "Teaching Sign Language to a Chimpanzee", *Science*, Vol. 165, No. 12.

Gee, L. (1991), *Social Linguistics: Ideology in Discourses*, Falmer Press: London.

Gibson, J. J., et al. (2007), *Notes on Affordances*, Retrieved May, 14.

Givón, T. (1979), *On understanding Grammar*, New York NY: Academic

Press.

Goldman, R., Pea, R., Barron, B. & Derry, S. (2007), *Video Research in the Learning Sciences*, Mahwah NJ: Lawrence Erlbaum Associates.

Goldsetin, J. (1999), "Emergence as a Construct: History and Issues", *E-mergence: Complexity and Management*, Vol. 21, No. 1.

Gong T. (2011), "Exploring the Roles of Horizontal, Vertical, and Oblique Transmissions in Language Evolution", *Adap Behav*, Vol. 18, No. 3 - 4.

Gong T., Yang R., Zhang C. & Ansaldo U. (2010), "Review of the Summer Institute in Cognitive Sciences 2010: The Origins of Language", *Biolinguistics*, Vol. 4, No. 4.

Gabrielliz. A. (*1989*) *dizionario della lingua italiana*, founded by S. Battaglia, vol 21., 1961 - 2002, Turin: UTET.

Grodzinsky Y. & Santi A. (2008), "The Battle for Broca's Region", *Trends Cogn Sci*, Vol. 21, No. 12.

Groszer M., Keays D., Deacon R., de Bono J., Prasad-Mulcare S., Gaub S., Baum M., French C., Nicod J., Coventry J., Enard W., Fray M., Brown S., Nolan P., Pääbo S, Channon K., Costa R., Eilers J., Ehret G., Rawlins J. N. P. & Fisher S. (2008), "Impaired Synaptic Plasticity and Motor Learning in Mice with a Point Mutation Implicated in Human Speech Deficits", *Curr Biol*, Vol. 18, No. 3.

Guido O., Kathrin L., Jan-Henryk D., et al. (2006), "Conceptual Priming for Environmental Sounds and Words: An ERP Study", *Brain and Cognition*, Vol. 62, No. 3.

Habermas, J. (1998), "A Kind of Settlement of Damages (Apologetic Tendencies)", trans. by J. Leaman, *New German Critique*, Vol. 44, No. 1.

Harnad S., Steklis H. D. & Lancaster J. (1976), "Origins and Evolution of Language and Speech", *New York: New York Academy of Sciences*. Vol. 86, No. 3.

Harris T., Wexler K. & Holcomb P. (2000), "An ERP Investigation of Binding and Coreference", *Brain Lang*, Vol. 75, No. 3.

Hartmann, R. R. K. & Stork, F. C. (1973), *Dictionary of Language and*

Linguistics, London: Applied Science Publishers Ltd.

Hauser, M. D. (2010), "The Origin of the Mind", *Sci American*, Vol. 301, No. 10.

Hauser, M. D., Barner, D. & O'Donnell T. (2007), "Evolutionary Linguistics: A New Look at an Old Landscape", *Language Learning and Development*, Vol. 98, No. 3.

Hauser, M., N. Chomsky & T. Fitch (2002), "The Faculty of Language: What is It, who Has It, and How does It Evolve? *Science*, Vol. 298, No. 10.

Hayes, K. J. & C, Hayes, C. (1952), "Imitation in a Home-raised Chimpanzee", *Journal of Comparative and Physiological Psychology*, Vol. 45, No. 9.

Heidegger, M. (1982), *On the Way To Language*, trans. by Joan Stambaugh, New York: Harper & Row.

Henton, C. (1992), "The Abnormal of Male Speech", In C. Wolf (ed.), *New Departures in Linguistics*, New York: Garland Publishing, pp. 27 – 59.

Hiroki, N. & Koji, Fujita, (2010), "A Naturalist Reconstruction of Minimalist and Evolutionary Biolinguistics", *Biolinguistics*, Vol. 4, No. 4.

Hornstein, Norbert (2009), *A Theory of Syntax: Minimal Operations and Universal Grammar*, Cambridge: Cambridge University Press.

Hurford, J. R. (2007), *The Origins of Meaning*, Oxford: Oxford University Press.

Hurford, J. R., Studdert-Kennedy, M. & Knight, C. (1998) *Approaches to the Evolution of Language: Social and Cognitive Bases*, Cambridge: Cambridge University Press.

Hurford, J. R. (1999), "The Evolution of Language and Languages", in Dunbar, R. I. M., Knight, C., Power, C. (eds.), *The Evolution of Culture*, Edinburgh University Press, Edinburgh, pp. 173 – 193.

Hurford, J. R. (2007), *The Origins of Meaning: Language in the Light of Evolution*, Oxford: Oxford University Press.

Hurst, J. A., Baraitser, M., Auger, E., Graham, F. & Norell, S.

(1990), "An Extended Family with a Dominantly Inherited Speech Disorder", *Dev Med Child Neurol*, Vol. 32, No. 4.

Ivić, M. (1971), *Wege der Sprachwissenschaft*, München: Jachnow.

Jackendoff, R. & S. Pinker (2005), "The Nature of the Language Faculty and Its Implications for Evolution of Language", *Cognition*, Vol. 97, No. 3.

Jenkins, L. (1997), "Biolinguistics-Structure, Development and Evolution of language", in V. Solovyev (ed.), The 40th Anniversary of Generativism, Special Issue of Web Journal of Formal, *Computational and Cognitive Linguistics* [Available at: http://fccl.ksu.ru/papers/gp008.pdf].

Jenkins, L. (2000), *Biolinguistics: Exploring the Biology of Language*, Cambridge: Cambridge University Press.

Jenkins, L. (2011), "Biolinguistic Investigations: Genetics and Dynamics, In Di Sciullo M. A. and C. Boecks (eds), *The Biolinguistic Enterprise, New Perspectives on the Evolution and Nature of the Human Language Faculty*, Oxford: Oxford University Press, pp. 126 – 134.

Jespersen, O. (1922), *Language: Its Nature, Development and Origin*, New York: W. W. Norton & Co.

Ke. Jinyun & John H. Holland (2006), "Language origin from an Emergentist Perspective", *Applied Linguistics*, Vol. 21, No. 4..

Kerstin J., Erwin H. & Frank R. S. (2004), "Comparing Arithmetic and Semantic Fact Retrieval: Effects of Problem Size and Sentence Constraint on Event-related Brain Potentials", *Psychophysiology*, Vol. 41, No. 3.

Kimura, D. (1983), "Sex differences in Cerebral Organization for Speech and Praxis Functions", *Canadian Journal of Psychology*, Vol. 17, No. 2.

Kirby, S. (1999), *Function, Selection and Innateness: The Emergence of Language Universals*, New York: Oxford University Press.

Kirby, S., Cornish, H. & Smith, K. (2008), "Cumulative Cultural Evolution in the Laboratory: An Experimental Approach to the Origins of Structure in Human Language", *Proc Natl Acad Sci USA*, Vol. 105, No. 12.

Knight, C., Michael, Studdert-Kennedy & James, R. Hurford (2000), *The*

Evolutionary Emergence of Language: Social Function and the Origins of Linguistic Form, Cambridge: Cambridge University Press.

Kramsch, C. "Ecological Perspectives on Second Language Acquisition and Socialization", in Angela Creese, P. Martin & N. Hornberger (2007), Encyclopedia of Language and Education (Vol. 8): *Language and Socialization. Ecology of Language*, Springer-Verlag New York Inc.

Kramsch, C. (2000), "Social Discursive Constraction of Self in L2 Learning", in Lantolf (ed.), S*ociocultural Theory and Second Language Learning*, Oxford: OUP.

Kramsch, C. (2008), "Ecological Perspectives on Foreign Language Education", *Language Teaching*, Vol. 76, No. 3.

Kuhl, P. K. & Rivera-Gaxiola (2008), "MNeural Substrates of Language Acquisition", *Annu Rev Neurosci*, Vol. 31, No. 7.

Kuperberg, G. R. (2007), "Neural Mechanisms of Language Comprehension: Challenges to Syntax", *Brain Research*, Vol. 1146, No. 15.

Kuperberg, G. R., B. M. Lakshmanan, D. N. Caplan, et al. (2006), "Making Sense of Discourse: An fMRI Study of Causal Inferencing Across Sentences", *NeuroImage*, Vol. 33, No. 4.

Kuperberg, G. R, T. Sitnikova & B. M. Lakshmanan (2008), "Neuroanatomical Distinctions within the Semantic System during Sentence Comprehension: Evidence from Functional Magnetic Resonance Imaging", *NeuroImage*, Vol. 40, No. 3.

Labov, W. (1996), *The Social Stratification of English in New York City*, Washington, DC: Center for Applied Linguistics.

Lai, C. S. L., Fisher, S. E., Hurst, J. A., et al. (2001), "A Forkhead-domain Gene is Mutated in a Severe Speech and Language Disorder", *Nature*, Vol. 413, No. 23.

Langacker, R. (1987), *Foundations of Cognitive Grammar*, Vol. 1, Stanford CA: Stanford University Press.

Langmore, N. E. (2000), "Why Female Birds sing", in Y. Espmark, T. Amundsen & Rosenqvist (eds.), *Signaling and Signal Design in Animal*

Communication, Trondheim, Norway: Tapir Academic Press, pp. 317 – 327.

Larsen-Freeman, D. & L. Cameron (2007), *Complex Systems and Applied Linguistics*, Oxford: Oxford University Press.

Larsen-Freeman, D. (1997), "Chaos/complexity Science and Second Language Acquisition", *Applied Linguistics*, Vol. 18, No. 2.

Leech, J. (1983), *Principles of Pargmatics*, New York: Longman.

Lemasson, A. & Klaus, Zuberbühler (2010), "Vocal Ability in a Group of Nonhuman Primates", in Andrew M. Smith, Marieke Schouwstra & Bart de Boer (eds), *The Evolution of Language*, *Evolution of Language: Proceeding of the 8th International Conference*, New York: World Scientific, pp. 32 – 45.

Lenneberg, E. H. (1967), *Biological Foundations of Language*, New York: John Wiley and Sons.

Lessico Universale Italiano di Lingua, Lettere, Arti, *Scienze e Tecnica*, Vol. 24, *1968—1981*, Rome: Istituto della Enciclopedia Italiana.

Lieberman L., Jean-Baptiste Michel, Joe Jackson, Tina Tang & Martin A. Nowak (*2007*), "Quantifying the Evolutionary Dynamics of Language", *Nature*, Vol. 449, No. 2.

Lieberman, P. (2006), *Toward an Evolutionary Biology of Language*, Cambridge, MA: Belknap Press of Harvard University Press.

Lieberman, P. & R. Mccarthy, *Tracing the Evolution of Language and Speech*. (http://www.emurdoch.com/illustration.html).

Lightfoot, David (2006), *How New Languages Emerge*, Cambridge: Cambridge University Press.

Lotto, A., Kluender, K. & Holt, L. (1997), "Perceptual Compensation for Coarticulation by Japanese Quail", *Journal of the Acoustical Society of America*, Vol. 102, No. 12.

Lyons, C., Nehaniv, C. L. & Cangelosi, A. (2007), *Emergence of Communication and Language*, London: Springer-Verlag.

MacNeilage, P. (1998), "The Frame/Content Theory of Evolution of Speech

Production", *Behavioral and Brain Sciences*, Vol. 21, No. 3.

MacWhinney, B. (1999), *The Emergence of Language*, Mahwah, New Jersey: Lawrence Erlbaum Associates, Publishers.

MacWhinney, B. & Feldman, H. "How the Brain Learns Language", in Melby, A. K. (1997), *The Twenty-Third Locus Forum*, Chysel Hill, N. C.: Linguistic Association.

MacWhinney, B. (1998), "Models of the Emergence of Language", *Annual Review of Psychology*, Vol. 49, No. 3.

MacWhinney, B., "Language Emergence", In Burmeister, P., Piske, T., and Rohde, A. (2002), *An Integrated View of Language Development—Papers in Honor of Henning Wode*, Trier: Wissenshaftliche Verlag, pp. 17 – 42.

MacWhinnney, B. (2005), "The Emergence of Linguistic form in Time", *Connection Science*, Vol. 17, No. 1.

Macwhinney, B. (2006), "Emergentism—use often and with care", *Applied Linguistics*, Vol. 27, No. 3.

MacWhinney, B. (2008), "How Mental Models Encode Embodied Linguistic Perspectives", in Klatzky, R., MacWhinney, B., and Behrmann, M. (eds.). *Embodiment, Ego-space, and Action*, Lawrence Erlbaum, pp. 365 – 405.

MacWhinney, B. (2009), "The Emergence of Linguistic Complexity", in T. Givón & M. Shibatani (eds.), *Linguistic Complexity, Diachrony, Acquisition, Neuro-cognition, Evolution* [Typological Studies in Language 85], Amsterdam: John Benjamins, pp. 405 – 432.

Makuuchi M., Bahlmann J., Anwander A. & Friederici A. D. (2009), "Segregating the Core Computational Faculty of Human Language from Working Memory", *Proceedings of the National Academy of Sciences of the United States of America*, Vol. 106, No. 5.

Maynard-Smith, John & Eörs Szathmáry (1999), *The Origins of Life: From the Birth of Life to the Origin of Language*, New York: Oxford University Press.

Meader, C. L. & Muyskens, J. H. (1959), *Handbook of Biolinguistics*, Toledo, OH: Herbert C. Weller, 1959.

Mead, G. H. (1922), "A Behaviorist Account of the Significant Symbol", *Journal of Philosophy*, Vol. 19, No. 4.

Mead, G. H. (1934), *Self and Society: From Standpoint of a Social Behaviorist*, Chicago: University of Chicago Press.

Mead, G. H. (1938), *The Philosophy of the Act*, Chicago: University of Chicago Press.

Mead, G. H. (1964), *Selected Writings*, Indianapolis: Bobbs-Merrill Co.

Miller, D. L. (1973), *George Herbert Mead: Self, Language, and the World*, Chicago: The University of Chicago Press.

Miller, G. & Chomsky, N. (1963), "Finitary Models of Language Users", in R. D. Luce, R. R. Bush & E. Galanter (eds.), *Handbook of Mathematical Psychology*, Vol. 2, New York NY: Wiley.

Müller, Gerd B. (2007), "Evo-devo: Extending the Evolutionary Synthesis", *Nature Review Genetics*, Vol. 21, No. 8.

Neisser, U. (1992), *Cognition and Reality*, San Francisco, CA: Freeman.

Nowak, M. A. & Komarovanl N. (2002), "Computational and Evolutionary Aspects of Language ", *Nature*, Vol. 417, No. 6.

Nowak, Martin & Natalia Komarova (2001), "Towards an Evolutionary Theory of Language", *Trends in Cognitive Sciences*, Vol. 121, No. 5.

Nowak M. A., N. L. Komarova & P. Niyogi (2002), "Computational and Evolutionary Aspects of Language", *Nature*, Vol. 417, No. 5.

O'Grady, W. (2008), "The Emergentist Program", *Lingua*, Vol. 118, No. 6.

Pagel, M. Quentin, D. Atkinson & Andrew, Meade (2007), "Frequency of Word-use Predicts Rates of Lexical Evolution Throughout Indo-European history", *Nature*, Vol. 449, No. 9.

Patel, A. D. (2003), "Language, Music, Syntax and Brain", *Nature Neuroscience*, Vol. 6, No. 7.

Pavlenk, A & J. Lantolf (2000), Second language Learning as Participation and the Reconstruction of Selves, in Lantolf (ed.), *Sociocultural Theory and Second Language Learning*, Oxford: OUP.

Pei, M. (1966), *Glossary of Linguistic Terminology*, New York/London: Columbia University Press.

Penfield, W. & L. Roberts (1967), *Speech and Brain Mechanisms*, New York: Atheneum.

Pinker, S. & Bloom, P. (1990), "Natural Language and Natural Selection", *Behavioral and Brain Sciences*, Vol. 71, No. 4.

Pinker, S. & Jackendoff, R. (2005), "The Faculty of Language: What's Special about it?" *Cognition*, Vol. 95, No. 7.

Pinker, S. (1994), *The Language Instinct*, New York: Morrow.

Plaut, D. C. & Kello, C. T. (1999), "The Emergence of Phonology from the Interplay of Speech Comprehension and Production: a Distributed Connectionist approach", in MacWhinney, B. (ed.), *The Emergence of Language*, Mahwah, New Jersey: Lawrence Erlbaum Associates, Publishers.

Poletiek, F. (2011), "What in the World Makes Recursion so Easy to Learn? A Statistical Account of the Staged Input Effect on Learning a Center-Embedded Structure in Artificial Grammar Learning", *Biolinguistics*, Vol. 5, No. 1 – 2.

Popper, K. R. (1966), *The Open Society and its Enemies*, Vol. 1, The Spell of Plato, London: Routledge and Kegan Paul.

Postal, P. (2009), "The Incoherence of Chomsky's 'Biolinguistic' Ontology", *Biolinguistics*, Vol. 3, No.

Raff, R. A. (1996), *The Shape of Life: Genes, Development, and the Evolution of Animal Form*, Chicago: University of Chicago Press.

Rizzolatti, G., Fogassi L. & Gallese V. (2006), "Mirrors in the mind", *Scientific American*, P295: 54 – 61.

Rizzolatti, G., Fadiga, L., Gallese, V. & Fogassi, L. (1996), "Premotor Cortex and the Recognition of Motor Actions", *Cognitive Brain Research*, Vol. 29, No. 3.

Roca, A. & Colombi, M. C. (2003), *Mi Lengua: Spanish as a Heritage*

Language in the United States, Georgetown University Press, Washington, DC.

Roeper, M. (2011), "The Acquisition of Recursion: How Formalism Articulates the Child's Path", *Biolinguistics*, Vol. 5, No. 1 – 2.

Rooryck, J., "Generative Grammar", In K. Brown (2006), *The Encyclopaedia of Language and Linguistics*, Amsterdam: Elsevier, pp. 767 – 769.

Rumelhart, D. E. & McClelland, J. L. (1986), *Parallel Distributed Processing*, Cambridge MA: The MIT Press.

Russo, E. & A. Treves (2011), "An Uncouth Approach to Language Recursivity", *Biolinguistics*, Vol. 5, No. 1 – 2.

Saffran, J. R. & Aslin, R. N. (1996), "Newport ELStatistical Learning by 8-month-old Infants", *Science*, Vol. 274, No. 12.

Sagart, L., Blench, R. & Sanchez-Mazas, A. (2005), *The Peopling of East Asia: Putting Together Archaeology, Linguistics and Genetics*, London/New York: Routledge Curzon.

Sapir, Edward (1921), *Language: An Introduction to the Study of Speech*, New York: Harcourt, Brace.

Sauerland, U. & A. Trotzke (2011), "Biolinguistic Perspectives on Recursion: Introduction to the Special Issue", *Biolinguistics*, Vol. 5, No. 1 – 2.

Saussure, D. F. (1959), *General Course of Linguistics* (third edition), New York: OUP.

Schatz, C. J. (1992), "The Developing Brain", *Scientific American*, Vol. 9, No. 3.

Schleicher, A. (1983), *Die Darwinische Theorie und die*.

Schoenemann, P. T. (2006), "Evolution of the Size and Functional Areas of the Human Brain", *Annu Rev Anthropol*, Vol. 35, No. 7.

Scott-Philips, T. C., Kirby, S., Ritchie, G. R. S. (2010), "Signalling Signalhood and the Emergence of Communication", *Cognition*, Vol. 113, No. 8.

Sitnikova. T., P. J. Holcomb & G. R. Kuperberg (2008), "Neurocognitive Mechanisms of Human Comprehension", *Bookchapter*, pp. 1 – 62.